透視茉莉花革命
——符號力量的建構

林疋愔 著。

推薦序

從二十一世紀初開始，歐亞地區發生一連串非暴力進行政權轉變的「顏色（國花）革命」，從2003年11月喬治亞的「玫瑰革命」、2004年11月烏克蘭的「橙色革命」、2005年2月黎巴嫩的「雪松革命」、3月吉爾吉斯的「鬱金香革命」、2008年8月緬甸的「番紅花革命」、2009年6月伊朗的綠色革命，直到2011年1月中東、北非爆發的「茉莉花革命」，形成另一波民主化的浪潮。

這些革命顯示，透過影像、圖像、文字、聲音等符號，經由新媒體傳播來擴散符號力量，可將高漲的革命情緒迅速地散佈至大街小巷，進而形成推波助瀾的力量，推倒不懂順應民心的集權政府。這樣的風潮讓許多獨裁政府聞風喪膽，北韓及中共無不以此為借鏡，加強對媒體的操控，進而控制人民的思想，避免特定抗爭事件的煽動。

究竟茉莉花革命如何將這些原本政權固若金湯的獨裁者拉下台？符號與媒體在政治運動中如何發揮影響力、掀起阿拉伯世界的國花革命？中國大陸會不會發生茉莉花革命？相信是許多人在媒體看到相關事件報導的疑問。本書不僅對上述主題提供豐富的參考文獻，也試圖解析茉莉花革命的後續發展。

本書試圖將革命理論、符號學理論及傳播理論等跨領域研究結合，深入剖析符號與新媒體在突尼西亞與埃及茉莉花革命中的影響。另外，更將茉莉花革命研究結果運用於探討中國大陸發生茉莉

花革命的可能性。尤其透過電影符號理論，將《讓子彈飛》中符號象徵的解讀來挑動政治，成功引起中國人民討論的現象，當作一種社會情緒的反撲。本書以有別以往政治學常用的研究途徑，分析出中共為抵擋「茉莉花革命」的衝擊，已採取大動作應對措施，加強黨對整體局勢的控制，現階段雖無民主革命的危機，但若持續以強硬手段圍堵、封鎖消息，日後將成為「牡丹革命」的反動能量。

　　尤其難得的是，本書作者林㚟愔女士是國軍培育的優秀女性上尉軍官，她從藝術系畢業後轉而就讀政治學研究所碩士班，她懂得發揮優勢，以擅長的藝術符號學理論，觀察國際發生的重要大事，累積了可觀的成果。希望她能夠再接再厲，在明室的指導下，寫出更多好的著作。

前國防部副部長

林中斌

推薦序

　　看到廷愔的論文出版成專書，非常為她高興。本書由學術論文改變面貌出版，相信可以獲得更多人的認同。本書因廷愔的投入與認真，呈現出下的優點。首先，取材及寫作已經跨越了政治學的政治溝通、符號學的運用以及傳播學的不同領域，廷愔能夠以藝術系的背景，從事政治學的研究，嘗試將上述的領域加以科技整合，不僅勇氣可嘉，而且從論述的內容來看，不僅充實及完整，而且資料豐富，饒富個人的見解，可以讓對此議題有興趣的讀者，得到極有價值的啟發。

　　其次，本書歸納出具有特定意涵的政治符號，這種用以動員人民的符號，主要透過兩種方式來形成。首先是引用現成、通俗性或是大眾性的符號，以表達特定的訴求，如各種顏色革命及國花革命即為顯例。另外，藉由特定事件創造一個新的符號，以建構某種訴求。如書中有關沙義德圖像的運用。

　　另外，在符號學方面，廷愔對於圖像學的定義分類整裡的非常清楚。我們知道皮爾士將圖像符號區分為圖像、圖表及隱喻三種。圖像及圖表是常見的符號分類，而在政治符號運用中，其實隱喻運用的最為廣泛。為何如此呢？因為牽涉到政治權力的不對等，革命者或抗議者想要號召群眾革命，卻又想避免直接受到政治暴力的迫害，必須極盡心思的去發揮創意，一方面吸引群眾的注意，另一方面免受到當權者的迫害。

　　但不論如何，圖像仍然是傳播的一種有效手段，也是眾多符號的一種，因而透過闡釋和歸納的動態程序來表達意義。而這些闡釋和歸納的動態程序就是許多學者要探討，更是本書所追求的重點。然因為是隱喻，如果當初置入符號或是創造符號者，沒有明白講出其當初的想法及意圖，這些隱喻也可能來自於他人的想像與鋪陳，而非原創者的本意。換言之，創作者不會表達其符號具的延伸意涵，而是閱聽者根據其文化背景加以詮釋的內涵，可以說是他人建構的結果。但有時候，創作者只是簡單的表達其內心思考，但因受到閱聽眾的共鳴，產生連環的效果。

　　本書對照中國大陸因為薄熙來事件及內部社會矛盾的激化，也有一些發人深省的解釋。如對於《讓子彈飛》影片符號的詮釋，強調本片對於中國共產黨執政的荒謬景象，透過隱喻及暗諷的方式加以表達，適逢中國大陸內部紛亂及茉莉花革命，更引起許多人深得我心的讚嘆。

　　感謝恩師林中斌副部長為本書作序，也恭喜定愔完成出版專書的心願，希望她能夠繼續相關領域的研究，成就更多有價值的成果，為國軍累積更多軍事學術的成果。

國防大學戰略研究所沈明室副教授　沈明室　謹誌

2012,11,24台中

自　序

　　一開始，我就被「茉莉花革命」這個詞深深吸引，令我好奇的是，以花朵這樣的軟性名詞來形容一場革命，其中到底蘊含什麼樣的精神與意涵。茉莉花革命對阿拉伯世界的衝擊，延伸了一個重要的議題，那就是這波動亂能不能使中共成為下一個茉莉花革命國家。事實上，在突尼西亞「茉莉花革命」之後，中國大陸的北京、上海等地也相繼出現小規模、無組織的街頭示威，響應網上關於各城市進行「茉莉花革命」的號召。就連電影《讓子彈飛》也因其中的「敏感內容」，觸動中共當局的神經，而被下令減少放映場次與媒體宣傳。

　　另外，中國大陸畫家艾未未因創作一系列諷刺中共政權的藝術作品而被監禁。《讓子彈飛》這部電影和民運藝術家艾未未的藝術創作，都是試圖運用各種圖像、動作、語言的指涉意涵來批評共黨的政權腐敗，藉由符號傳達與接受者互動產生共鳴，凝聚廣大人民的意識型態，以符號的力量建構一場新的民主革命。

　　綜合而言，民主革命方式的變革與影響，可以從茉莉花革命中得到證實。符號意涵的建構加上新媒體的迅速傳播，針對獨裁者的弱點進行有效打擊，凝聚人民的力量，成功推翻執政多年的突尼西亞與埃及政權。在革命的話語、圖像和符號性行為的研究中，必須了解一個國家的歷史文化、政治與經濟環境在革命符號產生過程中的作用，尤其是茉莉花革命在北非及中東造成這麼大的連鎖效應，

許多學者已將新興媒體當作催生本次第四波民主化的主要力量。中共甚至為了因應新媒體的傳播速度與廣度，投入大量資源，建構網路監控的相關系統，避免顏色革命的蔓延。學者們雖針對符號學、非暴力革命理論、顏色革命個案、傳播科技等領域做深入探討，所提出之理論觀點也有重疊之處；但缺乏一綜整性的理論架構來分析民主革命與符號建構之間的關係，更缺乏以符號理論來探討茉莉花革命，以及符號擴散對中國大陸影響的研究。

感謝林中斌副部長特地為本書作序，感謝我的指導教授沈明室博士，能支持我完成這樣跨領域的研究，甚至鼓勵我將論文出版；也很感謝秀威出版社在協助我出版的過程中，能不斷地和我溝通，展現出細膩與專業。期勉未來自己能以此研究基礎，發展更為宏觀之整合型理論，深入研究圖像符號、影像、話語、媒體對政治運動的影響力。

林玨愔　謹誌

2012／11　桃園

目 次

表目錄

圖目錄

1 緒論

第一節　研究動機與研究目的

壹、研究動機

　　2011年1月17日突尼西亞（Tunisia）爆發「茉莉花革命」（Jasmine Revolution），人民推翻了統治者，「茉莉花革命」的種子飄到了北非及中東，掀起一股大規模反政府示威運動的浪潮，引起全球的高度關注。其中埃及（Egypt）、阿爾及利亞（Algeria）、葉門（Yemen）、利比亞（Libya）、巴林（Bahrain）、敘利亞（Syria）及約旦（Jordan）發生大規模示威、遊行抗議甚至革命；阿曼（Oman）、沙烏地阿拉伯（Saudi Arabia）、蘇丹（Sudan）、毛利塔尼亞（Mauritanian）、科威特（Kuwait）、摩洛哥（Morocco）、索馬利亞（Somalia）、黎巴嫩（Lebanon）、吉布地（Djibouti）和西薩哈拉（Western Sahara）則出現小規模示威事件，而卡達（Carter）及奈及利亞（Nigeria）也開始有民眾在網路上組織並號召示威遊行。另外受到「茉莉花革命」連鎖效應的影響，中共（China）、香港（Hong Kong）、阿爾巴尼亞（Albania）、伊朗（Iran）、孟加拉（Bangladesh）、玻利維亞（Bolivia）、加彭（Jia Peng）、史瓦濟蘭（Swaziland）、布吉納法索（Burkina Faso）、

塞內加爾（Senegal）、義大利（Italy）、克羅埃西亞（Chloe West
Asia）、希臘（Greece）、越南（Vietnam）、德國（Germany）、
印度（India）、塞爾維亞（Serbia）、烏干達（Uganda）、象牙海岸
（Ivory Coast）、朝鮮（North Korea）甚至美國（United States）及
英國（United Kingdom）亦相繼爆發不同規模的示威與抗議，而衣
索比亞（Ethiopia）和哈薩克（Kazakhstan）則因各國相繼爆發示威
遊行，主動對國內實施援助措施或改革。[1]

　　突尼西亞「茉莉花革命」事件起因是由於一位26歲青年穆罕默
德·布瓦吉吉（Mohamed Bouazizi），因沒有申請擺攤執照而被警察
部門沒收攤車，在抗議警察執法下自焚，觸發一連串反政府的示威
抗議並逐漸擴散至全國。不少民眾湧進首都突尼斯市（Tunis）的街
道進行示威抗議，抗議活動隨著時間逐漸擴大。[2]

　　此外，除了通貨膨脹、政治腐敗、言論缺乏自由及生活條件不
佳等政治、經濟、民生問題之外，還有一些原因來自於網路訊息的
傳播。例如維基解密[3]（Wikleaks）揭露2009年年6月的美國外交電文

---

[1] 蔡昌言、蘇建璋，〈從茉莉花革命看伊斯蘭國家的政治民主化〉，收錄於《中
華民國國際關係學會第四屆學術研討會─國關理論與全球發展學術研討會論文
集》（台北：淡江大學，2010 年），頁3。

[2] 〈民怨引爆政變 突尼西亞出現茉莉花革命〉，《中央廣播電台》，2011年1月17
日。參見http：//news.rti.org.tw/index_newsContent.aspx?nid=276791（檢索日期：
2011年4月10日）

[3] 維基解密曾宣稱網站是由來自台灣、美國、歐洲、澳大利亞和南非的政治異見
者、記者、數學家以及小型公司的技術人員所創立。包括《紐約客》（2010年
6月7日）雜誌在內的多家媒體指出，澳洲籍的網路行動人士朱利安·保羅·
阿桑奇是網站的主導者。2010年4月，《維基解密》在一個名為「平行謀殺」
（Collateral Murder）的網站上公開了2007年巴格達空襲時，伊拉克平民遭美國
軍方殺害的影片。同年7月，維基解密再發表「阿富汗戰爭日記」，內容包含超
過76,900份關於阿富汗戰爭的文檔，在此之前這些文檔都不曾對大眾公開。同年
10月，維基解密和主要商業媒體公司合作，又公開了超過400,000份文檔，稱為

中本‧阿里（Ben Ali）家族貪腐的面紗，[4]加深人民對政府不滿的情緒，突尼西亞民眾透過臉書（Facebook）、推特（Twitter）等社交網站，將訊息藉由語言符號快速傳遞，成功凝聚人民的革命意識，造成「茉莉花革命」迅速地燃燒，導致總統本‧阿里政權垮台，成為伊斯蘭國家中第一場人民推翻政權的革命。茉莉花革命對北非與中東國家的政治發展產生了極大的影響，使這些近二三十年來政權固若金湯的獨裁政權國家，在短短半年內卻出現前所未有的變化。這樣的警訊也警惕那些獨裁政權，高壓及強權統治的穩定來日無多，遲早會被人民革命的力量壓倒。不改變，就下台。[5]

　　人民革命是指人民推翻所不喜歡的制度和政府，以保障人民的基本權利。由於革命涉及對某個政權及領導者的攻擊，但更大的目的是建立新的政治與社會秩序，這種秩序應該建築在人權與民主自

伊拉克戰爭紀錄。《Wilkileaks mirrors》參見 http：//wikileaks.info/（檢索日期：2011年4月8日）

[4]《維基解密-08TUNIs679》參見 http：//billypan.com/wiki/08TUNIS679（瀏覽日期：2011年4月8日）

[5]以緬甸為例，經過2007年反政府示威活動，國內反極權勢力的能量不斷凝聚，加上國際制裁輿論，造成緬甸軍政府極大壓力，迫使國內政治經濟發展結構改變。緬甸近來相當受國際媒體關注。2008年5月新憲實施、2010年11月7日全國大選、11月14日翁山蘇姬獲釋、2011年2月4日退下軍裝的前總理丹盛（Thein Sein）經國會選舉出任總統、3月丹盛發表演說，強調開放發展、4月軍事強人丹瑞將軍（Than Shwe）正式卸下領導人職務、8月9日丹盛與翁山蘇姬首次晤談、10月釋放政治犯，這一連串動作確實讓外界感到緬甸開始不一樣。2011年8月，在印尼召開的第43屆東協經濟部長會議上，丹盛總統主動提出緬甸希望承辦2014年東協高峰會議並擔任東協輪值主席國的要求。可以看出，緬甸積極爭取加入東協自由貿易區（AFTA），也尋求能夠順利加入預定在2020年之前成立的東協經濟共同體（ASEAN Economic Community）的企圖心。這些自丹盛上台以來的轉變，已讓國際社會看見緬甸政府的改變。《聯合新聞網》參見http：//mag.udn.com/mag/world/storypage.jsp?f_ART_ID=350188（檢索日期：2011年10月17日）

由，更應建築在公平分配的社會，形成一種具備意識形態的革命。意識形態的革命在於追求某些價值的根本改變，例如，支配權威的價值、支配經濟交換的價值、支配解決目標衝突的價值、宗教信仰、政治立場或支配地位差異等。[6]因而在革命推動過程中扮演思想驅力的角色。

革命的形式區分暴力和非暴力的行動，而非暴力行動包括很多種方法，大多數以和平抗議或試圖說服的象徵性行動，讓行動者表示對某些事物的支持或反對，另可表達深刻的個人感受或道德譴責。非暴力行動的目的，在經由引起注意以獲取支持而導致對方接受改革，並經由與大眾、旁觀者或第三者的溝通而獲得對革命的支持。[7]透過「茉莉花革命」事件發現，符號建構與媒體運用，是加速人民凝聚意識型態，認同政治主張的關鍵手段，成為這些極權或威權國家朝政治民主化邁進的重要元素。

人類對於訊息的傳達、流通與交換，多數是以非語言方式的符號傳達為主，其中大多數的訊息藉由視覺的傳遞而獲得。所謂「視覺訊息傳遞」即是以人類視覺器官為傳播媒介，將欲傳達之事物，透過符號認知體系，將一定意義的意象，以圖形圖像、文字組合，或是聲音信號、建築造形，甚至是一種思想文化及時事人物，傳遞給欲傳達之對象。[8]因此，在茉莉花革命過程中，如何以符號認知體系傳達人民基本權利的政治訴求，即為本書研究重點。本書特別針對近期發生的突尼西亞與埃及「茉莉花革命」的案例分析，探討符

[6] 王靖之，《世界革命新論》（台北：正中書局，1970年），頁1-2。
[7] 王康陸，《非暴力的方法與實例》（台北：前衛出版社，2001年），頁9-10。
[8] 張繼文，〈視覺傳達設計的認知心理基礎〉，《國教天地》，第102期，1994年，頁33-38。

號建構與媒體在革命中扮演的角色。

　　另外，由於《讓子彈飛》在中國大陸上映引起熱烈討論，在外有茉莉花革命風潮，內有社會矛盾加劇的情況下，中共深怕民主革命風潮在國內蔓延，進而推翻中共政權，故而抑制此部電影的討論。《讓子彈飛》大量運用各種圖像、動作、語言所指涉的意涵來批評共產黨政權下的腐敗，藉由影片中的符號與接受者互動產生共鳴，如果透過電影所傳達的符號和「茉莉花革命」的符號意象相結合，將使人民意識型態因此凝聚，形成強大的革命力量。

　　綜合而言，本書的研究動機如下：

一、瞭解突尼西亞及埃及茉莉花革命以示威抗議等非暴力革命方式，如何使政權更迭，對北非與中東產生極大的影響，並讓其他非民主國家人民仿效。

二、探討非暴力抗爭行動為何成為當今推翻獨裁者最有效的革命方式，並探討圖像符號的意念傳達，加上傳播科技的運用後，如何在革命中扮演重要的角色。

三、引用突尼西亞與埃及茉莉花革命的背景、符號與媒體效應的影響，分析中共發生茉莉花革命的可能性。

貳、研究目的

　　北非的突尼西亞與埃及藉由「茉莉花革命」推翻獨裁領導者後，這股風潮持續席捲整個中東及非洲地區。中東的敘利亞、阿拉伯半島的葉門及巴林亦燃起革命之火，許多國家的獨裁者則紛紛提出應對的改革措施，希望能夠緩和因通貨膨脹、高失業率所引發的革命危機，卻仍無法阻止風潮蔓延。正當全世界注目「茉莉花革命」之際，從2011年2月中旬以來，中國大陸在海外異議人士的發

動下，在各城市的中心廣場或商業區聚集，發動軟性的抗議行動。[9]
雖然走上街頭的群眾仍屬少數，但未來的發展結果與中共的因應作
為，仍備受國際社會關注。[10]

　　從上世紀90年代初波蘭（Poland）、東德（East Germany）、
捷克（Czech Republic）、立陶宛（Lithuania）、愛沙尼亞
（Estonia）、拉脫維亞（Latvia）等蘇聯（Soviet Union）附庸國爭
取獨立，到本世紀初塞爾維亞人反抗獨裁統治以及最近爆發的突尼
西亞與埃及人民成功迫使統治者下台的一連串政治抗議活動，皆展
露一個共同現象，即以流最少血的「非暴力抗爭」方式獲得最大
的勝利。此種非暴力抗爭的手段威信受到美國政治學者吉恩・夏
普（Gene Sharp）的影響。西方媒體讚揚吉恩・夏普對提倡「非暴
力抗爭」的貢獻，並稱頌他是「非暴力抵抗的教父」（The Father of
Nonviolent Struggle），透過媒體不斷宣揚夏普的影響力，夏普儼然成
為被獨裁政府統治人民心目中的英雄。

　　夏普在其《非暴力行動政治》中，提出一百九十八種反抗方
式，包括絕食抗議、脫衣抗議、傳單或漫畫、在天空放煙火文字
等。夏普從甘地（Gandhi）的非暴力反抗、馬丁・路德・金（Martin
Luther King , Jr.）牧師的民權抗爭、經濟抵制和其他不服從及不合作

---

[9] 曹中軒，〈中國驚爆茉莉花行動博弈〉，《亞洲週刊》，第25卷第9期，2011年
　3月，頁22-23。

[10] 2011年2月19日，胡錦濤在省部級主要領導幹部社會管理及其創新專題研討班開
　幕式上演講，實際是中央部委和各省市的防止茉莉花革命政治動員報告。兩會
　之前，中央辦公廳陸續向全縣團級下發政治局文件，措詞嚴厲，要求嚴格管制
　大規模街頭活動、阻止任何組織性的活動、挫敗國內外反動勢力挑動中國發生
　動亂的陰謀，且一定要確保兩會和北京市的安全。2011年2月27日北京市公安
　局在王府井鎮壓外國記者採訪活動，就是執行政治局文件。《博訊新聞網》參
　見http://news.boxun.com/news/gb/china/2011/04/201104010034.shtml（檢索日期：
　2011年10月27日）

運動中，研究得出一個結論，即爭取自由的抗爭行動需要在事前作細緻的戰略規畫與部署工作。和平抗議乃針對獨裁者的弱點所進行的最有效行動。抗爭者若採取暴力抗爭，反而會增加獨裁者使用武力鎮壓的合法性及正義性，武力是獨裁者手中最有效的手段，以暴力對抗暴力可以迅速鎮壓革命行動，如果鎮壓失敗，最後只會走向不歸路。[11]

突尼西亞及埃及人民和平地把獨裁者趕下台，完全體現了非暴力主義精神。人民一旦不畏懼獨裁者，獨裁者即喪失了他所賴以維生的可貴資產——人民。政府一旦失去人民的支持，必定無法存活。但是，手無寸鐵的人民如何反抗擁有軍警力量的政權，必須具備視死如歸的精神，此種精神源自身處生活困境、政治壓迫，以及政治理想的號召。其中符號與傳播非常重要。分析突尼西亞及埃及「茉莉花革命」不流血政變成功的原因，圖像符號透過網路的快速散播，打破語言和文化的隔閡，有效凝聚人民的革命意識，促使非暴力革命的成功。

以突尼西亞為例，在布瓦吉吉自焚後，數百名年輕的抗議者在中部西迪布吉德市（Sidi Bouzid）進行示威，並聚集在市府大樓前。警察則使用催淚瓦斯進行驅趕，而在社群網站臉書（Facebook）及影片網站（YouTube）有人將警察與示威民眾發生衝突的影片上傳，隨即產生擴散效應。影像是視覺傳達不可或缺的重要因素，視覺傳達也可以被解釋成以影像為中心的傳達。若將視覺傳達中影像資訊視為視覺資訊，視覺資訊的效率決定了傳達過程

---

[11] 陳之嶽，〈全球茉莉花革命幕後推手〉，《亞洲週刊》，第25卷第9期，2011年3月，頁20-21。

的效率。[12]因此，有了可引起受訊者反應的符號後，再經由傳播媒介，尤其是新媒體[13]的整合效果，擴大了革命力量。

突尼西亞政府雖然採取網路言論管制，反使取消網路審查成為民眾抗議的主要訴求。突尼西亞政府長期以來就控制著國家媒體，監控網路影片及社群網站的活動，使多數人民因不信任政府發佈的資訊，轉而透過電腦及網路尋求正確訊息。本書欲以突尼西亞與埃及茉莉花革命非暴力革命成功的連鎖效應為個案，探討如何藉由符號建構與媒體的串聯，導致這些威權國家政府被迫改組、承諾增加社會福利、改善經濟政策，與加速政治制度改革。並綜合運用各項分析與資訊，進一步探討中共在「茉莉花」符號的擴散效應下，中共的態度與政策，並作為我國對中共未來和平演變的建構與嘗試提供研究發現與政策建議。本書期以符號學的角度來探討《讓子彈飛》和「茉莉花革命」的意涵，並連結「茉莉花革命」對中共影響及其反應分析中共和平演變的可能性。

基於此，本研究目的有三：

一、檢證革命理論與實踐方式，探討民主革命方式的變革與影響。

二、透過突尼西亞及埃及茉莉花革命的背景、符號因素與媒

---

[12] 林俊良，《視覺傳達設計概說》（台北：藝風堂，2004年），頁10-12。

[13] 新媒體的種類很多，但目前以網路新媒體、移動新媒體、數字新媒體等為主。在具體分類上，細分為：門戶網站、搜索引擎、虛擬社區、RSS（Really Simple Syndication 是一種用來分發和蒐集網頁內容，如：媒體的新聞或文章標題）的格式。透過這種格式，生產資訊的網站，如：商業周刊，可以將最新的內容與摘要，傳送到訂閱者的面前）、電子郵件／即時通訊／對話鏈，博客／播客，維客，網路文學，網路動畫，網路遊戲，電子書，網路雜誌／電子雜誌，網路廣播，網路電視，手機簡訊／彩信，手機報紙／出版，手機電視／廣播，數字電視，IPTV，移動電視，樓宇電視等。參見Martin Lister, New Media： A Critical Introduction, 2009, pp.9-10。

體傳播運用對革命成功的分析，整合成為跨學科的研究成果。

三、探討《讓子彈飛》電影符號影響中共「茉莉花革命」的建構與嘗試，提供我國觀察中共未來和平演變的發展後續研究與參考建議。

第二節　文獻探討

突尼西亞一名失業青年的抗議自焚，導致人民上街抗議政府的經濟疲弱和威權體制。這場被國際媒體稱之為「茉莉花革命」的非暴力革命運動迅速蔓延至北非和中東各主要城市，影響超過40個國家的內政，並直接造成突尼西亞、埃及及利比亞專制政權的垮台。至今北非及中東的阿拉伯世界的動亂方興未艾，連執政四十二年的利比亞強人格達費也走到窮途末路，對照起他英姿煥發的青壯時期，對所有威權國家的領導人而言，確實是個警惕。威權國家的領導人一旦戀棧權位，等於站到人民的對立面。

由於茉莉花革命在阿拉伯世界的衝擊，因而產生一個重要的議題，那就是這波動亂能不能在亞洲也同樣複製。特別是維持威權統治的中共，是否會成為下一個「茉莉花革命」國家，已成為國際討論的焦點。在突尼西亞「茉莉花革命」之後，中國大陸的北京、上海等地也相繼出現小規模、無組織的街頭示威，響應網上關於各城市進行「茉莉花革命」的號召。消息傳出後，中共各地政府部門嚴陣以待，並在官方的命令下，對各入口網站和社群都做了「茉莉花革命」關鍵詞的限制，在中國大陸的大型網站搜尋「茉莉花」一詞，一般只能搜索到茶葉。另外，中共廣電總局下達了「內部通

知」，由於《讓子彈飛》裡面有「敏感內容」，必須減少放映場次，媒體宣傳逐次減少，希望遏止討論的聲浪。

　　還有中國大陸畫家艾未未因創作一系列諷刺中共政權的藝術作品而受限制。如，《一虎八奶圖》遭中共指控並限制人身自由，種種現象顯示中共當局深怕茉莉花革命在國內蔓延，進而推翻中共政權。《讓子彈飛》這部電影及《一虎八奶圖》這幅藝術創作，都是試圖運用各種圖像、動作、語言的指涉涵意來批評共黨的政權腐敗，藉由符號傳達與接受者互動產生共鳴，凝聚廣大人民的意識型態，以非暴力抗爭的方式迫使中共當局改變。[14]

　　綜合而言，民主革命方式的變革與影響，可以從這次「茉莉花革命」中得到證實。符號意涵的建構加上新媒體的迅速傳播，針對獨裁者的弱點進行有效打擊，凝聚人民的力量，成功推翻執政多年的突尼西亞與埃及政權。為了研究相關議題，本書聚焦於革命理論的探討與實踐方式、符號學的功能、媒體的角色、突尼西亞與埃及茉莉花革命的個案研究等相關文獻，以尋求本書研究的論述基礎。

---

[14] 艾未未先以一幅名為《北京2008》的油畫引起網友討論，畫中5位裸女打麻將時的小動作，象徵國際情勢的暗潮洶湧。接著在《一虎八奶圖》中，艾未未坐鎮畫面中心，手巧妙地遮住重點部位，代表着「黨中央」（擋中央）；此外，他的雙手置於左膝上，表明了堅定的左傾態度。畫面最左的長髮女子，戴着眼鏡坐在沒有靠背的椅子，象徵「知識分子」有地位卻靠不住；而她撥弄頭髮，始終側身向着黨中央，也說明知識分子再怎麼賣弄，仍被政府牽着走。最右的女子體態豐腴，掛玉珮、戴手錶，是「資產階級」；她有地位也靠得住，雙手向身體右側擺，代表「右傾」立場。在這幅畫裏，黨中央與資產階級相隔甚遠，好比枱面上的關係，但兩人還有另外一張單獨合影，則象徵背後的官商勾結。畫中的短髮女子原先沒有地位，只能站着陪笑，但後來被黨中央拉去靠著坐，代表「新聞媒體」受控制。至於從頭到尾只能站在椅後，身體被遮住最多的，則是沒有地位、也時常被忽視的「農工階級」。艾未未的諷刺作品與影響力使其遭受拘捕。《新浪香港》參 http://forum.sina.com.hk/viewthread.php?tid=92262（檢索日期：2011年10月27日）

壹、革命與符號學

相關文獻主要針對「革命」與「符號學」作研究，在既有的文獻基礎上，對革命與符號學的定義及內涵探討分述如下。

一、革命

詹森（Chalmers Johnson）是研究革命現象的翹楚，其代表作《革命：理論與實踐》（*Revolutionary Change*）採用功能分析來探討革命起源。詹森特別著墨於整合（integration）的功能，認為其執行程度和革命的發生直接相關。整合在此被理解為社會分工和價值體系達到均衡狀態。一旦社會內外的原因促使社會分工轉變，或帶來了價值變遷，致使二者失調，即造就革命情勢。詹森認為失衡的社會體系，造成權力式微與權威喪失，再加上催化劑，就會產生革命。[15]此書闡述革命的原因、過程和結局，有助於吾人對革命意涵及過程有更明確的瞭解；但在催化劑種類的分析中，詹森認為政府的軍事軟弱與抗爭者具有完備的武裝戰略行動，成為促成革命之主要因素，因而將革命的形式限制在暴力抗爭中，聚焦於武裝力量的影響力，並未對人民心理狀態、符號意象凝聚與媒體平台的催化作用進行探討。然而，新時代的「顏色革命」與「國花革命」[16]，卻是有別以往的暴力革命手段，加入許多新元素的革命方式。如顏色

---

[15] Chalmers Johnson著，郭基譯，《革命：理論與實踐》（台北：時報文化，1993年），頁4-14。

[16] 顏色革命，又稱花朵革命或國花革命。是指20世紀末期開始的一系列發生在中亞、東歐獨聯體國家，以和平非暴力方式進行的政權變更運動。參與者們通常採用一種特別的顏色或者花朵來作為他們的標誌。例如喬治亞的玫瑰革命、烏克蘭的橙色革命、吉爾吉斯的鬱金香革命，及突尼西亞茉莉花革命等。《烏有之鄉》參見http：//www.wyzxsx.com/Article/Class17/200605/6598.html（檢索日期：2011年10月27日）

及國花等重要的符號象徵。

湯姆斯・葛利尼（Thomas H. Greene）在《比較革命運動》
（*Comparative Revolutionary Movements*）一書中專注於以革命過程的
眼光，探討哪些原因促使革命真正地發生，並嘗試建立起理論的通
則。全書分兩部分來進行：第一部分在研究革命運動的特性；第二
部分在探討背景因素。在革命背景的加速因子，葛利尼區分下列幾
項來探討：（一）軍事的失敗。（二）經濟危機。（三）政府的暴
力。（四）菁英份子的崩潰。（五）改革與政治變遷。（六）示範
性的效果。[17]這幾項推論有助於本研究對茉莉花革命的背景探討；
但葛利尼將恐怖行動、游擊戰和政變列為革命成功的技術，將暴力
視為研究所有革命行動的共同脈絡的觀點，這樣的分析架構無法解
釋茉莉花革命在突尼西亞與埃及以非暴力抗爭形式成功推倒獨裁政
權的原因。

王靖之在《世界革命史新論》為革命正名，他認為革命不僅
在推翻帝王專制，而是要推翻任何專制及其帶給人民所不願意的一
切措施。換句話說，若不以民主為依歸者，則不能稱為革命；若
無法走上民主康莊大道者，不能算是完成革命。剷除那些所加諸於
人民的痛苦，並產生民主政治，即是革命的真理。[18]兩位學者對革
命意涵的界定都做了闡述，也分別對美國、歐洲及共產國家的革命
史進行探討與檢視。但雷維爾對亞非各國一筆帶過，並無仔細加以
分析，且文中可看出他對法國政府的譏諷之意，造成其論點有失偏

---

[17]Thomas H. Greene著，李台京譯，《比較革命運動》（台北：政治作戰學校，
  1987年），頁171-189。
[18]王靖之，《世界革命新論》（台北：正中書局，1970年），頁242-243。

頗；王靖之則是以反共革命的立場出發，關注於民主與教育，並批判共產主義，較未對革命的方式與過程來進行分析。

趙鼎新在《社會與政治運動講義》中對美國及西方社會運動和革命理論的發展作一批判性介紹。作者先針對集體行動、社會運動和革命做簡單的探討，並在此基礎上提出研究社會運動和革命的三大觀點，即社會變遷、國家和社會的結構與結構性行為，以及社會運動的話語。作者更認為任何社會運動或革命的發生及發展都離不開這三個因素，但這三個因素之間卻沒有一成不變的邏輯關係。因此，必須建立一個隨時空和情境而變的社會運動和革命的系統性理論。此著作不但對社會學關於集體行動、社會運動和革命的研究做總結，更試圖解析社會科學研究方法必須與時俱進，才能適時地解釋現象。其論述成為吾人分析符號話語力量帶來民主浪潮的立論基礎。[19]

張碧雲以法國、俄國與中國的社會革命為例，提出如何以國與國間、國與經濟間、國與階級間的關係，來解釋社會革命的因果邏輯。她歸結出，現代革命可能是逐漸地而非劇烈地，先經由一連串「不革命者的革命」，再努力使各主要機構之民主化大眾政治運動來完成，這些機構包括經濟、政黨、軍隊及國內的官僚體系，若能將這些控制社會的組織，轉變為完全屬於社會的組織，才算達到真正的民主，也才能避免社會革命。

簡言之，過去偉大社會革命的原因與結果，幾乎不可能再出現於未來先進工業國家之民主化社會革命中。[20]此書觀點闡明必須分

---

[19] 趙鼎新，《社會與政治運動講義》（北京：社會科學文獻出版社，2006年），頁1-19。
[20] 張碧雲，《社會革命錄》（台北：久大文化，1991年），頁238-240。

析案例的社會政治結構與歷史背景，才能真正了解這些革命危機的根本原因。但就其認為足以影響革命運動的各組織中，並未提及媒體；然而，現今許多發生革命運動的國家，因為控制媒體，造成人民的反彈，最後甚至透過媒體引發革命。

對於革命現象的了解，必須要探討馬克思主義學說。李英明在《社會衝突論》中，透過閱讀原典回溯馬克思主義的爭論，並從馬克思主義的爭論出發，逐步釐清馬克思主義關於階級與階級意識等概念。藉由逐層探討馬克思社會衝突理論的相關問題，有助於重新建構社會衝突論的現代意涵，對於在「全球化」（globalization）時代下所存在的階級衝突，仍相當有意義。[21]然而，在現代世界歷史中的社會革命，雖然多少有些階級衝突的根源，但基本上不符合馬克思的理論預測。這些革命通常發生在經濟較落後的國家，未曾出現在最進步的資本主義工業國，以往打著社會主義理想旗幟來徵用國內資本家階級財產的革命，最後也未達成馬克思想像中的富裕、民主的共產社會。所以，若單以馬克思主義來解釋革命現象，仍有失偏頗，應尋求一個更全面的理論框架。

綜合上述，在專制獨裁政權下，如果人民生活困難，貧富差距過大，社會缺乏公義，人民相對剝奪感強，民怨載道卻無處宣洩，常會引爆革命。過去基於「法國大革命」、「俄國大革命」和「美國獨立戰爭」等例子，常讓人們誤以為使用暴力才可以推動革命，認為革命應該是暴烈且全面性的制度變遷。本書遂將革命意涵定義為「以最有效且全面性之手段推陳出新，達到推翻腐朽政府、創造民主、謀求共同幸福的舉動」。但在1989年11月發生捷克的「天

---

[21] 李英明，《社會衝突論》（台北：揚智文化，2002年），頁2-25。

鵝絨革命」（Velvet Revolution）後，人們開始用溫柔雅緻的詞彙來描述或突顯一些過程特別平和的革命。從「天鵝絨革命」到2003年底喬治亞（Georgia）的「玫瑰革命」（Rose Revolution）、2004年烏克蘭的「橘色革命」（Orange Revolution）、2005年吉爾吉斯（Kyrgyzstan）的「鬱金香革命」（Tulip Revolution）和2011年北非與中東的「茉莉花革命」，傳達出以顏色與花朵的軟性力量，非暴力的抗爭方式，一樣成功地推動快速、全面性且平和的民主變革。

二、符號學

　　「符號」是人類思想的產物。美國實用主義哲學家皮爾斯（Charles Sanders Peirce）和瑞士語言學家索緒爾（Ferdinand de Saussure）是當代符號學的源頭思想家，兩人不約而同地開創了符號學。索緒爾將符號分成意符（signifier）和意指（signified），確立了符號學的基本理論，被譽為現代符號學之父。[22]但直到二十世紀有不同學者對符號理論進行研究及應用，才把此思潮推至高峰。其所應用範圍廣及社會科學、自然科學、哲學、文學、藝術、文化理論等，使更多學者如李維史陀（Levi Strauss）和羅蘭・巴特（Roland Barthes）等人都投入研究或受其影響。[23]吾人透過蒐集符號學與視覺傳達等相關文獻，了解符號學概念及傳播過程中，「意義」如何被

---

[22] Ferdinand de Saussure, *Course in General Linguistics*（New York：Open Court, 2006）, pp. 8-18.

[23] 李維史陀將索緒爾的研究方法運用在人類學上，結構主義蔚為風潮，學者們也紛紛將相同的結構語言學邏輯擴展應用到研究所有社會、心理和藝術現象及結構上。李維史陀曾出版過《親屬的基本結構》（1949）、《神話的結構研究》（1955）、《結構人類學》（1958）、《當代圖騰制》、《原始思維》（1962）等書。追尋在李維史陀之後，羅蘭・巴特也成為文學結構主義的有力提倡者，其著作有《寫作的零度：結構主義文學理論文選》、《神話學》、《明室攝影札記》、《形象的修辭：廣告與當代社會理論》、《符號禪意東洋風》、《批評與真實》、《戀人絮語：一本解構主義的文本》等，且已有譯本

「創造」與「詮釋」，並探討在這樣的化學作用下，符號意象和視覺傳播如何取代暴力抗爭，迅速推翻獨裁政權。

羅蘭‧巴特的符號學理論中有兩個極為重要的概念，即符號的「所指」與「能指」。它們是符號分析的基本條件和手段，羅蘭‧巴特提出「所指與能指的聯合構成符號」的觀點，這也支撐著索緒爾的最高主張。在其符號學的論述中，預示著符號學發展的前景，表現出相當旺盛的理論活力，並將符號學發展放到更為宏大的現代社會歷史的客觀背景上。他不就單一方面，例如文學藝術或宗教神話方面，來論述符號學問題，而是把整個人類文化現象都納入符號學分析的範圍。[24]

在《符號與社會》一書中，林信華認為社會生活是一個具有秩序的互動結構，而這秩序也明顯地體現在語言及其言說的結構中。語言一方面承載社會的溝通與演化，另一方面語言本身也成為一種符號系統而不斷地成長。因此，符號及符號系統的解釋擴充了語言的傳統意義，並給予現代社會生活一個新的解釋空間。林信華有別以往學者著重於符號理論定義與發展的研究，而將符號本身及語言從傳統的哲學性轉換到更寬廣的社會性，有助於我們觀察符號的表現能力以及其相映的社會形式與功能。[25]

約翰‧費斯克（John Fiske）結合符號學、意識形態批判、批判理論等觀點，分別針對過程學派與符號學派對訊息構成要素的解釋進行比較。過程學派認為訊息透過傳播過程進行傳輸，意圖是構

廣為大眾研究。參見Robert Stam, Robert Burgoyne, and Sandy Flitterman-Lewis著，張梨美譯，1997年，頁53-56。

[24] Roland Barthes，洪顯勝譯，《符號學要義》（台北：南方叢書出版社，1994年），頁17-19。

[25] 林信華，《符號與社會》（台北：唐山出版社，1999年），頁1-21。

成傳播活動的重要因素；另一方面，符號學派認為訊息是符號的建構，並透過與接收者的互動而產生意義。費斯克希望結合兩學派的優點，提供社會大眾更多經驗研究來理解日常生活中所遭遇的狀況。[26]

　　孫秀蕙在行政院國家科學委員會專題研究計畫《結構符號學與傳播文本：理論與研究實例》[27]的成果報告中，先從符號學研究的源流及演變出發，探討這些概念如何運用於傳播文本之研究。在理論方面，特別著重介紹歐陸的結構主義符號學論述，介紹分析主軸及研究面向，並示範如何運用於傳播文本，例如：政治演講、政論節目、網路謠言、平面廣告、宣傳海報等，藉以豐富相關論述。另外，由於新興網路媒體的發達，資訊的傳遞與流通與傳播理論所描繪的傳統模式已大相逕庭，社會環境的劇烈變動，也影響了符號指涉的變化速度，無論是從「文字文本」到「圖像文本」或是「超文本」，傳播符號學研究均需考量這些發展，重新省思研究方法的適切性。因此，藉由不同實例的呈現與分析，此報告有助研究符號學與傳播媒介之間的關係。

　　符號學的崛起帶動當代學術研究電影語言概念的新潮流。從羅伯特‧史丹（Robert Stam）等人所著《電影符號學的新語彙》（*New Vocabularies in Flim Semiotics*）中可以看出，符號學對電影文本具備影響力，剖析符號學歷經種種理論範式的蛻變演進過程，從語言學、敘事學、心理分析到超語言學，先針對專有名詞如符號學、電影符

[26] John Fiske著，張錦華等譯，《傳播符號學理論》（台北：遠流出版社，1999年），頁5-17。
[27] 孫秀蕙、陳儀芬，〈結構符號學與傳播文本：理論與研究實例〉，《行政院國家科學委員會專題研究計畫》（台北，2010年），頁1-23。

號學、心理分析賦予基本的定義、出處、歷史演進的簡短史，再實際測試其概念在電影分析領域中的應用可能性。

筆者引述羅蘭‧巴特的觀點，認為影像和其它符號，包括語言符號在內，都具有多重指示會意的特質，可讓人自由解讀，即是藉由文字輔助將影像的多重意義具體形塑，誘使觀眾對影像做某種特定解讀。[28]此著作是符號學與電影理論交會的產物，透過了解西方學者對電影在潛意識及社會生活上的想像力之研究，開創亞洲新的電影語彙發展。但其中仍有許多問題未解決，甚至未出現，例如美學形式和社會組織的關係為何？觀眾如何接受及了解電影？是否可以探討媒體人如何操作影片符號，針對國家、種族、性別等問題影響觀眾？

整體而言，所謂符號學，就是「研究事物符號的本質、符號的發展變化、符號的各種意義以及符號與人類多種活動之間的關係」。若將符號學的原理應用到各領域，就產生了該學門的符號學，在某種意義上符號學可稱為分析科學的一個分支。上述文獻資料對符號學的起源與影響都做了深入的闡述與分析，從語言符號、傳播符號學、藝術符號到電影符號，這些理論的堆積，協助吾人進一步了解符號的意義與運用。雖然符號學的應用範圍廣及社會科學、自然科學、哲學、文學、藝術、文化理論等，但卻鮮少有學者以符號理論來探討社會運動現象，以「茉莉花革命」事件為例，在革命活動中以國花「茉莉花」來形容革命的符號意義為何？一場成功的大規模非暴力革命背後是否需要符號力量的支持？圖像與影像的符號建構與民主革命之間的關係為何？這些議題的研究都可以協

---

[28]Robert Stam, Robert Burgoyne, Sandy Flitterman-Lewis著，張犁美譯，《電影符號學新語彙》（台北：遠流出版社，1997年），頁69-71。

助吾人對符號理論本身及其影響力作更進一步的認識。

貳、非暴力革命與個案

　　吾人將與本書主題相關研究的文獻，概分為下列兩種類型：

　　「非暴力革命」部分——回顧歷史，革命方式可以分為暴力革命與和平鬥爭兩種方式。而關於非暴力革命的方法與影響，使本研究於探討非暴力手段與符號理論結合對革命影響力的因果關係時，提供較為健全之背景資料與理論基礎，以及評估成效的重要參考。

　　「個案」部分——針對過去非暴力革命成功的國家中，其革命過程與符號建構之間的關係及所呈現之結果進行分析。在此類文獻中，大多援引個案做為研究切入點及論證依據。這些個案研究方向，成為本書研究符號建構對突尼西亞與埃及茉莉花革命影響之重要參考，除可分析出革命的背景因素外，更可檢視出符號的影響力。

　　因此本研究以上述兩者作為分類依據，針對重要文獻之探討如下：

一、非暴力革命

　　馬克思從法國大革命中看到暴力在推動社會進步的能量，高度讚揚暴力革命的作用，並認為暴力革命是根除資本主義弊病最徹底的方式，也是工人階級爭取自身自力最有效之手段。雖然暴力革命過去曾經是革命階級掃蕩舊制度普遍使用的方式，因催生了第一個社會主義國家——蘇聯，且在中共與東歐等共黨國家的誕生過程也扮演重要角色。[29]

---

[29] 王彥偉，〈對馬克思主義學說的暴力再認識〉，《科技信息期刊》，第29期，2008年，頁141。

　　但江蓋世在《非暴力的理論與實踐》中，以俄國的二月革命史實為例，發現整個革命過程中，有相當多的非暴力抗爭行動協助革命力量的發展。如有25萬的工人透過罷工遊行表達不滿，並遊說軍人加入遊行行列。沙皇政府在無暴力事件發生的情況下，下令軍隊向群眾開火，最後反而導致軍隊向群眾靠攏，加入革命行列，結束沙皇君主專制統治。[30]江以實例說明非暴力革命具有使統治者喪失鎮壓能力的力量，若能使非暴力革命行動擴散全國，統治者便難以鎮壓手段掌控全局；但過於偏重於史實的列舉，並未提出解釋性的理論框架來說明非暴力革命能成功且快速推翻原有權力結構的原因。

　　吉恩・夏普在其著作《從獨裁到民主》（*From Dictatorship to Democracy*）中，深入分析非暴力手段反抗政治與操作暴力的方式之間最大的不同。他認為儘管這兩者都是進行革命的手段，但採用的方法不同，結果也不同。暴力方式常以實際武器來脅迫、傷害和毀滅對方，因而招致對方採取武力鎮壓，除了死傷慘重外，還不一定成功。非暴力鬥爭的方式則是一種將民眾和社會的各種機構以心理、社會、文化、經濟及政治等綜合性武器來進行，諸如抗議、罷工、不合作等方式。[31]如果政府沒有人民的支持無法實行統治，等同被切斷權力來源，搖搖欲墜。此著作提供有助於對革命思考和籌畫的指導原則，產生比暴力更有力、有效的革命方式；但只著重於如何消滅獨裁和避免新獨裁產生的一般性分析，並未針對某一特定國家在革命過程中提供詳細的分析。

---

[30] 江蓋世，《非暴力的理論與實踐》（台北：前衛出版社，2001年），頁9-10。

[31] Gene Sharp, *From Dictatorship to Democracy：A Conceptual Framework for Liberation*（Boston, MA：Albert Einstein Institution, 2002），pp. 29-30.

羅伯特・赫爾維（Robert L. Helvey）在《論戰略性非暴力衝突：關於基本原則的思考》（On Strategic Nonviolent Conflict：Thinking about the Fundaments），提出以戰略性非暴力鬥爭代替武裝衝突，並提供一個框架，促進關於以戰略性非暴力抗爭來反對國家暴政的思考模式。作者認為非暴力革命方式可以取代武裝衝突，是因為除了造成較輕微的生命與財產損失外，許多歷史經驗也一再顯示，非暴力革命是對付暴政最有效的手段。[32]作者將非暴力革命的方式系統化，提供完整的戰略構想，協助吾人深入了解非暴力鬥爭的基本原則與實際運用；作者對宣傳與民主革命之間關係的闡述，為吾人深入探討符號建構與民主革命之間的關係提供重要的研究基礎。

王康陸在《非暴力的方法與實例》中，將非暴力行動分為九類共五十四種方法及實例。王康陸認為非暴力行動大多是以和平抗議或試圖說服的象徵性行動，透過行動，讓行動者表示對某個人事物的反對或支持。非暴力行動也可用來表達深刻的個人感受或道德譴責。行動的目的，則是經由引起社會大眾的注意來獲取支持，而導致對方接受改革。可能是透過與大眾、旁觀者或第三者的溝通獲得對改革的支持。[33]該著作的貢獻在於提供了一份清單，佐以實例與圖片，協助吾人明瞭非暴力行動的方法；然而只有分類與舉例說明非暴力行動，缺乏對於為何非暴力革命可以成功的理論分析。

艾克曼（Peter Ackerman）和杜瓦（Jack Duvall）合著《非暴力抗爭——一種更強大的力量》（A Force More Powerful: A Century of Nonviolent Conflict），書中收錄具象徵性的案例，以顯示非暴力抗爭

---

[32] Robert L. Helvey, *On Strategic Nonviolent Conflict：Thinking About the Fundamentals*（Boston, MA：Albert Einstein Institution, 2004），p. 143.
[33] 王康陸，《非暴力的方法與實例》（台北：前衛出版社，2001年），頁5-10。

行動如何推翻難以對抗的對手。此書前三部分別呈現出非暴力抗爭
在三大不同型態衝突事件裡的實際運用情形：第一部以二十世紀三
大造成國家變革的群眾運動，分別為俄國反王室運動、印度反英國
殖民統治運動，及波蘭的反蘇聯統治體系運動為例，闡述非暴力制
裁行動在這三場運動所佔的關鍵地位。

　　第二部著重於描述國家暴力達到高峰時，抗暴民眾如何與占領
軍或統治者正面對抗。探討薩爾瓦多、阿根廷與智利國內實施恐怖
統治的軍事獨裁者遭到人民削弱其權力的過程，以及丹麥與其他歐
洲國家對德國納粹的顛覆行動。

　　第三部紀錄二十世紀後半期，中共、東歐、菲律賓等國人民如
何以非暴力制裁行動向政府爭取特定權力。最後，在第四部則以兩
個反面案例加以檢證，說明暴力與恐怖行動所衍生出的社會亂象與
政治衰敗，遠高於其獲得的權力；並探討先進科技、國際制裁，以
及其他變化中的環境條件，對於非暴力運動的影響。[34]

　　作者以客觀的角度呈現事實，將自己的分析意見留在結尾加以
表述，最後融合事實說明以及詮釋意見，並針對非暴力行動改變世
界的方式加以釋疑。此書的貢獻在於，從這些衝突事件當中，吾人
可以追溯非暴力運動之力量與實行方式的觀念演進；且作者提出獨
裁政府在面對貿易、資訊、交通全球化體系下，專制政權不得不改
革開放的現象。惟並未深入探討這些新的非暴力力量如何造成革命
並推翻專制政權。

二、個案研究部分

　　廖顯謨在評析北非茉莉花革命的原因與其意義時，主要針對

---

[34] Peter Ackerman, Jack Duval著，陳信宏譯，《非暴力抗爭──一種更強大的力量》
（台北：究竟出版社，2003年），頁17-23。

政治、經濟與社會文化等因素進行分析，最後結論部分提出，政治
運動與社會運動的行為根源來自於「人」——有情感、價值，社會
科學研究者不只要有理論基礎，更需要有豐富的社會經歷。[35]此文
的貢獻在於提供研究方向，分析受茉莉花革命影響的北非與中東國
家，並點出「人」的變因與社會媒體力量的後續研究方向，成為吾
人探究茉莉花革命與符號建構之間關係的重要參考。

　　張驥、張愛麗在〈論中亞國家顏色革命的原因及對我國的啟示
——以文化與意識型態安全的視角分析〉文中，探討中亞國家，例
如烏克蘭「橙色革命」、吉爾吉斯的「鬱金香革命」與捷克的「天
鵝絨革命」等國「顏色革命」背後複雜的諸多原因，並提出中亞國
家長期忽視文化和意識型態安全的維護是「顏色革命」發生的重要
因素[36]，藉由文獻分析法加以檢討、整理及歸納，並針對研究中所
發現之問題，提供中共抵抗民主化、避免顏色革命的參考建議。

　　作者研究指出，中亞國家族群矛盾和對立、政治運行上缺乏
民主和政府腐敗引發政治危機、未能凝聚愛國意識和民族向心，加
上無法控制新興媒體的散播力，是顏色革命發生的主要因素。此文
協助吾人探討非暴力革命發生與成功的背景因素，以及中共在面對
「茉莉花革命」時，政府將做出什麼樣的政策改變與預防措施提供
研究的方向；但該文以中共的立場出發，論述中貶低西方民主與文
化，未能對「顏色革命」中意識形態與傳媒的作用，提出客觀的理
論來解釋現象。

---

[35]廖顯謨，〈北非與中東革命之根源與其意涵〉，《全球政治評論》，第34期，
2011年，頁7-12。
[36]張驥、張愛麗，〈論中亞國家顏色革命的原因及對我國的啟示—以文化與意
識型態安全的視角分析〉，《河北經貿大學學報》，第7卷第4期，2007年，頁
19。

傑克‧高史東（Jack A. Goldstone）在〈反思革命：結合起源、過程與結果〉（Rethinking Revolutions: Integrating Origins, Processes, and Outcomes）一文中指出，以往革命的研究傾向於把重點放在「爆炸性」的革命時刻，或探討導致爆炸革命的條件。這使得以國家為中心的革命理論出現，其認為革命主要是一個國家崩潰的問題，在國家的某種結構性脆弱上做解釋。這些研究革命的進程和成果，使獨裁國家權力企圖更專制與強大。

然而，作者以歷史上的「顏色革命」事件為例，說明在面對眾多的國內和國際反對者，專制的制度反而很難保有國家權力。作者認為以國家為中心的革命理論受到「顏色革命」的挑戰，「顏色革命」遵循一種新的路徑，展開一系列和平抗爭，獨裁政府因此逐漸被民主取代。[37]該文提出新的革命模式，分析這些顏色革命的過程為何能夠如此和平，可供吾人作為研究突尼西亞與埃及茉莉花革命的參考資料。

帕森塔‧庫瑪爾‧普拉丹（Prasanta Kumar Pradhan）的研究指出，突尼西亞和埃及「茉莉花革命」撼動了整個阿拉伯世界。[38]大量的人民走上街頭反對其統治者，象徵著在專制統治下，腐敗、不平等、失業、物價上漲以及缺乏政治權利，加劇了人民內心深層的憤怒。約旦，葉門，阿爾及利亞，利比亞和伊拉克示威者同樣走向

---

[37] Jack A. Goldstone, "Rethinking Revolutions：Integrating Origins, Processes, and Outcomes,"*Comparative Studies of South Asia, Africa and te Middle East,* Vol. 29, No. 1, 2009, p. 18.

[38] Prasanta Kumar Pradhan,"After Tunisia and Egypt：The Mood in the Arab Streets and Palaces,"IDSA comment, February10, 2011. At http：//www.idsa.in/idsacomments/AfterTunisiaandEgyptThemoodintheArabstreetsandpalaces_pkpradhan_100211（Accessed 2011/9/27）

街頭，要求更大的經濟和政治改革。由於擔心「茉莉花革命」發生在自己的國家，阿拉伯的專制統治者，開始重視人民的聲音，並加速解決問題。作者指出北非經濟條件差、通貨膨脹、失業、貧困、獨裁統治者的霸權體制、腐敗和警察暴行等，是革命成功主要的驅動力。作者認為阿拉伯世界的統治者因害怕非暴力抗爭，未來的革命在「茉莉花革命」後，將越來越難預料；作者闡述導致「茉莉花革命」的因素，也肯定人民的力量；但並未對非暴力革命如何擊垮擁有強權與武器的獨裁政府提出解釋。

艾維德・古普塔（Arvind Gupta）在其文章〈來自埃及的教訓——不要低估非暴力抗爭與網路的和平力量〉（*Lessons from Egypt: Do Not Underestimate the Power of Peaceful Satyagraha and the Internet*）中，提出懷疑論者質疑手無寸鐵的示威者能以和平的方式推翻獨裁政權是錯誤的。[39]危機的暴發毫無預兆，沒有人預測到突尼西亞的動亂會製造出「茉莉花革命」運動並且快速蔓延，連埃及領導人穆巴拉克也被迫下台。作者提出革命分析的新挑戰——人民的和平力量與網路的傳達速度；該文批評懷疑論者的觀點，卻沒有針對埃及茉莉花革命的非暴力抗爭過程與網路運用進行分析，欠缺相關的論證來支撐其觀點。

伊娃・貝琳（Eva Bellin）的文章〈茉莉花和尼羅河革命的教訓——中東政治轉型的可能性？〉（*Lessons from the Jasmine and Nile*

---

[39]Arvind Gupta,"Lessons from Egypt：Do Not Underestimate the Power of Peaceful Satyagraha and the Internet," IDSA comment, February14, 2011. At http：//www.idsa.in/idsacomments/LessonsfromEgyptdonotunderestimatethepowerofpeacefulSatyagrahaandtheInternet_agupta_140211（Accessed 2011/9/27）

Revolutions: Possibilities of Political Transformation in the Middle East?）[40]與李酉潭所著〈第四波民主化浪潮啟動了嗎？〉一文，[41]皆針對突尼西亞與埃及的革命背景作分析，並探討阿拉伯國家政治改革的可能性。兩篇文章雖為阿拉伯之春浪潮的初探，卻可作為本書重要的參考資料。沈明室和陳至潔的〈中國大陸發生「茉莉花革命」可能性的探討〉[42]以及〈中國對茉莉花革命的態度與政策〉。[43]兩篇文章以阿拉伯之春後所帶給中共的影響作分析，文章分別以中共防堵政策與國情環境下的革命可能性為重點，論述言簡意賅，可作為吾人探討中國大陸茉莉花革命的引據資料。

參、圖像符號與媒體的催化角色

由於各國語言的差異，雖可透過翻譯進行溝通，但還是有諸多的限制與不便。然而，好的圖像與符號表達卻可以跨越藩籬，突破文字無法傳達的瓶頸。圖像本身可表現出內容情境，使人產生聯想進而了解其中涵義，而且圖像的情緒表達比文字更能生動有趣。舉例而言，「祖孫情」概念的表達，如透過一幅祖母牽著孫子的手的圖像或一段祖母陪著孫子玩耍的影片，直接的影像傳遞在較複雜意念的表達上，往往比文字更深沉、更具渲染力，使得圖像在新媒體中扮演不可或缺的角色。隨著網際網路媒體的發達，更帶動人對影

---

[40] Eva Bellin,"Lessons from the Jasmine and Nile Revolutions： Possibilities of Political Transformation in the Middle East?"*Middle East Brief*, No. 50, 2011, p. 3.

[41] 李酉潭，〈第四波民主化浪潮啟動了嗎？〉，《新世紀智庫論壇》，頁89。

[42] 沈明室，〈中國大陸發生「茉莉花革命」可能性的探討〉，《戰略安全研析》，第71期，2011年，頁48-50。

[43] 陳至潔，〈中國對茉莉花革命的態度與政策〉，《戰略安全研析》，第71期，2011年，頁37-39。

像的渴望，加上網路的設計旨在提供使用者平等近用權與發言權，其互通性、互動性及已使用者為主體等精神，形成人人皆可為媒體的景象。

　　關於研究突尼西亞與埃及「茉莉花革命」和網路傳播圖像符號之間的關係，以及《讓子彈飛》為何引起中共如此關注之參考文獻，概略分為下列三項：

一、圖像符號

　　羅蘭・巴特在一九七七年出版的《圖像─音樂─文本》（*Image-Music-Text*）一書中，透過對圖像、音樂及電影提出批評與反省，並在探討圖像修辭部分指出，攝影作品或媒體廣告內容，常以一組複合指涉物來組構意涵。[44]巴特對圖像符號不但深入解說，也提出分析程序探討符號表意系統與過程；總括而言，圖像即是一種再現形式，它賦予客體以話語解釋的空間。巴特的主張常被運用於分析廣告、攝影或電影文本，目前尚未有學者以此觀點來探討符號與非暴力革命行動的關係。

　　在〈林明弘研究：花布、空間，與認同〉一文中，筆者以藝術家林明弘的花布創作為研究對象，認為林明弘的花布非單純的創作體，而是透過對花布的挪用，使其再現了台灣文化認同與歷史發展的過程，並承載了藝術家對於懷舊情感的灌注。[45]花布的表面印記與手工繪製，喚起的不只是符號與文化認同的再現，並勾勒出圖像層次之上的文化建構意義，使創作者與觀賞者達到共鳴。作者認為圖像賴以再現之媒介，藉由各種隱喻、論述，與文字影像的討論，

---

[44] Roland Barthes, *Image-Music-Text*（London： Fontana Press, 1977），p. 32.
[45] 賴駿杰，〈林明弘研究：花布、空間，與認同〉，國立台灣藝術大學藝術史與藝術評論研究所碩士論文，2008年，頁134-137。

可以給予影像一個於心理、認知,與記憶模式中的中心角色。此研究的價值在於批判過去論者在圖像與文化精神認同二者間,往往未能兼顧,討論圖像者,多以符號學、結構主義加以拆解;討論文化精神認同者,卻又經常忽略視覺藝術的基礎─仍為圖像。

　　無獨有偶,陳寬育在其〈論梅丁衍作品中的政治圖像運作〉碩士論文中,分析梅丁衍在經歷解嚴後,作品從國族的認同議題開始,藉由對「認同」概念的研究而開啟創作,陸續發展成了對台灣主體性,對兩岸以及近期對全球化等面向的持續關注,使之成為自己創作的主要靈感或議題的來源。[46]此文章同樣展現出符號與文化認同之間的連結。此外,該文的貢獻在於使吾人瞭解如何透過各種象徵的、隱喻的、聯想的修辭的技巧,利用「政治性藝術」對社會、歷史與時局進行批判。

　　張耀羿與熊碧梧在研究視覺傳達設計圖像符號應用時發現,將近85%的傳單樣本應用圖像符號素材,符號形式以「影像符號」與「漫(插)畫符號」應用為主,符號性質則以「圖像性符號」應用最多。[47]作者藉由文獻探討,歸納圖像符號的相關觀點,並透過內容分析,解析美軍心戰傳單視覺設計在圖像符號應用情形。該研究貢獻在於舉證闡述,圖像符號在設計的構成與訊號傳遞上,扮演著極為重要的角色。此研究雖只針對美軍傳單設計中的圖像符號應用作探討重點,不足以推論至所有的傳單設計;卻已推論出圖像符號在視覺傳達中,喚起人類認知經驗過程的重要地位。

---

[46] 陳寬育,〈論梅丁衍作品中的政治圖像運作〉,國立成功大學藝術研究所碩士論文,2007年,頁11-13。

[47] 張耀羿、熊碧梧,〈視覺傳達設計圖像符號應用之研究─以美軍心戰傳單為例〉,《第九屆國軍軍事社會科學學術研討會論文集》(台北:政戰學校,2006年),頁576-578。

　　在「符號學與認知心理學基礎理論於視覺設計之運用研究——以標誌設計為例」一文中，作者結合符號學理論與認知心理學的探討，運用視覺認知之基礎架構，以視覺設計的創作過程來探究視覺符號之造型、意義與認知間的建構關係。作者提出在現今數位傳播發展的資訊時代，人們可在極短的時間內與數千萬里外的人們交流，在傳達的過程中，文字常因各國文字與文化的差異而無法辨識，所以必須利用視覺符號圖像彼此具備的認知基礎，來減少訊息傳遞者與接收者之間的認知誤差。[48]該文雖是透過研究圖像符號、心理認知與傳媒間的操作模式，探討設計者如何確實掌握設計符號的認知與落實；亦可作為吾人以符號觀點探討圖像與傳播對茉莉花革命影響的參考文獻。

　　季子弘編著《對符號圖騰的101個問題》，為圖騰、符號、歷史文物與生活的象徵意義作解釋與說明。他認為許多事物被繪製成圖像符號或圖騰，這些符號的出現，縮短人類彼此的溝通時間，是濃縮人類情感與意涵的替代物。人與人間的溝通，言語雖直接有力，卻太過露骨，沒有轉圜餘地；文字雖較為平和間接，卻容易因辭不達意而未能傳達清楚。象徵符號就不同了，它被賦予某種意義，也因不同人的解讀而使符號更耐人尋味。[49]該著作對許多符號的涵義源由作深入的介紹，可當作吾人探討「讓子彈飛」影片中符號意涵的參考資料。

---

[48] 蘇文清、嚴貞、李傳房，〈符號學與認知心理學基礎理論於視覺設計之運用研究——以標誌設計為例〉，《人文暨社會科學期刊》，第3卷第1期，2007年，頁104。

[49] 季子弘，《對符號圖騰的101個問題》（台北：好讀出版，2006年），頁4-5。

二、傳播科技

　　《媒體／社會》一書中，大衛（David Croteau）和威廉（William Hoynes）認為大眾傳播和政治、經濟、教育、文化、宗教等其他社會機制間有著密切的互動關係，並援引社會學途徑針對產製、傳播、接收之傳播過程模式中各項因素作討論，進而闡述媒體、傳播科技與整個社會間的關聯性。[50]作者在媒體與社會部分，以民權運動為例，闡述社會運動利用傳播媒介來影響接收者，傳播媒介也使民權運動組織嘗試去發展對其有利的報導；在主動閱聽人和意義建構部分，作者認為社會結構使接收者在意義建構的過程中受限制。此書協助吾人了解傳播科技在民權運動中的所扮演的角色，以及傳播過程可能面臨的困境。

　　王貞子與劉志強在〈從旁觀到參與〉一文中表示，所有的媒介型態都隨著數位技術的革命開始擁有自己數位形式的存在，技術形式的革新對資訊產生影響，使原本只屬於媒介專業人士的領域完全被開放在普通大眾面前，對新一代年輕人來說，記者、導演、剪輯師不再是神祕職業，民眾想成為參與者和使用者，而非只是觀賞者或傾聽者。[51]該文貢獻在於提供新媒體的運用概念，協助吾人探討新媒體內容的敘事結構，以及新媒體與民眾的互動過程。

　　在林照真「因為科技，新聞正處於改變的轉捩點上？」的文章中，提出數位化傳播科技正在改寫新聞的面貌。由於新媒體形式多元，從網路、手機、部落格、臉書、推特乃至於網路遊戲，這些新

---

[50]David Croteau, William Hoynes著，湯允一等合譯，《媒體／社會：產業，形象，與閱聽大眾》（台北：學富文化，2001年），頁15-21。

[51]王貞子、劉志強，〈從旁觀到參與──新媒體敘事結構解析〉，《媒介擬想》，第4期，2006年，頁94-95。

興媒體平台以非新聞方式進入人的生活中，並在人與人的互動中，成為民眾相互溝通的主要工具，由於傳播者的無遠弗屆，無意間創造出話題集散地，讓更多人有機會參與訊息。[52]透過作者對於新興媒體的分析，可以看出新媒體在訊息傳輸上扮演的重要角色，並可援引作為探討茉莉花革命訊息迅速流通的原因。

〈資訊科技與新媒體研究之發展〉一文中，李蔡彥與鄭宇君認為新媒體創造新的使用者體驗，也促成了新的研究方法。綜觀今年資訊發展的趨勢，以網路化、行動化、及個人化為主，在網路方面，由於IP網路化的數位匯流趨勢，讓媒體的發展環境得以整合；在行動化方面，硬體製造科技讓資訊設備微型化，促使各種資訊應用隨之行動化，讓使用者可隨時隨地取得資訊；在個人化方面，因資訊產製的平民化及取得的方便性，可根據使用者的需求，提供個人化媒體服務，協助搜尋、過濾有用資訊。新媒體的快速發展改變了人與外在世界的互動與認知模式，除了加速資訊的傳遞，更影響了自我與他人的互動關係。[53]作者提出需重新探索傳播科技與人的互動關係，包括它如何影響人的身體、認知、情感、認同、夢想，以及社群互動方式，這樣的論述觀點可作為吾人探討傳播科技在茉莉花革命催化角色的參考文獻；不足之處在於，對於傳播科技影響民眾認知、情感、認同等部分未深入探討或舉例說明。

---

[52] 林照真，〈因為科技，新聞正處於改變的轉捩點上？〉，《傳播研究與實踐》，第1卷第1期，2011年，頁25-27。
[53] 李蔡彥、鄭宇君，〈資訊科技與新媒體研究之發展〉，《傳播研究與實踐》，第1卷第1期，2011年，頁75-79。

三、符號與媒體對革命之影響

　　約翰‧費斯克的《傳播符號學理論》(*Introduction to Communication Studies*)以批判理論觀點切入，以宏觀的角度強調傳播的角色與功能必須放在整體的社會制度與權力關係中來定位。作者認為要連接社會理論與個別主體的傳播行為，必須擷取符號學的觀點。符號學認為傳播活動基本上是一種符號的活動，我們每一個人從事語言或非語言傳播，即是藉由各種符號傳遞意義、進行溝通、維持或挑戰既有社會秩序。[54]作者深入探討符號在文化體系中的構連意義，以及符號所依據之意識形態，可作為本研究探討符號與傳播對茉莉花革命影響的立論基礎。

　　延英陸在「從北非、中東地區政情演變談新傳播科技──以社群網站Facebook和Twitter為例」一文中，以文獻分析法分析阿拉伯世界第一場茉莉花人民革命及其引發的週邊效應。延英陸認為促成突尼西亞與埃及茉莉花革命的成功，其背後推手來自於Facebook、Twitter，YouTube等社交網站和手機的快速傳播，茉莉花革命的結果，是過去各國從事民主運動者無法想像的局面。[55]作者針對新傳播科技的發展與演進加以分析，提出社群網站與媒體匯流趨勢將是突尼西亞與埃及政府的大敵。雖然本文已對新興傳媒的運作過程及對革命的影響力作說明，卻未探討網路上的訊息如何在不同國家的文化與語言隔閡下，仍能凝聚群眾反抗獨裁政府的意識。

---

[54] Chalmers Johnson著，張錦華譯，《傳播符號學理論》（台北：遠流，1995年），頁5-6。

[55] 延英陸，〈從北非、中東地區政情演變談新傳播科技─以社群網站Facebook和Twitter為例〉，《第5屆軍事新聞學術研討會論文集》，（台北：國防大學，2011年），頁123-125。

　　韓錦勤以十九世紀法國革命與二十世紀突尼西亞革命為例，[56]
分別以革命當時的報紙普及和網路技術來說明傳播對革命有推波助
瀾之效。筆者說明了兩次革命發生的背景，並認為傳播媒介可以讓
更多人獲得資訊，他比較了不同時期革命時的傳播技術與功能，並
推論出二十世紀的大眾傳播對民眾的影響日益重要，這些新媒體將
當地情況傳播至各地，有助於推翻本·阿里政權，也使許多國家政
府當局視網路為威脅政府的反動力量，因而將網路遮蔽、隔絕等，
以確保國家統治局勢的穩定。

　　中國大陸學者范玉剛認為，突尼西亞與埃及的茉莉花革命，使
人們對新媒體的功用有了新認知。各種信息在手機、推特和臉書等
媒介上傳播，儘管管制嚴格，新媒體還是突破封鎖，不斷傳輸視頻
畫面和更新頁面訊息，幾乎成為對外傳播，向世界報告突尼西亞境
內革命情事的唯一途徑。[57]作者提出另一個重點，即是新媒體已經
為民眾開闢了第二公共空間，在傳統媒體中無法討論的話題，卻在
網路空間使民眾結盟。作者並列舉薩爾瓦多與伊朗的選舉，甚至是
歐巴馬在2008年的總統大選為例，說明新媒體運用符號話語發揮強
大影響力和作用已不是第一次；而當下，局勢動盪的阿拉伯世界也
在商討如何修改法律與政策，給民眾更大的自由和權利。

　　范玉剛認為，由於新媒體使關注於國家安全的網絡流行語大
量出現，成為民意表達的符號，折射出人們內心深處的權力焦慮、
對公權濫用的嘲諷，以及對關於公共利益真相的渴求。現在的流

---

[56] 韓錦勤，〈革命的傳播─以十九世紀法國革命與二十一世紀突尼西亞革命為
　　例〉，《翰林歷史即時通》，2011年4月25日，頁1。參見http：//www.worldone.
　　com.tw/index.do?channelTwoNumber=32（檢索日期：2011年10月3日）
[57] 范玉剛，〈網路媒體引爆政治燃點〉，《人民論壇》，第6期，2011年，頁
　　1-3。

行話語已超越單純的「惡搞」層面，而帶有更多的民意訴求，新媒體使用者信息傳播背後的意味更值得探究。作者提出新媒體技術進步加大了人民的發言權和空間，符號與傳媒就是茉莉花革命的「燃點」。

肆、綜合評述

由上述文獻中可整理出學界對於革命理論、符號學、非暴力革命與個案研究，以及符號與傳媒在革命中所扮演之角色等相關研究脈絡。然而，許多文獻的研究價值在於討論圖像與文化意識認同，二者間往往未能兼顧。討論圖像者，常以符號學和結構主義加以拆解分析其意涵；討論文化意識認同者，卻又經常聚焦於歷史的過程與影響，忽略圖像符號對視覺及情感的影響。即便有學者注意到符號與新媒體具有改變社會權力結構、民眾價值觀和認同感的力量，也只是提出觀點，並未深入研究其中的因果關係。

在革命的話語、圖像和符號性行為的研究中，必須了解一個國家的歷史文化、政治與經濟環境在革命符號產生過程中的作用，尤其是茉莉花革命在北非及中東造成這麼大的連鎖效應，許多學者已將新興媒體當作催生本次第四波民主化的主要力量，中共當局也如臨大敵、「花草」皆兵，中共甚至為了因應新媒體的傳播速度與廣度，也早已投入大量資源，建構網路監控的相關系統，避免顏色革命再度引爆。學者們雖針對符號學、非暴力革命理論、顏色革命個案、傳播科技等領域做深入探討，所提出之理論觀點也有重疊之處；但缺乏一綜整性的理論架構來分析民主革命與符號建構之間的關係，更缺乏以符號理論來探討茉莉花革命，以及符號擴散對中國大陸影響的研究，本研究將於後續章節中進行探討。

　　從上述文獻中也可以發現符號學常被應用於研究藝術，或被運用在文宣及戰略傳播方面；然而，在茉莉花革命的符號效應之下，各國必須正視符號對革命的影響力之鉅。目前研究民主革命的主要問題在於：缺乏一個將符號學與傳播媒介之整合型理論，造成過去研究多半聚焦在革命過程與形式，對圖像符號、影像、話語對革命的影響力沒有深入探討，更遑論將符號學功能結合新媒體力量納為造成革命的因素考量。

第三節　研究途徑與方法

　　社會科學研究方法涵括兩個層次：研究方法（research method）及研究途徑（research approach）。研究方法指作者針對自己欲探討之主題與相關問題，進行蒐集與處理資料的程序或手段；而研究途徑則是指選擇問題與相關資料的標準，主要指作者擬從何種角度切入去探討該主題與相關問題。[58]任一研究方法與途徑皆有其缺漏抑或不足，而唯有廣泛運用它等方法與途徑，進行多重面向分析研究，方為釐清事實推演之脈絡。

　　因此本書將採取下列兩種研究方法，茲分述如下：

壹、研究途徑

　　朱浤源在《撰寫博碩士論文實戰手冊》定義所謂研究途徑，乃指研究者運用哪一層為出發點、著眼點、入手處，去進行觀察、歸

---

[58] 孫本初，〈如何寫好一篇優質的碩博士論文〉，撰寫碩博士論文與投稿學術期刊論壇，（國立臺北大學公共行政暨政策學系主辦，2005年6月8日），頁3。

納、分類與分析其研究對象。[59]換言之，研究途徑介於方法論與研究方法兩者之間，既不如方法論那般抽象，也不像研究方法那樣明確，但卻是指導與選擇研究方法的必要依據。

研究途徑概分為兩大類。第一類是「取向」（dimension）的研究途徑，也是各個學科研究方向的選擇。例如制度研究取向著眼於人類社會組織制度發展；行為研究取向則探討行為者本身的社會意義。第二類則是以研究「概念」（concept）為主的研究途徑，也是一種研究各學科特質的研究途徑。社會學科對「體系」、「結構」、「心理」、「歷史」、「政治」等問題較為關切，在研究途徑的選擇上，也以這些方面為主要的著眼。[60]本研究以第二類研究「概念」為主的「符號學研究途徑」，運用符號學探討符號具與符號義之間的連結造成人與人之間意念傳達與互動的理論觀點來分析民主革命與符號之關係；從各層面實施資料蒐集、分析、解釋推測與建議。

貳、研究方法

一、文獻分析法

文獻指的是任何一種能夠傳輸資訊，並告訴他人什麼才是「事實」的文章形式。[61]文獻分析法，則是針對歷史資料與紀錄，客觀地分析、評鑑這些資料的研究方法。當研究者對歷史資料進行蒐集、檢驗與分析後，便可以從了解、重建過去所獲致的結論中，解

---

[59] 朱浤源，《撰寫博碩士論文實戰手冊》（臺北：正中書局，1999年），頁182。
[60] 陳偉華，《軍事研究方法論》（桃園：國防大學，2003年），頁106。
[61] Peter Burnham, Karin Gilland, Wyn Grant, Zig Layton-Henry著，何景榮譯，《政治學研究方法》（臺北：韋伯文化出版社，2008年），頁188。

釋社會現象的現況，甚至預測將來之發展。[62]

　　從事符號學與民主革命現象之研究者，其資料的來源通常為各種形式的溝通性資料，舉凡官方研究報告、國內外期刊雜誌、相關的法律條文、報紙、電子郵件等，也可包括其他形式的溝通資料，例如：圖畫、音樂、影片或是政治演說。藉由資料整理分析，歸納出欲觀察之研究對象的普遍性通則，當歸納出一組普遍性通則或是現象事實之後，便依據此一通則或事實作為前提，然後透過合理的邏輯推理，推論出未知的結論。

　　因此，筆者所需的資料來源主要是以下幾種方法：

（一）互通法（the invisible college）：蒐集同一領域的研究論文、報告，加以比較、分析、統整，作為本研究之參考。

（二）溯洄法（the ancestry approach）：從所蒐集的文獻中，進一步根據其參考書目，追溯與研究主題相關的文獻資料。

（三）電腦線上檢索（the on-line computer search）：電腦線上檢索迅速便捷，利用網路資料庫可蒐集到各類的資料，例如：利用關鍵字查詢與研究主題相關資料、運用國內外智庫、期刊論文索引、博碩士論文摘要等，蒐集與研究主題有關之期刊、論文。[63]

本研究蒐集之文獻可分為下列幾類：

（一）符號學與非暴力革命之相關國內外文獻。

（二）官方出版品：政府委託相關研究「茉莉花革命」國際議題之會議記錄及論壇研討資料。

---

[62] 葉至誠，《社會科學概論》（臺北市：揚智文化，2009年），2版，頁1-32。

[63] Catherine Marshall, Gretchen B. Rossman著，李政賢譯，《質性研究設計與計畫寫作》（台北：五南，2006年），頁133-158。

（三）大眾傳播媒體（包括報紙、雜誌、網路資料、影片）刊
載或播報與本研究相關之資料。

本研究擬以所蒐集之國內外相關文獻資料、傳播媒體在「茉莉
花革命」發生後之報導內容，以特定報導題材做為相關資料收集；
此外，以符號理論探討「茉莉花革命」從發酵到爆發、結果與後續
影響相關報導內容與文獻之研析，瞭解符號與新媒體對革命影響之
問題進行分析，提出本研究預期探討重點。

二、個案研究法

個案研究法（Case Study Method）是社會工作研究者使用最普
遍的方法，所謂「個案研究」，係對某一特定對象之深入的研究，
此一對象可能是個人、家庭、團體、機構、或整個社區。個案研究
法是一種採用多元化的社會研究法，將觀察法、訪問法、問卷法、
歷史法綜合運用，不是「廣」的全體研究，也不是「簡」的抽樣調
查，而是深度的、重質的、精密的研究。[64]

個案研究有許多形式，第一種是以特定事物或現象作為唯一
的描述或解釋對象，不涉及其他，在此基礎上展開對研究對象的描
述、歸納和分析，再總結出相關結論，此為純個案研究。第二種形
式是混合型個案研究或比較個案研究。研究者出於研究目的，將幾
個相關個案放在一起進行比較，歸納異同之處，再進行分析。第三
種形式是提出某種理論觀點後，用特定案例來說明、支持自己的理
論主張或反駁他人的理論主張。[65]

---

[64] 陳月娥，《社會研究法》（臺北：千華圖書出版事業有限公司，1998年），頁
121。
[65] 胡宗山，《政治學研究方法》（武漢：華中師範大學出版社，2007年），頁
243。

　　本研究以第二種個案研究形式，主要以突尼西亞與埃及「茉莉花革命」的革命背景因素、革命過程概況進行比較，分析符號在「茉莉花革命」中的價值、媒體傳播的催化作用，進而探討「茉莉花革命」效應與《讓子彈飛》電影的符號意涵結合後，中共發生「茉莉花革命」的可能性。

第四節　研究架構

　　現代社會的民主革命和以往最大的不同在於它們有著鮮明的，同時也是較為複雜的以符號和意識型態為主導的政治目標，這些政治目標一旦實現，將會部分地，甚至是根本地改變一個社會的權力結構、生產關係，以及人的價值觀和認同感。如同夏普所分類的，非暴力民主革命以遊行、示威、集體絕食、靜坐、罷工等形式取代傳統革命的政治訴求方式。在這些行動中，參與者進行演說、呼喊口號、舉起海報或標語，甚至透過影片等方式不斷做出各種符號性行為，藉此鼓勵同伴、刺激情緒，凝聚意識並動員群眾。加上現代社會網際網路的發達，改變了符號的傳播方式，使鼓吹人民革命的速度變得更快、地區更廣。這些種種現代民主革命的特色，皆證明了符號性行為在其中的重要性。

　　本研究試從個案研究觀點探討突尼西亞與埃及「茉莉花革命」發生的背景因素，分析人民與符號、傳媒間的互動關係，以及符號與傳媒對革命的催化作用。最後，並探討《讓子彈飛》電影符號對中共「茉莉花革命」的影響。在面對中共是否政治改革與社會轉型的狀況下，提供後續研究建議。（參見圖1-1：研究架構圖）

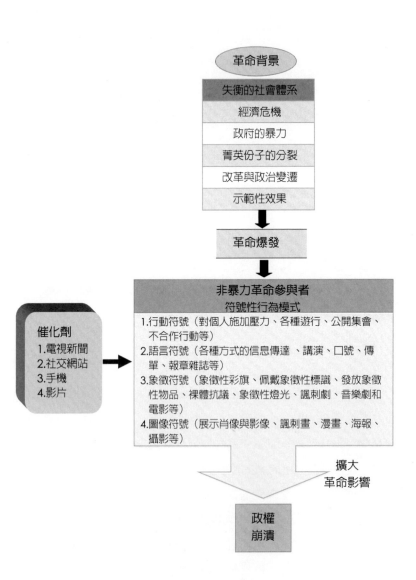

圖1-1：研究架構圖

第五節 研究範圍與研究限制

壹、研究範圍

就議題而言，本書研究重點置於符號建構與傳媒對民主革命的影響，對於突尼西亞及埃及國情分析、茉莉花革命的連鎖效應、伊斯蘭國家是否走向民主政治，以及中共反制符號擴散效應政策等新興論點。研究範圍可以區分為時間、符號及個案敘述。

就時間而言，自從1989年11月發生「天鵝絨革命」後，接著2003年底喬治亞的「玫瑰革命」、2004年烏克蘭的「橘色革命」、2005年吉爾吉斯的「鬱金香革命」，人們開始用顏色或花卉來形容和平反抗，尤其是2011年北非與中東的「茉莉花革命」，各界更加重視非暴力抗爭的力量，運用非暴力的革命戰略，以顏色、花卉、圖像結合傳媒快速凝聚人民意識，推動全面性且平和的民主變革。故本研究主要以茉莉花革命起源及形成的時間為研究範圍。

就符號而言，因為符號已經被拿來研究所有文化事件溝通的過程，範圍擴及文學、藝術、科學與大眾傳播等領域，且可探討的類型繁多，故本研究以影響茉莉花革命的圖像符號意涵與傳達為主。另因探討《讓子彈飛》中電影符號對中國大陸發生革命的連結，故亦包涵戲劇符號的範圍。

就個案而言，主要針對突尼西亞與埃及茉莉花革命，另外，則研析《讓子彈飛》中電影符號對中國大陸「茉莉花革命」的催化作用。

貳、研究限制

　　本研究在分析突尼西亞與埃及茉莉花革命時，在資料蒐集之內容與過程中受到諸多的限制，因此無法如願獲得期待的資料。具體而言，本研究之限制如下：

　　關於北非與中東發生茉莉花革命的國家，分析其相關國家地理位置、政經發展，以及茉莉花革命的發生過程與政府的應變措施，礙於這些獨裁政府法律上的限制與網路的管控，許多政府內部運作及決策資料未公開，本書引用資料僅能限於已公佈資訊，或其他國家新聞媒體的採訪資料。而且探討符號與傳媒的擴散效應與革命之間的關係為新穎的研究議題，相關文獻相當有限，更增加本研究的困難度。因為生長背景與文化意識的差異、加上地理位置的限制，在分析茉莉花革命過程中的符號話語時，無法訪談當時參與茉莉花革命的民眾，可能在符號意涵釋義之呈現上出現落差。如果可能應該輔以田野調查或實地訪談，但礙於研究規模限制，只得依賴文獻分析的研究方法。

2 革命的理論與實踐

　　有關於革命理論的研究主要集中於兩個問題上：一個是革命為什麼會發生，二是革命發展的規律為何？為什麼有的革命能夠成功，有的卻失敗。早期相關的研究比較注重探討導致社會運動或革命發生及發展的宏觀規律，而晚近的研究則關心於革命方式與其中微觀機制。[1]

　　為了解釋社會運動的產生和發展，社會學家提出各種宏觀理論。這些理論觀點雖然各異，卻有其共同點，通常會認為社會運動由多種社會因素所共同決定，這些社會因素之間則存在著某些特定不變的邏輯關係。因此，假如要探討革命理論與實踐方式，必須確實地把革命潛力的各種指標與革命具體事件之間關係加以深入比對。除此之外，我們要記住對已成功或失敗革命案例，及還未發生革命社會的研究假設，都須加以驗證，才能在革命理論的發展與解釋上更具價值。

　　詹森（Chalmers Johnson）由功能論的觀點分析社會分工和價值體系的失衡在於革命條件，他認為價值協調與社會勞動分工出現異常，主要有三個原因：第一；不完善的社會化。這意味著社會體系的價值對社會新成員的傳遞並不完善；第二：「角色的緊張」。企圖將一種體系連同其需求，結合到另一種體系，導致引起社會的精

---

[1] 趙鼎新，〈西方社會運動與革命理論發展之評述─站在中國的角度思考〉，《社會學研究》，第1期，2005年，頁171。

神疾病;第三:規範不一致。因為相互牴觸的規範或價值體系本身意義的不明確所產生。如同醫生的困境,在同樣重視功利與金錢的社會體系中,有責任一視同仁地解除富人和窮人的病痛。詹森更進一步指出在失衡的社會體系,一旦造成權力式微與權威喪失,再加上催化劑,就容易產生革命。[2]由此可知,一個失衡的社會體系,係導致革命發生的重要前提。

另外,革命與社會運動最大的差別在於暴力的使用,僅有極少數的革命採取非暴力手段。如捷克的「天鵝絨革命」(Velvet Revolution)等。學者吉恩‧夏普(Gene Sharp)認為,非暴力手段反抗政治與操作暴力的方式之間最大的不同在於,暴力方式常以實際武器來脅迫、傷害和毀滅對方,然而這些常常是獨裁政權為了維繫政權與既得利益,運用軍隊與警察的力量鎮壓任何反抗力量,才能夠聚集優勢,而使抗爭者常常處於劣勢。不使用暴力不代表軟弱,關鍵在於持恆與時機。非暴力抗爭的方式則往往複雜的多,而且須以多樣化的鬥爭方式來達到目的。這種抗爭將民眾和社會各種機構以心理、社會、文化、經濟及政治等綜合性手段來進行,這些手段有各種名稱,諸如抗議、罷工、不合作、抵制、民眾力量等方式。政府只有在民眾和社會機構的合作、屈服和服從取得它們所需的權力來源,才能實行統治。民眾與社會若採取各種抵制或不合作運動,則使社會及國家運作失常,影響政府的權威。與暴力不同,暴力革命或許能取得一個據點或城市的勝利,但容易招致軍事武力的報復。只要政府保有軍隊且運作如常,統治狀況尚能延續。相反

---

[2]Chalmers Johnson著,郭基譯,《革命:理論與實踐》(台北:時報文化,1993年),頁33。

的，非暴力的政治反抗最適合切斷這些權力的來源。[3]

　　綜合上述，本章將整合幾位學者的革命理論來研究茉莉花革命的革命背景與過程，探討影響和決定顏色革命或社會運動之產生和發展的宏觀結構；其次，在捷克的「天鵝絨革命」後，陸續出現類似於「天鵝絨革命」這樣以非暴力抗爭形式的和平革命，如「玫瑰革命」（Rose Revolution）、「橘色革命」（Orange Revolution）、「鬱金香革命」（Tulip Revolution）及此次的「茉莉花革命」（Jasmine Revolution）等，隨著社會結構的改變、網路時代的來臨，這些革命與社會運動的符號話語，為非暴力革命的戰略方式增添更多的可能性。因此，非暴力革命的方式與影響，亦值得加以深入探討。

第一節　革命理論的探討

　　大體來說，迄今為止，研究革命的學者大多呈現這樣的傾向，他們會希望找幾個理論來解釋社會運動產生和發展的充分必要條件及其相互之間的邏輯關係。另外，以此為基礎，希望建構一個能對任何集體行為、社會運動或革命給予指導性解釋的模型。然而，從根本上來說，以此種方式來理解革命是行不通的。其中最主要的原因是，影響集體行為所產生和發展的各個因素之間不可能存在一成不變的關係。因此，透過不同學者去分析革命與革命理論發展過程，可以發現符號、意識形態、認同與傳播網絡在革命中扮演重要的角色。

---

[3] Gene Sharp, *From Dictatorship to Democracy：A Conceptual Framework for Liberation* （Boston, MA：Albert Einstein Institution, 2002）, p. 30.

壹、革命的定義

　　法國大革命、美國革命、工業革命、社會革命，或是在藝術或流行產業中的革命等，都運用革命一辭。革命一辭之所以困擾語意學家，不僅因為它的用法廣泛，也因為它是訴諸情緒的語詞之一。事實上，任何關於革命的社會學、政治學，都在探討這些不同時空下，革命與革命者組成複雜的不同團體，所帶來的社會變動。[4]在革命內涵的爭辯中，有些混淆的部分基本上屬於對「目的」及特別「手段」的爭執。從定義來思考，革命是革命者尋求從現有的財富分配、社會地位、和權力所做主要的改變。但在手段上卻有恐怖主義、農民游擊戰、大罷工、政變等差異。有些手段能連續被運用，而不同手段更能在過程中重複地出現。簡單的說，研究革命的過程比研究革命本身的成敗更為重要。[5]

　　事實上，革命與一些相關的概念，如造反、叛亂等非常類似，但有不同的取向。以法國大革命為例，在1789年7月14日傍晚，法國國王路易十六（Louis XVI）得知巴士底監獄被攻陷時的反應：「這是造反！」其下屬則回應：「不，陛下！這不是造反，這是革命。[6]」這句話，令人思考其中字義的區別。以其他國家為例，今天，我們將十九世紀中國清朝末年的大規模農民起義戰爭叫作「太平天國之亂」，「亂」指的就是叛亂奪權。另外，古巴的卡斯楚奪取政

---

[4]Crane Brinton著，張尚德譯，《革命的剖析》（台北：帕米爾書店，1992年），頁1-2。

[5]Thomas H. Greene著，李台京譯，《比較革命運動》（台北：政治作戰學校，1987年），頁15。

[6]孫慶，《再現世界歷史第58冊－法國大革命》（台中：莎士比亞文化出版，2009年），頁11-12。

權一事稱為「革命」，有時把1956年的匈牙利暴動稱為「叛亂」，
時而稱為匈牙利「革命」，更有人將捷克的暴動事件稱為「布拉格
之春」（Prague Spring）。[7]另外，像印度的「兵變」[8]、美國的「內
戰」及德國第一次世界大戰結束後的卡普暴動（Kapp-Putsch）[9]，這
些概念的綜合運用都會令人混淆。訴諸政治暴力的手段之所以有不
同稱謂，有時是因為主觀立場問題。不同立場者會將民眾起身反抗
政府分別視為「起義」或「暴動」。最明顯的例子，就是在中國的
國共鬥爭過程中，將1927年8月1日的「南昌武裝反抗」事件，分別

---

[7] 1956年2月，共產主義下的東歐各國紛紛出現了持不同政見者。在匈牙利，因
民族歷史的愛國狂熱，使這種動盪局面進一步惡化。蘇聯為了平息匈牙利的動
盪不安，將史達林的忠實追隨者、不受匈牙利人歡迎的匈牙利共產黨領導人拉
下台，卻進一步強化匈牙利人對獨立自主和民主化的要求。由於農業欠收和燃
料短缺使局面越來越嚴重，廣大人民對蘇軍撤出匈牙利的要求也越來越強烈。
1956年10月23日晚上，布達佩斯的一批大學生的集會，迅速吸引了其他人一起
加入抗議，連匈牙利士兵也加入了抗議。儘管示威者的要求相對地溫和，匈牙
利的秘密警察仍向人群開火，殺死上百人。這場暴動最終被駐匈蘇軍鎮壓住。
參見李華，〈赫魯曉夫與1956年匈牙利事件〉，《南京社會科學歷史學研究》
（南京），2000年。頁38-39。

[8] 印度第一次的獨立革命是在1857-1858年間，在印度中部及北部地區開始燃起
的。該次叛亂是因為印度士兵及英國官員之間有著文化及種族上的差異而引
起。東印度公司招收各種階層的印度人入伍，而不是按照傳統聘用「婆羅門」
和「剎帝利」，而東印度公司給予土兵的待遇極差，很多土兵對這種不公平的
待遇非常不滿。東印度公司所聘用的僱傭兵，既有印度教徒，也有伊斯蘭教
徒。1857年初，僱傭兵聽到謠言，聞訊殖民政府分發塗上豬油和牛油的子彈，
士兵覺得侮辱了他們的宗教信仰，因為印度人視牛為神聖；伊斯蘭教視豬為
污濁。士兵拒絕使用這種子彈而遭拘捕，觸發了兵變。《文匯報》參見http://
paper.wenweipo.com/2007/06/01/FB0706010001.htm（檢索日期：2011年12月19日）

[9] 卡普暴動，發生在1920年3月13日柏林，德國右派將領卡普在柏林發動軍事政
變，企圖恢復帝制，因未得到全軍的支持，加上工人的反對，政變失敗。參見
李華，〈赫魯曉夫與1956年匈牙利事件〉，《南京社會科學歷史學研究》（南
京），2000年，頁38-39。

命名為「南昌起義」及「南昌暴動」[10]。可以見得與歷史觀點的立場有關。[11]但是革命一詞應該有其客觀性界定。革命的概念是甚麼？格林（Thomas H. Greene）認為任何一個已發生的事件都會有不同的人以不同的辭彙來說明。在定義上，革命常指成功的事件，叛亂則因失敗而命；不論如何，革命一詞確實已有定向。「革命」最初是哲學家用來說明人類事件的循環過程，法國大革命後，「革命」變成了一個普遍的政治用語。[12]令人不解的是，革命的過程為什麼有時成功，有時卻失敗？暴動、叛亂或革命是否一定代表著暴力？（參見表2-1：相關革命詞彙的概念差異比較表）

---

[10] 中國大陸所編撰之中國現代革命史是以「南昌起義」來紀錄這段歷史。參見《中國現代革命史資料叢刊》（北京：人民出版，1979年），頁70-84。另外國民政府則以「南昌暴動」做為歷史定論。張其昀《中華百科全書─中國史地》（台北：文化大學，1983年）。參見http://ap6.pccu.edu.tw/encyclopedia_media/main-h.asp?id=2592（檢索日期：2012年4月20日）

[11] 八一南昌起義，通稱「南昌起義」，又稱「南昌暴動」、「八一暴動」，是中國共產黨於1927年8月1日針對中國國民黨的武力清黨政策，在江西南昌發動的武裝暴動事件。「南昌起義」所使用之部隊皆隸屬國民革命軍總司令部。這是由於中國共產黨在成立之初，採取工農路線，對於軍隊思想滲透的工作，雖有積極注意，但始終未能控有屬於共產黨本身的武力。黃埔軍校建立之初，基於「聯俄容共」政策，共產黨以個人名義加入國民黨後，渠等方有機會左右軍隊思想，並策動叛變。在「八一南昌起義」的事件中，受共黨支配的部隊，主動攻擊國民黨軍隊，國共兩黨所屬的部隊正式決裂，而這些暴動的武裝力量便成了共軍的基礎，8月1日後來成為中國工農紅軍和中國人民解放軍的建軍紀念日。在對歷史事件的稱呼上，國共雙方各執一詞。中華人民共和國政府和中國共產黨通常稱呼為「南昌起義」，也認同這是一場對中國國民黨的暴動；中華民國政府和中國國民黨則統稱為「南昌暴動」。在中華人民共和國成立之前，共產黨也經常使用「南昌暴動」一詞，以暴動為中性詞義使用。參見劉瀚嶸，〈從紅軍到解放軍─析論國共第一次暨第二次戰爭〉，《陸軍軍官學校八十三週年校慶基礎學術研討會論文集》（高雄：陸軍官校，2007年），頁58-59。

[12] Thomas H. Greene著，李台京譯，《比較革命運動》（台北：政治作戰學校，1987年），頁10-17。

　　從社會學的觀點來看。尼爾・史美舍（Neil J. Smelser）則將革命
界定為一種社會運動，是透過體制外的集體行動以推動共同利益或
確信共同目標的一種集體企圖。[13]雷維爾（Jean F. Revel）在《革命新
論》（*Ni Marx ni Jésus*）就革命的定義而言，一個「革命情況」是指
一個社會文化的各面向，舊的價值被揚棄，而新的價值正準備取而
代之。[14]革命源自思想的改變。透過革命可以展現出高度的理想與
期望，並以無比的信心，希望創造一個理想世界。另外，革命也來
自公道理念的啟示，為了建立新生活的理想，革命者要破壞舊的生
活方式，將他們認為現實社會不公不義的人及機構都加以摧毀。[15]
但革命不只是奪取政權，若以奪取政權為目的，只能算是篡奪。
革命不只是改朝換代，否則以暴易暴，將永遠成為革命的對象。
革命必須依循一種真理，這種真理必須為人民意願之所趨，希望之
所寄，否則不能算是革命。因此，革命必須實現民主，才不失其真
義。[16]

---

[13]Neil J. Smelser著，陳光中，秦文力，周愫嫻合譯，《社會學》（台北：桂冠，
　1994年），頁4-9。
[14]Jean Francois Reve著，蔡理滚譯，《革命新論》（香港：今日世界出版社，1973
　年），頁11-13。
[15]Thomas H. Greene著，李台京譯，《比較革命運動》，頁1。
[16]王靖之，《世界革命新論》（台北：正中書局，1970年），頁242。

表2-1：相關革命詞彙的概念差異比較表

詞彙	概念
革命	通常表示一種極端的、常常帶有暴力的政治行為方式、對現存政治和交際關係的社會性變革。它由創新者盡可能秘密組織的團體發動，並且能夠得到大多數人的支持。之後革命的涵義隨著政治與哲學潮流不斷演變，脫離周而復始的涵義，衍生出唯新求是的情節，包含著有關民主和民族的社會變革，具有和平漸進和激烈顛覆這兩種政治革命模式。[1]
起義	透過武裝組織推翻舊有的政府。由於與革命意涵的界線模糊，故經常被拿來做替換的詞彙。隨著政治與哲學的潮流演變，起義不再只是武力抗爭，也具非暴力抗爭模式的意涵。唯「起義」較偏向指政府的非法性，反對方的正義性。[2]
顛覆	在古代，「顛覆」不一定含有推倒、傾覆政權之意，如《詩經‧大雅‧抑》：「顛覆厥德，荒湛於酒」。指喪失道德，沉迷於酒。東漢班彪的〈北征賦〉云：「余遭世之顛覆兮…」。「顛覆」在此指政局的變化如天翻地覆；然而現今，「顛覆」有破壞、滅亡之意，顛覆政權成為常用的詞組，打倒、推翻的含義非常清晰。「顛覆」為中性詞義，使用上較無明顯的立場問題。[3]
叛亂	背叛作亂。在語詞的解釋上，「叛亂」較偏向指反對方的非正義性，企圖推翻合法的政府。但後來「叛亂」一詞也具非暴力抗爭模式的意涵，語意界定漸漸模糊。[4]
暴動	聚集眾人，用暴力、殺人、放火、搶劫等違法行為引起社會動亂，企圖以此達某特殊目的之行動。與革命意涵的界線模糊，但相較於「起義」與「顛覆」，「暴動」較偏向形容使用武力的抗爭。[5]

[17] 陳建華，〈現代中國革命話語之源〉《百年中國21世紀雙月刊》，第40期，1997年，頁94。

[18] Raymond Willianms, Keywords：A Vocabulary of Culture and Society（New York：The Viking Press, 1983）, p. 5.

[19] 夏征農主編，《語詞辭海》（台北：上海辭書，1991年），頁257。

[20] Raymond Willianms, Keywords：A Vocabulary of Culture and Society, p. 6.

[21] 劉振強，《新辭典》（台北：三民，1991年），頁941。

一、中國政治思想史的革命定義

　　若以中國政治思想來看，中國帝王統治之權乃順應「天命」，「天命」即「上天的命令」，儒家認為君王必須具備道德來永保天命，故君王在治理天下時必須以民為本。由此可知，君王政務表現成為是否可保有天命之判斷標準，而「革命」便意味著「撤銷天命」。[22]孟子在《盡心篇》的「民為貴，社稷次之，君為輕。」的觀念被認為是在鼓吹民權思想。孟子極重視民意，認為民心之向背為政權轉移及政策取捨的最後標準。「得乎丘民者為天子，失民心者失天下。」即使在平時，國之要政亦應取鑒於輿情。此種「詢及芻蕘」之政治，發揚於孟子。從孟子對鄒穆公之問曰：「上慢而殘下，則民可反之。」可知，孟子寄權於民，認為政府有絕對養民安國之義務，而人民無絕對服從政府之義務，若政府失職，則民可不忠。[23]

　　事實上，這個思想除了可以提供政府統治的方法，可作為防止人民叛亂的手段，以維持社會穩定發展。但在中國的專制帝王制度裡，這樣的「民權」思想無法成為社會進步的動力，中國的革命就一直由「真命天子」打著「替天行道」的旗幟輪迴運行。直到明末黃宗羲才提出民本主義的革命性主張，改變以往「奉天為大」的觀念。黃宗羲的政治思想認為：「追求私利是人類的本性，聖賢帝王也都如此。」爭奪到帝位的人，便「屠毒天下之肝腦，離散天下之子女，以博我一人之產業。」他認為帝位的設立是社會最大的禍害。為了全體的福利，應盡廢專制天下之君本位制度，以恢復封建天下之民本位制度。可惜在當時中國的社會條件下，黃宗羲的思想

---

[22] 談遠平，《西洋政治思想史》（台北：揚智文化，2003年），頁7-9。
[23] 蕭公權，《中國政治思想史—上》（台北：華崗出版社，1982年），頁90-91。

未能造成任何影響。[24]

二、西方政治思想史的革命定義

西方先哲亞里士多德（Aristotle）是最先解釋革命有具體歷史背景的政治理論家，他強調，要理解人們為何要改變社會關係，關鍵掌握在他們對社會如何建構的想法。亞里士多德列舉了一些例子，歸納他對此問題的見解，並歸納成「在人們認為自己和富人不平等時，實現平等的願望是產生革命情緒和主要原因。」[25]歐洲在經歷了文藝復興洗禮之後，社會充滿創意和新潛力，而民權思想震撼了當時的社會，掀起建立現代化國家的革命大風浪。

首先為民權創下革命性見解的是彌爾頓（John Milton）。在英國清教徒革命的過程中，他從理論聲援清教徒對英國教會的鬥爭，強調權力歸於人民，即使國王或官吏若濫用人民所託付的權力，人民有權消滅處死他們。換句話說，即使國王不是暴君，人民照樣有革命的權力。彌爾頓的觀念後來被洛克（John Locke）發揚光大，結果造成了民權思想的巨流，產生了驚人的影響。洛克陳述人與生俱來就有自由、生命和保有財產的權利，國家任務是保護人民的權利。[26]因此，當政府不比個人更能夠保護個人的權利時，政府就失去了存在的理由。這個時候人民有權力去推翻政府。[27]洛克的自由思想帶動了美國獨立革命和法國大革命。梅遜（George Mason）在美國獨立戰爭前夕起草的《弗吉尼亞權利宣言》（Virginia Declaration

---

[24] 蕭公權，《中國政治思想史─下》，頁604-607。

[25] 顏一著，《亞里士多德選集─政治學卷》（北京：中國人民大學出版社，1999年），頁4-6。

[26] Geraint Parry, *John Locke*（London： George Allen & Unwin, 1978），pp. 17-20.

[27] George Orwell著，謝啟武譯，《洛克》（台北：遠景出版社，2002年），頁218-219。

of Rights），把這種革命性的自由思想第一次寫在政治文獻上。該宣言的第三款宣告為：「改善、改組或撤廢不盡義務之政府，是不可置疑（indubitable）、不可轉讓（unalienable）而且不可減損（indefeasible）的權利。」傑佛遜（Thomas Jefferson）在起草《獨立宣言》（declaration of independence）之時，便把上述宣言稍作修改後，納入美國的開國宣言之中。[28]

　　盧梭（Jean-Jacques Rousseau）則是法國啟蒙運動中最偉大的思想家，他認為政治權力的來源是人民，因此，最高權力屬於人民。盧梭接著指出公意是社會契約的核心和基礎，每個人通過社會契約成為全體的一部份，所以每個人都是公意的一部份，並且服從公意。公意的社會就意味著主權在民，公意產生主權，主權乃公意之實踐。[29]政府就是人民與主權之間的媒介，負責執行法律並維持社會和政治自由。盧梭不僅注意到自由的問題，也重視平等問題，他強調人生而平等，任何人都不可以以力服人，只有基於人民自由意志訂立的社會契約才能成為國家和法律的合法基礎。通過社會契約，「我們每一個人都以其自身及其全部力量共同置於公益的最高指導之下，並且我們在共同體中接納每一個成員做為全體不可分割的一部份」。[30]社會契約使人們脫離自然狀態而進入社會狀態，公正代替了本能，從一個愚昧的、侷限的動物變成有智慧的、充滿德性的人，生活在更美好、更穩定的生活方式中。[31]法國大革命的口號：

[28] 逯扶東，《西洋政治思想史》（台北：三民出版社，2002年），頁257-267。
[29] C. E. Merriam, JR., *History of the Theory of Sovereignty since Rousseau*（N.Y.：AMS Press, 1900），pp. 33-35.
[30] 逯扶東，《西洋政治思想史》，頁311-320。
[31] Jean-Jacques Rousseau著，何兆武譯，《社會契約論》（北京：商務印書館，2008年），頁2。

「自由、平等、博愛」即是盧梭思想的精華。

在英國清教徒革命、美國獨立革命和法國大革命之後，革命不再單純被視為推翻暴君、改朝換代的歷史輪迴而已，革命已經具有追求自由及創造新秩序的崇高理想。也就是說，革命不僅只是政治過程而已，亦是人類精神解放的過程，更是一種創新的過程。尤其法國大革命徹底以新的階級來取代貴族階級的統治，把人民群眾的利益安置於革命理想的中心，因此，此階段的革命和傳統的革命劃分了明顯的界限。

綜合上述，本書認為革命有其不同的政治思想根源，但都希望透過非常手段，不論使用暴力與否，去建立一套新的價值體系與制度。

貳、革命的理論背景與發展

馬基維利（Niccolò Machiavelli）在其著作《君王論》（*The Prince*）中，運用了才能（Virtu）、運勢（Fortuna）、和應然（Necessita）等三個基本概念來討論各式各樣的政治領導問題。所謂才能，指的是某些人獲得的駕馭政治事態中所具有作用的各種能力；所謂運勢，是指人為無法控制的狀況；所謂應然是指領導者必須作出政治決定對人類的行為加以限制，而這些政策選擇必須符合時代需要。馬基維利也注意到，國家的運行在某種程度上有賴於領導者的才幹。同時，雖然運勢是人所無法控制，但它能為人的行為所影響。施政高明則政局穩健，若社會體系失衡及領導偏狹軟弱，便易招致厄運。另外，國內社會變革或對外戰爭也經常引發革命。此種厄運指的是外來的入侵或是內部的動亂，如革命。馬基維利提出的概念意謂著當國家領導人失去了才能，運勢和適切的政策後，

就可能會面臨政局的重大變動。[32]

一、革命理論背景

　　20世紀70年代以前，政治學家和社會學家在研究社會運動和革命時，大多以社會變遷作為出發點。涂爾幹（Emile Durkheim）在其《自殺論》（Suicide）中，認為「脫序」（anomie）是工業資本主義社會自殺率上升的關鍵因素。根據涂爾幹的說法，在所處的時代與社會中，因為社會條件變動所引起的脫序是社會問題的原因之一。此觀念的提出是對此一現象的深度觀察結果。自涂爾幹後的許多社會問題研究學者們，遂以涂爾幹所創之重要觀念來作為解析社會問題的視野與指標，將注意力集中在社會所發生的「問題」上。無論是一場危機或者發展性的社會變遷，一旦它所帶來的急遽社會轉型打破了原有的社會平衡，社會對人的約束力會在一段時間內減弱甚至喪失。此時，舊的規範已被打破而新的規範尚未建立；在什麼是對的和錯的，什麼是合理或者極端，什麼是合法或不合法等社會基本價值問題，會產生混亂甚至對立。特別是社會發展迅速時，社會對既得利益階層的約束力會減弱，大眾會對這些既得利益階層產生強大的嫉妒，人們預期和欲望大大膨脹，對各種社會控制不勝其擾，當人們不再接受約束時，便導致整個社會的脫序及混亂。[33]自殺行為是對社會脫序及混亂所造成不公不義最激烈的控訴，雖然是個人生命喪失，卻會引起社會的震撼，帶動更大規模的反抗。

　　涂爾幹的理論是典型的結構功能主義理論，其理論核心是社會規範以及基於社會規範的情感。換言之，人係依照規範而行事的情

---

[32] Niccolò Machiavelli, *The Prince* （Luigi Ricci, 1935）, pp. 110-119.中華民國在82年取得出版權，本書即以此版本為主。

[33] Emile Durkheim著，黃丘隆譯，《自殺論》（台北：結構群文化，1980年），頁235-243。

感動物，社會規範是任何社會賴以維生的根本支柱。社會變遷造成社會規範紊亂，社會成員也越來越難控制。雖然涂爾幹研究的對象不是社會運動和革命，而是自殺現象，但不難去推論，人們自殺現象可以延伸運用在革命背景的分析；突尼西亞「茉莉花革命」的導火線，正是人民以自殺行為點燃抗爭的序幕。這也衍伸出在社會體系混亂的情況下，少數人會因為無法接納或調適而選擇自我生命的了結，但在無法改變整體環境情況下，將激化人民對社會體系與政治權力的抗爭，甚至在「反正也活不下去的情況下」，憤而揭竿起義或革命。為研究集體行動、社會運動和革命的學者們提供一個重要的研究角度。

社會學學者史美舍提出價值附加理論，將社會運動的發展分為六個時期，認為每一個發展階段，都會增加行為發生的可能性：

結構性助長。推動或是阻礙各種社會運動成形的一般性社會條件。

結構性緊張。指一種緊張狀態，它製造了社會中相互衝突的利益，表現在不安定、緊張或目標的直接對立之上。

概念化信仰。社會運動的產生，不只是因為感到焦慮而產生反應，它們也是受到具體的意識型態概括化的信仰。

爆發因素。指實際引發參與者採取行動的事件。

協調的團體。社會運動的發生，要有一個團體，負責協調各種行動動員、資源供給，使運動得以產生。

社會控制的運作。管理的權威單位，會以介入的方式，來處理運動所產生的結構性緊張，並對運動所提出的挑戰加以反應。[34]

---

[34]Neil J. Smelser著，陳光中，秦文力，周愫嫻合譯，《社會學》，頁12-30。

　　茉莉花革命即是在社會資源分布不均、政府腐敗與言論不自由的結構性助長與威脅下，因為人民的自焚抗議引爆革命，透過網民擔任符號傳播的協調團體而擴大效應，導致社會控制運作後加強對立與衝突。

二、革命理論發展

　　詹森將革命理論加以歸納，發現任何革命均有兩個基本原因：其一是失衡的社會體系。當人民處在變化的社會體系之中，並且為了繼續生存，卻離不開激烈變化的社會，造成人民的壓力。在失衡體系的諸多特徵中，最能直接有助於革命發生的是權力萎縮，即是指在體系的變動時期，體系的整合越來越依賴武力，採取強制性的手段，以維持體系的如常運作。第二個基本原因涉及到社會合法領袖的能力，如果他們無法制定出能維持體系非異常行為者信心的政策，社會權威隨之會發生喪失。一場革命的直接或最終原因通常是由促使其激化的「催化劑」所造成。催化劑打破了社會體系以恐嚇為基礎的虛假整合，當國家領導者的權力式微加上權威喪失，再加催化劑的激揚作用，就會產生革命。[35]

　　高德史東（Jack A. Goldstone）以簡要文字描繪革命理論的發展。他將革命理論歷史的發展劃分四個階段。第一階段仍是革命過程的描述；第二階段革命理論模型誕生；從第三階段到第四階段則是新觀點的加入。[36]

　　透過高德史東的歸納，我們可以大致了解革命理論基本主題和研究現狀。高德史東認為，革命的第一代理論家在研究方法上主要

---

[35] Chalmers Johnson著，郭基譯，《革命：理論與實踐》，頁95-109。
[36] Jack A. Goldstone, *Revolutions：Theoretical, Comparative, and Historical Studies* （U.K.：Wadsworth, 2002），pp. 5-16.

採敘述性的。他們主要探討革命過程的主要階段或者描述革命產生的社會和人口變化。但是，由於類似研究缺乏牢固的理論支撐，故認為革命仍然是具負面作用的莽撞行為，並認為爆發革命的社會其實是一種病態社會。

第二代革命理論家與第一代的不同在於，他們廣泛吸收心理學、社會學和政治學的方法與觀點，積極建立革命的理論。具體而言，他們主要包括三個理論傳統。

（一）認知心理學基礎上的研究與挫折—攻擊理論。他們認為，革命根源在於大眾的心理狀態，當認知心理進入「挫折」或「剝削」狀態時，革命就可能發生。這種挫折或相對剝奪感的來源各不相同，它們受到現代化和城市化的長期影響，或是短期因為經濟與政治所挫敗。

（二）以社會學基礎的結構—功能主義理論。此派的理論家將社會看成是一個系統，這些系統保持流暢的功能取決於系統與環境之間、系統之間的需求與資源間需維持平衡，一旦平衡受到破壞，革命就容易發生。

（三）以政治學基礎的多元主義與利益集團衝突理論。這些理論家將歷史事件看成是競爭性利益集團之間衝突的結果，尤其革命則是被看成是政治衝突的最終結果。但是第二代革命理論家沒有解釋，為什麼這些原因會導致革命而不是導致逐漸衰敗。

第三代理論家並沒有創造革命的理論模型，他們提出一些具體的問題，並闡述基本觀點。這些新觀點主要有五項內涵：（一）國家的變化目標與結構；（二）國際政治與經濟對國內政治經濟組織壓力的系統入侵；（三）農民共同體的結構；（四）軍隊的團結或

分裂；（五）影響精英行為的變量。儘管有些主題的研究目前仍在繼續發展，但是第三代革命理論就像前兩代一樣面臨著批評和挑戰。

　　第四代革命理論家開始從不同的角度探討革命的原因、過程與影響。除了辨別革命的因果關係和分析結論之外，他們也運用不同的方法，從理性選擇分析到社會運動的社會學與人類學研究方法，試圖解釋革命動員和領袖運作的微觀過程，革命理論家因此呈現出多方位的研究視角。綜合而言，在革命原因分析方面，第四代研究比較集中在兩個方面：一是國際體系，二是國家、精英和群眾之間的關係。[37]

　　格林（Thomas H. Greene）在分析革命背景時，提出六項造成革命的加速因子：

　　（一）軍事的失敗。大規模的戰爭會增加社會急遽變動的潛能，對於人民而言，戰爭使社會環境的暴力性升高，原有的規範和傳統可能快速地崩潰。政府為壓制革命的可能發展，會以戰爭來強化其合法性和提升社會凝聚力的層次；然而長期的戰爭終究造成政府危機，經濟上的災難，造成物質缺乏、大量失業、通貨膨脹、政府威信下跌甚至面臨合法性的危機。

　　（二）經濟危機。人民因糧食缺乏、失業、或物價上漲時，很容易去接受革命團體所提出的意識形態與組織。

　　（三）政府的暴力。政府的暴力會使政府合法性的權威降低，並激起社會中的革命潛能。尤其是親身經歷過警察不人

---

[37] 謝岳、曹開雄，〈集體行動理論化系譜─從社會運動理論到抗爭政治理論〉，《上海交通大學學報》，第17卷第3期，2009年，頁15-18。

道和冷漠的人民而言，可能在政府暴力的影響下加入革命的抗爭活動。

（四）菁英份子的崩潰。菁英份子的分裂使政府的能力與合法性下降；此時，不同派系會在危機時期企圖提升自己的地位，造成菁英分裂更嚴重。

（五）改革與政治變遷。當社會經濟的發展與政治機構和代表性的變遷不配合時，政府對於改革的決定表示將在政策及運作上作一重大變革。改革常因菁英份子意見不一致和不熱心而成就有限，可能因此降低政府的合法性。

（六）示範性效果。許多的革命例子顯示，革命動員在自發性的表現上會因示範性效果而愈顯著。一個革命事件能否變成其他地區發生類似運動的促成因子要就下列因素而定。分別是

  1.溝通網絡的有效性；

  2.發生革命的事件須是明顯的成功；

  3.革命事件的啟動須在科技和意識型態方面有超越某一種文化的相關性；

最後，革命在「先決條件」上有超乎文化界限的比較性。[38]這點也解釋了此次茉莉花革命迅速擴散的原因。格林分析這六項加速革命的因子，往往是相互影響，同時存在的危機，才如此加速革命行動的產生。

以意識型態與文化框架來理解革命的過程並非新角度，在第四代理論家分析革命過程的重點問題，就是集中在網絡與意識形態。

---

[38]Thomas H. Greene著，李台京譯，《比較革命運動》，頁171-188。

他們發現，革命行動者不是單獨行動。他們由事先存在的居住、職業、社區和友誼網絡被納為革命者。他們認同於這些事業與團體，並且為了這些事業與團體而犧牲自己。但是這些認同，特別是認同抗議者或抗議行動並非天生的。為了創造與維持和革命有關的認同，領導革命者必須對人民創造和加強對執政者的認知。認同越明顯，就越容易建立抗議認同。因此，革命進程很大程度上取決於國家或反對派及潛在革命者對問題的解釋。例如，在統治者那一邊，若遇戰爭失敗、饑荒或財政崩潰，他們可以把這些危機解釋為自然的或不可避免的災害，而不把這些危機歸結為政府的無能。同樣地，國家鎮壓抗議者的行動也可以被看作是維持和平的必要措施；可見哪種解釋占上風取決於國家和革命領袖操控認知的能力，他們將本身行動、目前條件與現存文化框架及意識形態聯繫起來。任何一個文化框架都可以為革命或反革命意識形態提供基礎。意識形態除了為革命者提供價值判斷和道德外衣之外，還能夠提升革命者的聲勢，從而吸引更多的人參與革命。

　　以翁山蘇姬（Aung San Suu Kyi）為例，她於1988年9月27日組建全緬最大的反對黨。多次公開發表演說，成功凝聚人民渴望民主的意識。她雖沒有權力、沒有金錢、沒有官銜，卻擁有緬甸人民的心。緬甸軍政府開始對這位看似柔弱卻意志堅定的女子感到恐懼。1989年7月20日，軍政府以煽動騷亂為罪名將翁山蘇姬軟禁，緬甸軍政府在巨大的媒體輿論與國際壓力下舉行大選，翁山蘇姬的政黨贏得絕對優勢；然而，軍人拒絕交出政權，繼續監禁翁山蘇姬。[39]翁山蘇姬雖被軟禁，但她已為緬甸種下民主革命的種子，從1988年的

---

[39]Lloyd Parry, Richard, "Nuns Join Monks in Burma's Saffron Revolution," Times Online, September 24, 2007. At http：//www.timesplus.co.uk/tto/news/?login=false&url=http%

大規模抗爭行動到「番紅花革命」（Saffron Revolution），[40]人民的憤怒加上傳播科技的發達使緬甸血腥鎮壓的消息迅速傳遍世界各地，國際輿論抨擊緬甸軍政府的獨裁與殘暴，導致軍政府失去民意基礎而漸漸分裂。[41]直至2010年11月13日，翁山蘇姬重獲自由，並領導其民主聯盟參加緬甸的議會補選。因此，認同、意識形態與傳播科技在革命過程中具十分重要的作用。

第二節　革命的符號話語與實踐方式

　　現代革命與過去最大的不同就是它們以鮮明的意識形態和話語為政治目標，這些政治目標一旦實現，將會改變社會的權力結構、生產關係，以及人的價值觀和認同感。現代革命的另一個特點是它

3A%2F%2Fwww.thetimes.co.uk%2Ftto%2Fnews%2Fworld%2Fasia%2F（Accessed 2012/2/8）

[40] 「番紅花革命」是2007年9月緬甸的反軍政府示威運動，亦稱第二次緬甸民主運動。起因為緬甸聯邦國家和平與發展委員會取消燃油補貼，導致燃料突然加價約一至五倍，公共汽車收費也漲價一倍，引發民眾連日來示威，要求民生物資價格合理化，而後開始加入「與軍事執政團進行對話」以及「釋放翁山蘇姬等政治犯」等訴求。示威以學生和反對派政治人物為首，事後緬甸軍政府宣佈宵禁，並在前首都仰光和曼德勒捉拿異議人士，聲稱示威是由外國挑撥引發。自9月18日起，約數千名佛教僧侶開始加入示威遊行。一些新聞媒體將此次示威活動媲美顏色革命，稱為「番紅花革命」。以番紅花命名主要是因「Saffron」在顏色上被譯為藏紅色，是印度教的傳統代表色，也是有地緣關係的上座部佛教僧袍的傳統顏色，所以「Saffron Revolution」中的「Saffron」是寓意遊行活動由上座部佛教僧侶領導的意思。遊行群眾將象徵僧袍的深紅色帶子別在衣服上，表達對僧侶的支持。歷史上，以花果、顏色或植物取名的革命都是以選舉達到政權轉移的和平性革命。

[41] 吳芮芮，〈緬甸的番紅花僧侶革命〉，《新紀元》，第40期，2007年10月29日。參見http://www.epochweekly.com/b5/042/index.htm（檢索日期：2012年2月8日）

有著一些如遊行、罷工、靜坐、串聯等過去革命的暴力手段沒有的表達方式。吉恩・夏普更提倡非暴力革命，認為非暴力革命的參與者透過各種符號性行為，鼓勵同伴，維持激情，取得同情和動員大眾。從1989年的「天鵝絨革命」到2011年的「茉莉花革命」，幾次非暴力革命成功的例子，也都一再顯示話語和符號性行為在革命過程的重要性。

壹、革命的話語和符號性行為模式

話語活動是人類社會重要的文化現象，人們透過話語的發出、傳遞、理解和回應，進行彼此之間的交流和交往，成為人類社會在不同層面、領域和不同範圍形成人際整合的一套系統。革命話語即是其中一個關於社會活動的話語領域或話語空間，它包括作為語言符號的話語策略和圍繞著話語發出的符號和革命話語的傳播、解釋乃至宣傳活動。革命話語是由革命方所發出，關於自身利益整合，尋求獲取該利益目標，剝奪反革命方所占有的話語規則，企圖將革命方與反革命方之間利益關係的地位全面顛覆。革命話語大都包含有大量的意識型態。作為一種權威性的價值觀念信仰或價值觀念體系，意識型態在話語架構中發揮重要的語境整合功能。[42]為達革命目的，革命話語常和各種符號性行為結合，如拿著象徵性海報、旗幟遊行抗議、製作象徵性影片、戲劇表演和藝術創作等，強化革命方政治動員的正義性。

一、符號互動論的觀點

人類社會是一個充滿符號的社會，人類生而是一種符號的象

---

[42] 楊正聯，〈革命話語與公共政策話語：當代中國公共政策話語變遷歷史路徑〉《人文雜誌》，第3期，2007年，頁55-58。

徵，隨著人類的發展與人際互動的頻繁與多元化，人類不但善用與生俱來的各種符號表達能力，同時也不斷創造各種符號，藉以幫助人類相互溝通、表達情意，完成社會活動，符號互動於焉產生。[43] 赫伯（Blumer Herbert）運用符號互動理論，對群眾形成過程的機制進行闡述。赫伯認為，群眾的行為過程是人與人之間的符號互動過程。他把這一過程稱作循環反應（circular reaction）。循環反應過程有三個階段：集體磨合（milling）、集體興奮（collective excitement）和社會感染（social contagion）。在第一階段，一個群體中的個體開始不安，並開始聽信謠言；隨著不安定感的增強，人與人之間相互感染且產生共同的憤怒情緒，這是第二階段；最後，隨著人與人之間感染力和憤怒感繼續增強，循環反應就進入第三階段一爆發集體行為。[44]

另外，根據赫伯的分析，符號互動論有三個基本的前提：

（一）人們為人處事方式在根據生活中各種人、事、物對他們的意義，人們行動不僅反應外來的刺激，而是意義決定了人們的行動。

（二）意義是社會互動產生的結果，某件事情對一個人的意義，是來自其他人對這個人和這件事的反應方式，人們是透過他人而學習如何看世界。

（三）社會行動經由解釋的過程而賦予情境、他人、事物、和他們自己的社會意義，人們在不同的情境持續地解釋和

---

[43] 姜得勝，〈符號互動論初探〉《教育資料文摘》，第40冊第6期，1997年，頁 172-178。

[44] Herbert Blumer,"Elementary Collective Behavior"*In New Outline of the Principles of Sociology*, 1951, pp. 67-121.

定義事物，這個解釋的過程是該種行動的意義和行動本身之間的媒介物。[45]（參見圖2-1）

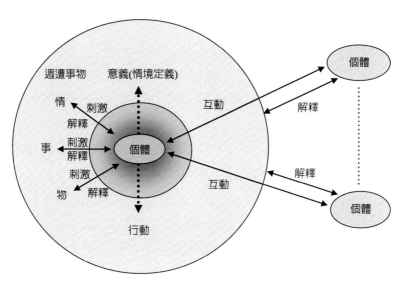

圖2-1：符號互動論的基本假設架構

資料來源：Herbert Blumer, *Symbolic Interactionism Perspective and Method*,（Berkeley: U of California, 1998）, P. 4-5.

在赫伯理論中的「循環反應」在「茉莉花革命」的運動中可以印證，在目前中國大陸發生的抗議行動中也時時可見。例如2011年9月21日，廣東陸豐烏崁村敲響400年來只因法事、喜事、拜神才用的銅鑼，首次以鑼聲揭開維權抗暴的歷史新頁。事件的起因源自於該村村委會偷賣3,200多畝土地，卻只給了不知情的村民極少補助款。村民多次上訪無果，終至積怨爆發，難以收拾。隨著村民情緒感染

---

[45] 蔡東鍾，〈符號互動論在教育上的應用之探討〉，《國教之聲》，第32冊第4期，1999年，頁33-45。

的擴張，越來越多村民上市府抗議，要求政府歸還被偷賣的土地。
他們堵路、砸村委會、掀翻十多輛警車，和特警發生暴力衝突，雙
方至少10多人受傷。921烏崁村事件後，烏崁村支書薛昌、村委會主
任陳舜基逃跑，村委會癱瘓。23日村民選出「臨時代表理事會」，
與年輕人組成「烏崁熱血青年團」，與村內德高望重的林祖欒老人
組成前線指揮部，主持無中共政府的烏崁村大局。到11月21日，烏
崁村掀起新一輪持久性的爭取權益抗爭，並一度成為世界媒體關注
的焦點。[46]

二、文本理論的觀點

　　文本決定論學者認為，當一個人相信某一話語或意識形態，
或者是繼承某一文化時，這個人在行事時就會追求他的行為和這些
話語或文化之間的一致性。基於此原則，許多學者開始分析一些社
會運動或革命背後的文化、意識型態或話語，以及這些文化、意識
型態或話語的語意邏輯，並從此出發來解釋社會運動或革命中人們
行為的特徵，到一個社會運動或革命的興起和發展。如道尼（Gary
L. Downey）以美國蛤蚌反核聯盟[47]（Clamshell Alliance）的社會運動
為研究對象，強調蛤蚌反核聯盟的意識形態特徵很大程度地限制了
他們的策略選擇，最後導致整個運動的失敗。認真思考可之，其中
很大一部分的原因在於非暴力策略的意識型態並沒有引起媒體的關

---

[46] 駱亞，〈烏崁村事件細說從頭〉，《新紀元週刊》，第256期，2011年12月
29日。

[47] Clamshell Alliance是一個反核組織，以非暴力示威遊行的方式反對興建核電
廠。在1977年，該組織得知有一個核電站將在新罕布什爾州開工，超過2000名
組織成員佔領施工現場集團，這些積極分子約1414人被捕後，不但全體拒絕
被保釋，並在監獄中繼續進行抗爭。這個事件因此得到媒體與社會的關注。
《Clamshell Alliance》參見 http://clamshellalliance.org/36/（檢索日期：2012年1
月12日）

注，因而點出媒體在社會運動關乎成敗的重要性。[48]

三、框架理論的觀點

　　框架分析學派認為一個社會運動甚至是革命所持有的意識形態或話語體系，對於他們所想動員的大眾或組織來說，可能會太抽象、太遙遠或完全無關。換言之，一個社會運動所具備的意識形態或話語內涵有時很難與革命動員對象的實際利益、興趣或怨恨感聯結。為了有效地動員群眾，社會運動積極分子在多數場合中都需要把他們所持有的意識形態或話語內涵進行改造，將其與動員對象的直接利益或情感聯繫起來。伍斯諾（Robert Wuthnow）把社會運動中的過程稱為框架整合。框架整合即是將若干相近的意識形態、價值或目標透過行動目標和策略的轉換，從而把社會運動組織的意識型態、目標和價值與動員對象的利益和怨恨聯結之過程。[49]

　　伍斯諾熱衷於道德符碼的社會結構分析，或熱衷於解析一套制約行為過程的文化因素。他認為這些文化因素本身一定存在某種可供認同的象徵結構。因此，伍斯諾將象徵符號間關係的研究放到社會運動。他積極從語言風格著手分析象徵符號間的關係，提出在話語因素中考察種種象徵關係，就如一個結構語言學家在語言中考察語詞關係一樣。我們可以發現各式各樣可能與革命行動成敗有關的因素，或者發現某些結構框架中的相關性規律。[50]

---

[48] Gary L. Downey, "Ideology and the Clamshell Identity：Organizational Dilemmas in the anti-Nuclear Power Movement," Social Problem, Vol. 33, 1986, pp. 357-371.

[49] 趙鼎新，《社會與政治運動講義》（北京：社會科學文獻出版社，2006年），頁212。

[50] Robert Wuthnow, *Meaning and Moral Order*： *Explanations in Cultural Analysis. Social Problem* （Berkerley： University of Calfornia Press, 1987）, pp. 64-66.

在社會革命過程中，運動參與者會表現出生氣、哭泣、憤怒等等相關的情緒性行為，這些情感性行為是否會主導一個革命行動的發展，則取決於該運動的組織力量。當一個運動的組織力量薄弱時，該運動的參與者就更容易被其他人的情緒感染並作出不理智的舉動，例如自焚、暴動、破壞物品等。這即是為何西方國家一場組織良好的遊行不易和警察之間發生衝突的原因。但如果組織力量薄弱，一旦發生群眾與警察衝突的事件，不但參與者會變得群情激昂，之後的發展也很可能被圍繞該事件的群眾情緒所牽絆。

趙鼎新更進一步分析，情感性行為主宰組織力量微弱的革命行動之發展。若將視野從組織移到更為宏觀的社會結構上，會發現一個社會運動組織的強弱，很大程度與該社會中公民社會的發育狀況有關係。一個發育良好的公民社會有著發達的社會組織，其組織性自然較佳；反之，威權國家的國家政策往往會抑制公民社會的發展。因此，在威權社會中，社會運動的發展更有可能受到情感的主導，促使傳統的社會文化對革命運動發展也具有關鍵性影響。[51]

貳、革命之符號運用策略──暴力革命的轉向

「革命是不是一定要用暴力？」這個問題往往引起很多爭論。暴力並不具備革命或反革命的意義，就如同一把外科手術刀並不一定具有醫學意義一樣。如果相信濫用暴力，可以推動革命，就像是相信我們把手術刀在身上任何部分亂割，可以得到奇蹟的療效一樣。革命行動是要改變現實，把現實塑造得更符合理想，更接近自己的目標。而革命行動的手段有時會是暴力，但有時卻不是，暴力

---

[51] 趙鼎新，《社會與政治運動講義》，頁70-72。

的運用在衝垮失衡的社會制度，而不是搗亂社會運作的秩序。

一、非暴力革命的緣起

（一）東方的非暴力思想

要探究非暴力革命成功的戰略，必須要先了解非暴力的思想淵源。歷史上不論東西方皆有闡揚非暴力思想的哲學家，首先可追溯至春秋戰國時期。當時曾被形容為一個禮崩樂壞的動盪時代。墨子主張以興邦治國、救世濟民為己任，構建出一個充滿人道關懷的治國思想。「非攻」思想在他的思想理論中顯得相當突出。「兼愛」與「非攻」是一種思想的兩面，這種思想就是非暴力論。「兼愛」是非暴力論在內政方面的表現。「非攻」是非暴力論在外交方面的表現。墨子在諸侯混戰的背景下，反對暴力，積極倡導並致力於國與國之間的和平關係，認為戰爭給人民與社會帶來災難和痛苦，並對戰爭的危害進行了深入的分析。[52]

例如，他認為，戰爭不僅造成了飢寒凍餒而死者不可勝數、疾病而死者不可勝數，還造成男女久不相見，影響人口的增長；其二是戰爭不僅導致了社會財富的巨大消耗，而且嚴重影響農業生產的正常進行；其三是戰爭造成人民死傷，對攻伐國本身也不利。如上所述，攻戰有勞民費事、傷財、死人諸弊害，最後甚至可能亡國，可謂好利而攻戰，實為不利。墨子在勸誡楚王不要去攻打宋國時，從功利角度出發深刻地闡述了此思想。[53]

墨子還特別就當時統治者在小事（如一般的盜賊行為）上講仁義，而在大事（攻伐無罪之國造成大量死傷）上背馳仁義的行為加

---

[52] 談遠平，《西洋政治思想史》，頁69-77。
[53] 孫廣德，《墨子政治思想之研究》（台北：台灣中華書局，1996年），頁116-121。

以突顯和批判，並提出各國君王喜歡攻伐兼併，全是「貪伐勝之名及得地之利」。墨子不僅在理論上極力推崇非暴力思想，並以實際行動努力阻止戰爭的爆發。墨家的社會理想及其主張反映老百姓普遍的理想與期待。由於歷代君王多以現實主義利益為考量，導致墨子的「非攻」思想難以推行。[54]

印度獨立運動領袖穆漢達斯·甘地（Mohandas Gandhi）則將非暴力思想發展成一套積極的、入世的、戰鬥的行動哲學，從而運用到政治舞台。對甘地來說，非暴力與其說是行動，還不如說是意圖。他把暴力界定為強迫他人做其不願做的事之意圖。抵制、封鎖和拒絕服從法律等非暴力行動看似強迫行為，但如果真正本著非暴力精神去做，這些行為不過是遵循個人心中道德真理的行事方式。甘地的一位追隨者賈瓦哈拉爾·尼赫魯（Jawaharlal Nehru）曾評介甘地：「我們的國父是自由的締造者。我們的子孫後代將銘記國父的指示，他的信心與力量、勇敢與仁愛的精神，激勵我們絕不讓自由之火熄滅！」[55]既然有原則的非暴力意味着非強制性，堅持非暴力的人認為，他們從不試圖按自己的願望去改變某一局面。他們不是在為自私的目的而奮鬥，而是為眾人的利益而奮鬥。[56]

甘地投身印度民族獨立運動時，發現一項事實，那就是印度之所以長期被英國統治的主因，那就是印度人民不敢起來反抗英國。下焉者，心懷恐懼，而逆來順受，上焉者，走議會路線，走上法院打官司路線，走到倫敦請願。雖然有少數知識份子奔走呼籲，但廣大的

---

[54] 王讚源，《墨子》（台北：東大，1996年），頁261。

[55] Jawaharlal Nehru著，齊文譯，《印度的發現》（北京：世界知識出版社，1956年），頁410。

[56] Ira Chernus, "Nonviolent Thought Through U.S. History," *The Bureau of International Information Programs of the U.S. Department of State*, Vol. 14, No. 3, 2009, pp. 9-10.

人民存有恐懼感，他們不知道如何反抗英國，更喪失民族的自信心。[57]

　　甘地深知這項致命傷，便以非暴力思想進行心理建設，他要改變印度人民原有的價值觀。首先，他告訴人民，寧可揭竿起義，有不可淪為無助懦弱的順民。他再提出，傳統的以暴制暴，不值得歌頌，因為人民的心仍被恐懼侵蝕，他們害怕受傷、害怕死亡，所以拿武器反抗。甘地強調，指非暴力的反抗者，才是真正的勇者。他不逃不躲，視獄如家，視死如歸。甘地的主張，替手無寸鐵的印度人民找到方向，凝聚了民族的意識。甘地所引導的大規模非暴力示威運動，迫使英國政府坐下來跟印度領袖們面對面談判，最後甚至讓英國妥協，使印度恢復獨立。[58]

（二）西方的非暴力思想

　　相較於東方，西方在19世紀由美國大衛梭羅（Henry David Thoreau）所提出的「民事不服從」概念成為非暴力思想起源。1842年，因為梭羅反對美國與墨西哥的戰爭，以及反對奴隸制與對印第安人權的侵犯，拒絕繳稅。他認為繳稅給政府，等於幫助他們蓄奴，等於出錢讓美國去打一場不義之戰。梭羅遂發表一篇文章闡述「民事不服從」，後來這篇文章成為非暴力理論的經典之作。事實上，「公民不服從」乃是對執政者所強欲推動的不義之法或政策，表示異議的一種政治行動，但在過程中，必須堅持和平與非暴力的原則。另外，「公民不服從」的實踐，在心態上不能為一己之私，亦即「公民不服從」的領導人物不能為了提升自己的社會或政治地位，為了累積自己的政治資產，或是為了打擊異己而發動抗爭活動。相反的，必須以無私、無懼的態度面對不行正法的政權，以

---

[57] 馬小鶴，《甘地》（台北：東大，1993年），頁53-65。
[58] 江蓋世，《非暴力的理論與實踐》（台北：前衛出版社，2001年），頁45-47。

及經由人民的力量所展現出來的「和平革命」方式。[59]民事不服從者，就是良心的反對者，必須以身作則，犧牲自我，來影響輿論，以喚醒社會大眾的良知意識。受廢奴主義者和梭羅的著作啟發，俄羅斯文學巨匠托爾斯泰（Leo Tolstoy）[60]因此成為基督教非暴力的熱情倡導人。他的著作對甘地的思想形成產生重大影響。

另一位美國著名的非暴力倡導者是1950年代和1960年代非洲裔美國民權運動的代言人馬丁・路德（Martin Luther King Jr.）。民權運動開始時，他堅持以和平的非暴力手段，無論白人如何殘暴的反擊都不能使用武力。這樣的策略，使他能夠動員整個南方教會，也博得北方自由人士對黑人民權運動的同情。[61]與甘地一樣，馬丁・路德認為，非暴力行動應該始終基於關心所有人的福祉；與甘地不同的是，馬丁關心行動的效果。他對民權運動策略的判斷不僅考量內在的道德價值，還基於這些行動對歧視黑人現象的終止是否有效。他希望引發衝突並在政治上贏得勝利。他指出，只要是透過非暴力

---

[59] 曾志隆，〈政治義務與抵抗權行使──原始佛教觀點的討論〉，《玄奘佛學研究》，第15期，2011年，頁90-92。

[60] 列夫・尼古拉耶維奇・托爾斯泰是俄國小說家、評論家、劇作家和哲學家，同時也是非暴力的基督教無政府主義者和教育改革家。他被稱頌為具有「最清醒的現實主義」的「天才藝術家」。主要作品有長篇小說《戰爭與和平》、《安娜・卡列尼娜》、《復活》等，也創作了大量的童話。他的作品描寫了俄國革命時的人民的頑強抗爭，因此被稱為「俄國十月革命的鏡子」。在《懺悔錄》等論文裡，他廣泛闡述自己思想轉變的過程，對階級生活及土地私有制表示強烈否定，對國家和教會進行猛烈抨擊；然而，他卻反對暴力革命，宣揚基督教的博愛和自我修身，要從宗教、倫理中尋求解決社會矛盾的道路。他不僅反映了農民對統治階級的仇恨和憤怒，也傳播不以暴力抵抗邪惡的思想。《Tolstoy and Popular Literature》參見 http：//www1.umn.edu/lol-russ/PopLit/overview_of_the_life_and_works_of_leo_tolstoy.htm（檢索日期：2102年2月1日）

[61] 南方朔，《近代新反抗運動》（台北：久大文化，1987年），頁108。

方式爭取公正與平等，衝突就會帶來更大的公平正義。[62]

　　一般人對非暴力常有誤解，認為非暴力只有挨打的份。其實，一旦展現非暴力的力量，它可以使統治者陷入癱瘓。當統治者愈殘暴鎮壓，非暴力反彈的力量愈強大。夏普的非暴力革命理論針對非暴力的力量做分析，他先指出統治者掌握權力係因具備六項來源：

　　1.權威：被統治者接受統治者的權威；

　　2.人力：願意臣服於統治者的人數多寡，以及人民團體願意與統治者合作的程度與範圍；

　　3.知識技術：被統治者提供知識給統治者的意願；

　　4.意識信念：被統治者的心理上、信念上、意識上、習慣上，對統治者服從的關係；

　　5.物力：被統治者提供統治者物力的多寡，如財貨、交通工具、自然資源等；

　　6.制裁：統治者手中擁有的制裁工具種類與強度，如軍隊、警察。

　　因此，針對上述六項能力，統治者若得到愈多被統治者的合作、支持與服從，就擁有愈多政治權力；反之，被統治者愈是不與之合作，並且反對統治者，統治者的權力就愈小，政權便搖搖欲墜。非暴力革命理論之所以能產生推翻獨裁的力量，其策略在於撤回原來對統治者的合作與支持，以改變雙方原有的權力關係。[63]

　　羅伯特‧赫爾維（Robert L. Helvey）則以「支柱」（pillars）來比喻獨裁政權的權力來源。他分析，當一個政權的反對者考慮使用任何非暴力策略時，識別和分析支柱具有根本性的意義；唯有政權

---

[62] Ira Chernus,"Nonviolent Thought Through U.S. History,"*The Bureau of International Information Programs of the U.S. Department of State*, p. 10.

[63] 江蓋世，《非暴力的理論與實踐》，頁123-124。

的主要支柱被破壞、中立化或摧毀，政治改革或政權更替才有希
望。而且，每當其中一個支柱被削弱或推倒時，就像骨牌效應般影
響其它支柱的支撐力，使政權越來越不穩定。（參見圖2-2）因此，
對專制主義政權進行非暴力革命的人們，必須影響下列關鍵性的機
構和組織。

圖2-2：獨裁政府權力來源支柱表意圖

資料來源：Robert L. Helvey, *On Strategic Nonviolent Conflict: Thinking About the Fundamentals*
（Boston, MA: Albert Einstein Institution, 2004）, pp. 9-18.

1.警察

「保衛和服務」這句箴言，可以描述全世界大多數警察局試圖
樹立的公共形象；然而，在獨裁政權下，警察往往成為政府無所不
在的細胞，有時甚至將保衛和服務於一個腐敗和獨裁的政權當作首
要任務。在制度腐敗的地方，沒有政權更替，很難或幾乎不可能有
改革，這是常識性的假設。即使在民主社會，一旦腐敗在警察機構
裡生根，只有把掌管警察的那些人換掉，才能有效改革。關於如何
瓦解警察對獨裁者的支持，有幾個因素可參考。警察通常居住在他
們所服務的社區裡，因此，他們的家庭、親戚、熟人和朋友間已經
建立了關係網（例如學校、企業、宗教組織和社會團體），當警察

的親友對政權不滿，加入反政府團體，而政府將這些人當作反動份子，警察就有評價政府的新參考點，可能因身旁親友的遭遇，影響警察對政府的支持與服從度。[64]

2.軍隊

　　獨裁政權把武裝力量當作維持權力的王牌。與警察不同的是，軍事單位往往與民間社會相隔離，這樣的藩籬阻礙了軍隊和平民家庭建立關係網。當政府決定用軍隊介入公開的政治衝突時，軍事單位較缺乏對暴力使用需有所節制的動機。在這種情況下，執政者認為軍人比地方上的警察和民兵可靠，且較容易服從命令。有些國家，在預期會發生大規模示威的地方，建立專業的防暴單位。在政府作出動用軍隊的決定之前，革命者必須先制定計畫來削弱軍隊鎮壓民間抗議者的意願。要削弱軍隊動用武力鎮壓抗議者的意願，其關鍵在於如何在軍事文化裡引入民主價值觀，使軍隊領導者意識到在民主制度下，職業軍人的前途才更有保障。[65]但這需要時間和仔細評估如何推動這些思想。從1986年菲律賓總統大選中，執政多年，腐敗的馬可仕（Ferdinand Marcos）在軍方倒戈與人民力量的顯現下跟蹌下台，[66]靠軍方倒戈而上台的阿奎諾總統（Corazon

---

[64] 夏普在挪威居住期間，研究了第二次世界大戰時期挪威對德國佔領的抵抗力量。有一次，當地警察在執行德國統治者的命令時，私下聯繫將要被逮捕的人及其家屬，通知嫌疑人將馬上被逮捕，包括逮捕他的官員預計何日、時、分會出現在他家裡；而且這樣的狀況不只一次。參見Robert L. Helvey, *On Strategic Nonviolent Conflict：Thinking About the Fundamentals*, p. 10.

[65] 在軍文關係（civil-military relations）的研究中，非常關注類似的議題。如Samuel E. Finer, *The Man on Horseback：The Role of the Military in Politics*（Baltimore：Penguin Book, 1962）即為經典著作。

[66] 1986年2月7日，在菲律賓總統大選中，斐迪南•馬可仕（Ferdinand Marcos）透過舞弊手段獲勝；但是，他的大部分軍隊和平民反對派同一陣線，要求他辭職，最後迫使他在就任18天後下台。參見翁俊桔、顧長永，〈菲律賓2010年總

Cojuangco Aquino），雖帶領菲律賓人民重回民主，但民主化後的菲律賓卻仍處在一個風雨飄搖的局勢中。其中軍人政變與文武關係互動的問題，亦成為菲律賓後馬可仕時期政治的主要特徵；[67]以及2000年數以千計的抗議者佔領塞爾維亞議會時，該國的非暴力行動並無造成大量傷亡，其中一個重要因素在於軍隊決定不介入「政治」事件。[68]

3. 公務員

公務員把命令轉變成行動，他們發佈規章制度、協助推行政策、徵收稅款、制定預算、分析數據、為政府採購、管理飛機航線和港口、維護通訊系統等等重要工作，公務員對任務的執行使政權能夠維持功能。如果沒有他們，政府無法運行。採用戰略性非暴力衝突來尋求政權更替和民主改革的反對派團體，必須明白爭取政府官員支持的重要性。但必須體認到，公務員的生計取決於對政府執政者的服從。公務員很少能反對政府，除非有明顯的證據顯示，統治者的其它支柱已被嚴重削弱。儘管如此，公務員支持反對派運動的決心，即使沒有公開表示，仍有助於推動革命。

統大選評析：總統花車模式的迷思〉，《2010年中國政治學會年會暨「能知的公民？民主的理想與實際」學術研討會論文集》，2010年，頁5-6。

[67] 阿奎諾能夠成為總統，不僅是靠民眾支持，也獲得軍隊的倒戈力挺。因此她對軍人禮遇有佳，多方倚重，並分別任命在「二月革命」中有功的安利爾、羅慕斯擔任國防部長與參謀總長。阿奎諾雖倚重軍方，但在她上台後亦對軍方做出一些重整與規定，並禁止軍隊介入政治。由於馬可仕在位時，軍方習慣干政，回教徒與共黨的叛亂活動，皆使軍方在政治上更影響力，二月政變後阿奎諾政權的存亡相當程度地依賴軍方派系。參見洪松輝，〈論菲律賓文武關係之演變〉，《東亞季刊》，第27卷第5期，2000年。頁133。

[68] 2000年10月7日，塞爾維亞總統米洛塞維奇（Slobodan Milosevic）被反對派驅逐下台，距離他設法在總統大選中舞弊已不到兩週。Ali Wyne, "Fixing the Odds," *International Herald Tribune*, June 25, 2009. At http : //carnegieendowment. org/2009/06/25/fixing-odds/d4o（Accessed 2012/1/19）

4.媒體

　　一個爭取改革的民主運動要成功，必須擁有把訊息傳達給聽眾的手段。專制主義政權明白這一點，於是透過網絡控制機構，制定相關的限制法規，企圖阻斷或限制人們得到資訊。例如，緬甸軍政府對使用無執照電腦和傳真機的人民判處長期監禁。[69]有些獨裁政府甚至會干擾反對派團體的電視和境外廣播，意圖使公眾得不到信息。[70]北韓就是一個封鎖資訊國家的例子。[71]以2004年4月23日，北韓鐵路爆炸案為例，當時北韓維持其一貫的緘默，將資訊自由視為其生存的潛在威脅，對於北部龍川市的爆炸案，仍以傳統的祕密主義方式處理。根據官員及媒體報導，爆炸當地的對外聯繫已遭切斷，鄰近國家都沒有任何資訊，北韓實施嚴格的新聞封鎖。南韓的新聞報導引述來自中國邊境人士的消息得知，從中國到龍川的電話線及火車在爆炸案後都已切斷，估計至少有54人喪生，1,200多人輕重傷。[72]

---

[69] Shawn W. Crispin, "Freedom with limits in Burma," Committee to Protect Journalists, January 19, 2012. At http：//www.cpj.org/asia/burma/ （Accessed 2012/2/6）

[70] 貴州自由作家陳西，於12月26日遭中共當局以「顛覆國家政權罪」重判有期徒刑10年。為追求人權和民主自由的理念，陳西遭當局囚禁共23年，中共以他在網上公佈文章及國際新聞報導約30餘篇。陳西被禁止相關寫作活動，並剝奪政治權利三年。"OnlineWriter Imprisoned in China," *Committee to Protect Journalists*, January 9,2012. At http：//www.cpj.org/2012/01/online-writer-imprisoned-in-china.php （Accessed 2012/2/7）

[71] 根據記者資料，北韓幾乎完全斷絕網路。北韓每年約有100名工程師畢業，南韓的三星企業聘請這些廉價勞工，不過常出現抱怨聲浪，認為與北韓員工搭擋時，因北韓禁止電子郵件，所以訊息必須先送至北京，將之存入光碟後再郵寄至北韓。北韓始終因害怕過多須監控的資訊湧入，便徹底控制媒體，拒絕開放網路，只有少數菁英可以利用中國科技設備上網。田清，〈封鎖國家第一名 北韓=網路黑洞〉，《大紀元》，2006年10月24日。參見 http：//www.epochtimes.com/b5/6/10/24/n1497314.htm（檢索日期：2012年2月7日）

[72] 〈北韓龍川火車大爆炸 官方封鎖新聞保持緘默〉，《大紀元》，2004年4月23日。參見http：//www.epochtimes.com/b5/4/4/23/n518908.htm（檢索日期：2012年2月7日）

　　一個暴虐的政府很容易控制報紙和國內其它大眾傳媒。建立出版審查委員會,規定所有書籍、雜誌和報紙在發行前必須送審,若不遵守,報紙與其他出版物、電視和廣播電臺有可能遭到收回執照、沒收設備,以及業主和編輯人員人身安全受到威脅。反對派為了克服上述限制,可透過境外製作新聞,傳送利於革命的訊息。塞爾維亞的民主運動就是在境外製作大眾傳播媒體的一個範例。在2000年選舉前幾天,超過60噸傳單被運到該國發送。

　5.商業界

　　即使在極權國家或社會主義的政權裡,商業界仍扮演重要角色。他們向人民提供政府不提供的產品和服務。政府往往為了減少因物質短缺造成公眾的不滿事件,而默認非法的黑市活動。一般而言,國際企業對政府是否民主或專制並不感興趣,它們關心的是商業利益及利潤。民主革命面臨的挑戰是如何使這些公司相信民主變革的重要性。若能得到商業界的認同,商業界的成員便能提供民主鬥爭重要資源,包括金錢、物資和顧問。而在革命完成後,社會運作能否立即維持正常也必須仰賴商業界的投入與支持。

　6.青年

　　專制主義政權的主要憂慮是在防止青年,除非這種政治化是支持政府並受到政府控制。一旦獨裁者嚴禁學生和其他青年組成影響政府穩定性的組織,反對派團體遂被剝奪促進政治改革的先鋒力量。一般來說,年輕人確實對職業比較少有依戀,他們有生命的熱情。更重要的是,年輕人通常並不認為他們被專制政權所奴役是合理的;同樣的,他們不會認同改變是不可能的。整體來說,他們在生活各方面都是冒險者;但若無清楚的指導和紀律,他們的行動可能會過於偏激,一旦受到煽動,他們會表現出專制政權慣於利

用的流氓特質。例如毛澤東利用學生組成的紅衛兵，將反對派鬥爭下來，青年學子成為他鬥爭以達目的之工具。[73]因此，對於一個革命運動的參加者來說，需要制定行為準據，對於青年組織則尤其重要。在合理及堅強的領導下，避免脫序的行為發生。

　　7. 工人

　　全球化的趨勢使工人的生活更加困難。在發達國家，工會遭到削弱，公司威脅將工作轉移到勞動力比較便宜的地方去。在發展中國家，政府比較關心生產轉移後所帶來的經濟利益，而不是工作職場的安全、公平工資或工人應有的權利。如果工作職場中的權力失衡將導致對工人的虐待。民主法治和結社自由，才是糾正這種權力失衡的關鍵。對戰略性非暴力革命的計劃者來說，運輸及有關行業的工人是一股重要的革命力量。例如，1980年代波蘭的民主運動是從格但斯克（Gdansk）造船廠的電工開始罷工後迅速取得勝利。[74]當

---

[73] 毛澤東在「文革」理念上主要是反映共黨內對馬克思主義在中國實踐路線的爭議；但在實際行動上，毛澤東主要是以「階級鬥爭」為方法，以學生作為動員的對象，利用學生對毛的個人崇拜，鼓動學生組織「紅衛兵」，成為毛思想的捍衛者，批判並推翻一切既存的秩序與權威，強調「造反有理，革命無罪」。1966年8月北京市第二中學所貼出的大字報《向舊世界宣戰》「我們是舊世界的批判者。我們要批判，要砸爛一切舊思想、舊文化、舊風俗、舊習慣。所有為資產階級一服務的理髮館、裁縫館、照相館、舊書攤……，統統也不例外。我們就是要造舊世界的反。」參見嚴家其、高臬，《文化大革命十年史》（台北：遠流，1990年），頁90。

[74] 在1980年7月，波蘭政府面臨了經濟危機，決定在減少工資的同時也提升物價。馬上引起了一波佔領工廠的罷工行動。勞工們發展一種情報網路來散佈他們抗爭的新聞。原先在1976年由一群反對派成立以替受害勞工提供支援的勞工保護委員會，將主要產業裡的激進派勞工組織了起來。在格但斯克的列寧造船廠，一位起重機操作員、同時也是知名勞工運動領袖的安娜‧瓦倫第諾維茨（Anna Walentynowicz）被解僱，激怒了其他的勞工，成為引燃罷工運動的火花。由於受到廣泛的群眾和其他罷工團體的支持，以及國際性的媒體關注和支持，格但斯克的工人們繼續罷工直到政府答應他們的要求為止。Colin Barker, "The Rise

社會上的人員、貨物和服務流動發生混亂及失衡，會給執政當局帶來立即性的經濟和政治衝擊。

8.宗教組織

歷史上，許多有組織的宗教在政治革命中扮演重要的角色，這些宗教多數是站在尋求改革的一方。宗教組織往往掌有精神和財政的網絡。這些網絡遍及社會每個角落，從名流到平民；此外，宗教界領袖人物通常受到追隨者的尊敬，並能影響他人的態度和行為。另外，他們還能賦予反對派運動精神層面的力量，甚至成為反對派運動最具表達立場的發言人。有鑑於此，非暴力革命領導者必須獲取宗教領袖人物的支持，或者削弱他們無形的心靈影響。

9.非政府組織

在政府直接控制和監督以外運作的任何團體或組織，都可以成為民主運動的潛在資產。如透過非政府組織來籌措資金，和公眾溝通，從國外獲取專業人士的協助，提供其他國家民主運動的經驗。在非暴力衝突中，非政府組織的重要價值在於，他們為公眾提供某些服務，證明人民完全不需要依靠政府。非政府組織的行動能削弱專制政權以使公眾信服其所灌輸的依賴感，增加其革命行動的說服力。戰略性非暴力鬥爭既需要控制權力資源，也需要民眾的積極參與。各種組織裡所蘊藏的資源，正提供集體行動所必要的架構。[75]

---

of Solidarnosc," *International Socialism*, October 17, 2005. At http：//www.isj.org.uk/index.php4?id=136&issue=108（Accessed 2012/1/19）

[75] Robert L. Helvey, *On Strategic Nonviolent Conflict：Thinking About the Fundamentals*（Boston, MA：Albert Einstein Institution, 2004）, pp. 9-18.

二、非暴力革命的運用策略

　　非暴力抗爭同暴力抗爭有其根本不同的運作方式。通常，在政治反抗運動中即便使用有限的暴力，也會事與願違。因為它會使抗爭轉移到獨裁者具壓倒性優勢的方向—軍事衝突。非暴力紀律是成功的關鍵，不論獨裁者及其代理人如何挑釁和殘暴，也必須維持這種紀律。在這個過程中，政權對非暴力活動者的暴行，會使人民對獨裁者的地位產生反彈，同時激起一般民眾、政權的平時支持者和第三方對抵抗者的支持。[76]

　　歷史記錄表明，雖然政治反抗必然有傷亡，但是傷亡比軍事戰爭少得多。而且，這類鬥爭不會造成殺戮和暴行的無窮盡循環。非暴力思想的核心，往往會要求人民對政府及其暴力鎮壓不再恐懼，或加以控制這種恐懼。這是摧毀獨裁者支配民眾的權力的重要因素之一。

　　吉夏普針對非暴力行動的策略提出三個主要概念：

（一）公開化、保密和高標準

　　對於一個非暴力方式的行動來說，應該保密欺騙抑或公開表明是兩難的問題。一個非暴力行動在國家安全網的監控下，很難不讓政治警察和情報人員知道革命的意圖和計劃。從非暴力行動的角度來看，保密不僅源於恐懼，也會增強恐懼，並使抵抗的情緒低落，減少參與此行動的人數。保密往往因沒有根據的懷疑和指責誰是告密者，增加行動的內部問題。因此，若將有關之意圖和計畫公開化，反而會強化抵抗運動力量強大的實際形象。當然非暴力行動也並非如此單純，抵抗活動在某些重要方面可能需要保密。在特定情

---

[76] Gene Sharp, *From Dictatorship to Democracy：A Conceptual Framework for Liberation*, p. 32.

況下，需由熟悉非暴力革命動力和瞭解獨裁政權監視手段的人，根據詳實的訊息作出判斷。如地下刊物的編輯、印刷和發行、地下廣播，以及關於獨裁者的情報收集，皆屬於少數需要高度保密的特殊活動。在對抗的各個階段，非暴力行動需要保持行為的高標準。諸如無畏無懼和嚴守非暴力的紀律，只有保持革命運動的高標準，才能得到龐大可靠的參加者。[77]

（二）力量對比的變幻莫測

　　與常規的軍事作戰比較，以政治反抗進行的對抗是一個變幻莫測的戰場，兩方的動作和反制政治行動不斷交錯，沒有一成不變的樣貌。絕對的和相對的力量對比關係不斷迅速變化，抵抗者儘管受到鎮壓，卻仍繼續堅持他們的非暴力原則。在這種對抗情況下，衝突雙方力量的變化可能比暴力對抗還要強烈，其結果也更多樣化，並具有顯著的政治意義。由於這些變化，抵抗者特定行動所造成的結果，有可能遠超出這些行動本身發生時間和地點範圍。這些效果會反彈而加強或削弱一方或另一方。此外，非暴力集體有可能透過其行動影響對手的力量。例如，面對獨裁者的暴行，有紀律的、勇敢的非暴力抵抗有可能在獨裁者的軍隊和基本群眾裡引起不安與不滿，在極端情況下甚至引發叛變。這種抵抗可能導致國際上對獨裁者更多的譴責。此外，巧妙地運用政治反抗，可以誘使更多平常默默支持獨裁者或在衝突中保持中立的人們，受到感召而加入革命行動。[78]

---

[77] Gene Sharp, *From Dictatorship to Democracy ： A Conceptual Framework for Liberation*, p. 33.

[78] Gene Sharp, *From Dictatorship to Democracy ： A Conceptual Framework for Liberation*, p. 34.

（三）四種變化的機制

　　非暴力鬥爭有四種產生轉變的方式；第一種機制可能性最小，但曾經發生過。當敵方團體中的某些成員因非暴力抵抗者遭鎮壓時所受的苦難而感動，或理性地相信抵抗者的奮鬥目標具正義性的時候，他們有可能接受抵抗者的要求。這個機制叫作改變觀點。雖然在非暴力行動中有時可能會發生改變觀點的實例，但這種情況很少見，在大多數衝突中極為罕見或規模很小。較常見的是，非暴力鬥爭靠改變衝突的局面和社會本身，使其對手無法為所欲為。正是這種改變才產生另外三種機制—「調節」（accommodation）、「非暴力脅迫」（nonviolent coercion）和「瓦解」（disintegration）。至於究竟哪一種狀況會發生，實取決於相對力量和絕對力量的對比。[79]

　　如果爭議不是根本性的，反對派在一個有限戰役裡的訴求被認為不具威脅性，而且雙方力量的競爭在某種程度上又會改變力量對比，那麼眼前的衝突有可能已達成協議、分攤分歧或妥協而告終。這個機制叫作「調節」。例如，許多罷工是以這種方式解決的，雙方各自得到部份目的，但沒有一方得到所想要的一切。政府可能視這種方式為有正面利益的解決方式，例如緩和緊張局勢、營造一種公平的印象，或者已改善政權的國際形象。因此，以「調節」的方式來解決特定爭議是可行的，但是打倒獨裁的鬥爭不屬於這一類。

　　「非暴力鬥爭」可以比改變觀點或「調節」這類機制所展現的要強而有力。群眾性的不合作和反抗能夠改變社會和政治局勢，特別是力量對比，以至於獨裁者控制政府和社會的能力被削弱。獨裁者的軍事力量可能變得不可靠，以至於軍隊不再單純地服從命令去

---

[79] Gene Sharp, *From Dictatorship to Democracy : A Conceptual Framework for Liberation*, p. 35.

鎮壓抵抗者。雖然獨裁者仍然在位，仍堅持他們的目標，但是他們早已被剝奪有效行動的能力。這就是「非暴力脅迫」。

在某些極端情況下，產生「非暴力脅迫」的條件還可以更進一步發展。獨裁者已喪失一切行動的能力，他們的權力機構崩潰了。抵抗者的自主、不合作和反抗變得更全面，導致獨裁政府對抵抗者連基本控制都做不到。甚至連獨裁者的官僚機構都拒絕服從其領導，官員紛紛出走，軍隊和警察發生叛變，連原本支持者或基本群眾也拒絕他們的領導，否認其統治權力。

除了上述的三種變化機制外，第四種變化機制，即獨裁者的體系「瓦解」。由於體系的瓦解非常徹底，以至連投降的能力也沒有，致使政權完全崩潰。

在策劃非暴力革命時，需考慮這四種變化的機制。有時這些機制的運作有實質上的偶然性；然而，若在衝突中選擇其中一種或幾種作為預期使用的變化機制，就可以制定具體且相互補充的戰略。但如何選擇適當的機制，仍取決於諸多因素，包括相對立團體的絕對和相對力量，以及非暴力鬥爭團體的態度和目標。[80]

「公民不服從」或「非暴力革命」意圖以和平的方式表達人民的看法，甚至要求執政者修正施政上的缺失。因此，對手無寸鐵、堅持以和平及非暴力的方式來抗議政府的群眾進行武力鎮壓，這更加突顯執政者的殘暴，強調執政者不但不行正法，還背離了執政者對人民的承諾，引起國際輿論的撻伐，人民強大的反彈，使政權垮台。這就是非暴力革命能夠戰勝獨裁者以武力掌權的核心策略。

---

[80] Gene Sharp, *From Dictatorship to Democracy : A Conceptual Framework for Liberation*, pp. 35-37.

三、非暴力革命的方式與影響

非暴力革命的行動方式有許多種方法，夏普整理出非暴力行動方法共有198種。這些方法分為三大類：抗議說服、不合作和干預。非暴力抗議說服的方法大多是象徵性的示威，包括遊行、列隊行進、守夜等54種方法。不合作分為三個子類別：

（一）社會性的不合作有16種方法；

（二）經濟性的不合作，包括抵制等26種方法，罷工等23種方法；

（三）政治不合作等38種方法。最後非暴力干預，是用心理的、身體的、

社會的或政治的手段如禁食、非暴力佔領以及平行政府等41種方法。[81]（參見表2-2、2-3）

表2-2：非暴力抗議、說服和干預的方法

抗議及說服的方法		干預的方法	
公開聲明	1.公開演講 2.表示反對或支持的信件 3.組織和機構的宣言 4.有簽名的公開聲明 5.起訴和意向宣言 6.集體或群眾請願	心理干預	1.自我承受酷熱嚴寒 2.禁食 （a）道德壓力的禁食 （b）絕食 （c）不合作主義式絕食 3.反訴（變原告為被告） 4.非暴力騷擾

[81] Gene Sharp, *From Dictatorship to Democracy： A Conceptual Framework for Liberation*, pp. 51-59.

向廣大的公眾傳達信息	7.口號、漫畫和象徵物 8.橫幅、標語和張貼的宣傳品 9.傳單、小冊子和書籍 10.報紙和雜誌 11.唱片，電臺和電視臺 12.天書（租用飛機在天空噴出煙霧組成文字）和地書（在山坡或空地上書寫標語）	形體干預	2.強行站立（在特定的建築物前） 3.強行搭車（在特定的車座） 4.強行涉水（在特定的沙灘）強行逗留遊蕩（在特定的場所） 5.強行祈禱 6.非暴力進襲 7.非暴力空襲 8.非暴力入侵 9.非暴力挺身介入 10.非暴力阻擋 11.非暴力佔領
集體表達意願	13.推派代表團 14.模擬頒獎（嘲笑性的） 15.集體游說 16.糾察線 17.模擬選舉	社會干預	12.建立新的社交模式 13.使設備不堪負荷 14.浪費對方辦公人員的時間 15.強行發言干擾 16.游擊劇場 17.建立取代性社會機構 18.建立取代性傳播系統
象徵性的公開行為	18.展示旗幟和象徵性彩旗 19.佩戴象徵標識 20.禱告和崇拜儀式 21.發放象徵性物品 22.裸體抗議 23.破壞自己財產 24.象徵性燈光 25.展示肖像 26.用油彩抗議 27.新的標牌和名稱 28.象徵性的聲音 29.象徵性重申權利 30.粗魯的舉動 31.「跟蹤」	經濟干預	19.倒罷工（無償工作） 20.留守罷工 21.非暴力佔用土地 22.反抗封鎖禁運 23.為達成政治目的而印製偽鈔 24.壟斷性購買 25.沒收資產 26.傾銷 27.選擇性的光顧 28.設立替代性市場 29.建立替代性交通系統 30.成立替代性經濟機構

對個人施加壓力	32.奚落、嘲笑官員 33.交友 34.燭光守夜	政治干預	31.讓行政系統超越負荷 32.暴露特務身份 33.設法入獄 34.公民不服從「中性」的法律 35.堅守崗位，拒同篡權者合作 36.雙重主權和平行政府
戲劇和音樂	35.幽默小品、諷刺劇 36.戲劇和音樂表演 37.唱歌		
各種遊戲	38.行進 39.遊行 40.宗教遊行 41.朝拜 42.摩托車隊		
榮譽葬禮	43.政治性悼念 44.模擬葬禮 45.示威性葬禮 46.在墓地致敬		
公開集會	47.表示抗議或支持的集會 48.抗議性集會 49.偽裝抗議性集會 50.宣講會		
撤退和放棄	51.退場 52.靜默 53.放棄榮譽 54.轉身蔑視		

資料來源：Gene Sharp, *From Dictatorship to Democracy: A Conceptual Framework for Liberation*, pp. 51-59.

表2-3：不合作的方法

不合作的方法						
社會性不合作的方法		**經濟不合作的方法**			**政治不合作的方法**	
對個別人的排斥	1.社會性抵制 2.選擇性的社會抵制 3.萊斯崔塔式Lysistratic（tratic）的非行動[82] 4.開除教籍、逐出教會 5.禁制、停權	消費者的行動	1.消費者抵制 2.不消費被抵制商品 3.節儉政策 4.拒交租金 5.拒絕租讓房屋 6.全國性消費者抵制 7.國際性消費者抵制	拒絕政府權威	1.放棄效忠 2.拒絕提供公眾支持 3.主張抵抗的文字和言論	
與社會活動、習俗及機構不合作	6.停止社會活動和體育活動 7.抵制社會事務 8.學生罷課 9.社會性不服從 10.退出社會機構	（1）經濟性抵制 — 工人和生產者行動	8.工人抵制 9.生產者抵制	公民對政府的不合作	4.抵制立法機構 5.抵制選舉 6.抵制政府工作和職務 7.抵制政府部門機構和其他組織 8.退出政府教育機構 9.抵制政府支持組織 10.拒絕幫助執法人員 11.拆除屬於自己標牌和標識 12.拒絕接受被任命官員 13.拒絕解散現有的機構	
退出社會系統	11.待在家裡 12.個人全方位不合作 13.工人出走 14.避難所 15.集體失蹤 16.抗議性移民	中間人行動	10.供貨商和中間商的抵制	公民不服從的替代辦法	14.消極的和緩慢的服從 15.在沒有直接監督情況下拒絕工作 16.公眾不服從 17.隱蔽的不服從 18.拒絕散會 19.靜坐 20.拒絕徵兵和被驅逐出境 21.藏身、逃亡和使用假身份 22.公民不服從「不正當」的法律	

---

[82] 原指雅典劇作家阿里斯托芬（Aristophanes）在西元前411年的劇作。劇中描寫一位女性萊斯崔塔執行特別任務，以終結伯流奔尼撒戰爭（The Pelopomesian War），萊斯崔塔說服希臘女性不要與她們的丈夫或情人發生性事，以做為迫使他們去和談的策略，然而也引發了性別的戰爭。該劇是最早凸顯男性主宰社會中性關係議題的劇作。1611年佛萊契（John Fletcher）寫的一個劇本，也呼應萊斯崔塔的性罷工策略。參見 Alan Sommerstein, Arisophanes：Lysistrata, The Acharnians, The Clouds（Baltimore：Penguin, 1973），p.37。另外，美國的伊洛夸易斯印第安人女性，在1600年代，以性罷工和育嬰罷工的方式，要求男性不要與其它部族戰爭。參見 Judith Hand, Women, Power and the Biology of Peace San Diego（SD：Questpath，2003）。

退出社會系統	(1)經濟性抵制	業主和管理層行動	11.貿易商的抵制 12.拒絕出租或出售財產 13.停業 14.拒絕工業援助 15.集體罷市	政府雇員的行動	23.選擇性拒絕接受政府人員的幫助 24.阻斷政府命令和信息的流通 25.拖延和阻攔 26.一般行政管理性不合作 27.司法方面的不合作 28.執法人員故意怠工和選擇性不合作 29.兵變
		擁有財金資源者的行動	16.擠兌銀行存款 17.拒絕支付各種費用和規費 18.拒絕支付欠款或利息 19.斷絕資金和信用貸款 20.拒受收益 21.拒絕政府的錢	國內政府行動	30.準合法的迴避和拖延 31.某些政府單位的不合作
			22.國內禁運 23.貿易商黑名單 24.國際性賣主禁運	國際性的政府行動	32.更換外交和其他代表 33.推遲和取消外交活動 34.不予外交承認 35.斷絕外交關係 36.退出國際組織 37.拒絕成為國際機構的成員 38.開除出國際組織
	(2)罷工	象徵性罷工	27.抗議性罷工 28.閃電式罷工		
		農業罷工	29.農民罷工 30.農場工人罷工		
		特殊團體的罷工	31.拒絕強制性勞役 32.監獄犯人罷工 33.手工業者罷工 34.專業人員罷工		

退出社會系統	(2)罷工	一般的工業罷工	35.單一企業罷工 36.行業罷工 37.同情性罷工	
		有限罷工	38.企業內部份行業工人罷工 39.輪流罷工 40.消極怠工 41.「照規定辦事」 42.請病假 43.以辭職罷工 44.有限罷工 45.選擇性罷工	
		多行業罷工	46.多行業同步罷工 47.總罷工	
		罷工和經濟性抵制相結合	48.罷工、罷市 49.停止經濟活動	

資料來源：Gene Sharp, *From Dictatorship to Democracy: A Conceptual Framework for Liberation*, pp. 51-59.

四、非暴力革命策略的符號運用

從夏普的整理發現，非暴力革命行動必須運用符號及象徵性行動，藉由行動者表示對某些事物的支持或反對的話語與行動，並且表達深刻的個人感受或道德譴責，使行動的目的，經由引起注意及獲取支持而導致獨裁者接受改革，也經由與大眾、旁觀者或第三者的溝通而獲得對革命的支持。有時政治環境不容許像遊行之類的非

暴力抗議方式，像是中共對網路號召的「茉莉花行動」嚴密監控，在這種情況下，這種行動可以與和平反抗或其它政治不合作方法一併實施。王康陸在《非暴力的方法與實例》中也列舉出相當多方式和實例，以下整理出主要的五種方式與其實例。[83]

（一）口號、漫畫及符號

書寫、繪畫、印刷、姿勢或手勢、口號，是最常用的非暴力抗議方式之一。[84]從1941年夏天到1942年5月，伯恩團（Baum Group），是一個猶太青年反抗團體，在柏林廣泛使用這種方式，他們在夜裡帶著油漆桶和刷子四處塗寫口號和張貼海報，他們認為這種行動可以試煉革命勇氣，並加強膽識。[85]另一個例子，挪威在納粹的佔領下，反抗團體到出處塗寫（H VII），表示對被放逐的國王哈肯七世的支持。[86]此外，2012年3月的文林苑事件，抗議民眾不滿都更案台北市府強拆王家，高呼「強拆違憲」、「捍衛家園」的口號，並有人民將台北市形象海報改圖，把形象標誌上的「北」字，

---

[83] 王康陸，《非暴力的方法與實例》（台北：前衛出版社，2001年），頁9-10。
[84] 以台灣社會運動為例，在國際婦女節前夕，弱勢群眾所舉行的「反污名大遊行」。目的是要讓長久以來被貼上污名標籤的弱勢群眾，能在集體中認同自我，在行動中洗刷污名，邁向光明。在同性戀、原住民、女工和公娼代表戳破象徵社會污名（如變態、低賤、骯髒、愚昧等）的汽球，遊行隊伍繞行環河南路公娼館，以仙女棒的舉動象徵「照亮煙花柳巷」。遊行隊伍一路高喊「反污名、亮晶晶」的口號，以「娼妓反污名，性工作除罪化；女工反污名，做工有尊嚴；原住民反污名，族群要平等；同性戀反污名；愛誰我決定」為訴求，引起萬華一帶沿路居民的注目。另外如施明德於2006年8月所主導的「百萬人民反貪倒扁運動」，在匯集超過100萬人的支持後，號召群眾穿著紅色衣服於台北市凱達格蘭大道或台北車站廣場等地進行靜坐、遊行等和平示威。並發放印有倒扁符號標誌的扇子給參與群眾。參見管中祥，〈在實踐中反思多元文化〉，《中華傳播學刊》，第7期，2005年。頁31-40。
[85] John M. Cox, *Circles of Resistance：Jewish, Leftist, and Youth Dissidence in Nazi Germany*（New York：Peter Lang, 2009），p. 133.
[86] 王康陸，《非暴力的方法與實例》，頁13。

改為兩支怪手，譏諷「台北好好拆」。[87]這都是這類行動的代表，此種符號雖然簡單，但是非常有指標性，煽動性也很強烈。

（二）展示具象徵性的旗幟

展示國家、宗教、社會或政治團體的旗幟或具象徵意義的彩旗，是普通的非暴力抗議方式。因為旗幟是關鍵象徵符號之一，代表對身分的認同，每面旗幟的意義有不同的詮釋。這種方式較常出於深刻感情，也可喚起人民深厚的情感。1865年，奧匈帝國的皇帝法蘭茲・約瑟夫一世（Franz Josef I）到匈牙利的首都訪問，佩詩（Pesth）地區的居民起先很少掛的國旗，因為他們反對奧地利人的控制而尋求自治。在親奧的佩菲（Palffy）總督的命令下，整的城市旗海飄盪，約瑟夫以為居民承認其統治，龍心大悅，但仔細一看才發現，原來居民掛的是匈牙利獨立時期的綠白紅三旗。1928年，印度的民族主義者拒絕和英國國會派來的委員會合作，紛紛懸掛黑旗（黑色象徵死亡、邪惡或孤獨，其背後隱含的意義較為消極，在此作為抗議和不合作的象徵）。[88]1957年印度併吞喀什米爾，巴基斯坦人也掛黑旗抗議。[89]

---

[87]〈學生闖市府 抗議「台北好好拆」〉，《聯合新聞網》，2012年3月30日。參見http://udn.com/NEWS/NATIONAL/NATS3/6995956.shtml（檢索日期：2012年4月14日）

[88]季子弘，《對符號圖騰的101個問題》（台北：好讀出版社，2006年），頁286。

[89]巴基斯坦在第一次印巴戰爭失利後，為了改變其在喀什米爾爭端中所處的不利態勢，於1954年起和美國結盟。面對美巴同盟關係的發展，印度深恐巴基斯坦會危害印度的國家安全，便於1955年向蘇聯靠攏，藉此抗衡美國對巴國的援助。1954年12月，印度為解決喀什米爾問題，故操控喀什米爾議會通過加入印度的決議案；1956年11月，制憲會議通過邦憲法，規定喀什米爾加入印度邦聯，並於1957年1月26日正式生效。同時，印度以巴基斯坦加入國際軍事聯盟巨軍事侵略動機為由，收回公民投票的承諾，並加強對喀什米爾的控制，剛開始巴國以懸掛黑旗表示抗議，最後甚至引發第二次印巴衝突。參見葉建青，《冷

（三）配戴或穿著象徵物

在第二次世界大戰中，丹麥的學生喜歡穿戴類似英國空軍的紅藍白三色圓盤帽，作為抗議納粹佔領的象徵。1968年墨西哥奧運，有一位美國黑人徑賽選手在冠軍台上領獎時，伴隨著美國國歌樂聲，握拳高舉戴著黑手套的左手，表示對種族歧視的抗議。[90]突尼西亞茉莉花革命成功後，北非及中東陸續有國家人民帶著茉莉花，手拿寫有文字的看板走上街頭，以示對執政當局的不滿，即為此方式。

（四）塗抹油漆

1953年東德人民抗暴期間，史卓松德（Stralsund）造船廠的工人在6月17日夜裡，用濃厚的黑漆把一艘以東德總理命名的船名塗掉，迫使預定次日舉行的下水典禮被取消。1989年6月北京天安門事件中，天安門毛澤東的大幅肖像也被塗上白漆。此種作法企圖將原本的象徵性意義降低，或是以觸霉頭的方式，破壞執政者的權威性。[91]

（五）幽默諷刺劇和惡作劇

把政治幽默經由諷刺或惡作劇的社會方式表達出來，形成一種非暴力的公開政治抗議方式，此方式若能運用得當，除了使群眾會心一笑外，更可增加群眾對反抗運動的認同和支持，效果往往超過以往大聲疾呼的方式。第二次世界大戰結束初期，奧國被盟軍接管，維也納部分市區和鄉間由蘇聯軍隊佔領，居民極為反感，有些學生便在一座史達林銅像的手臂上綁了一個行李箱（暗喻希望蘇聯快點拿起行囊撤軍離開）。[92]另一部諷刺劇的例子—《寶島春夢》

戰後印巴關係之研究，1991-2004》，國立政治大學外交學系戰略與國際事務碩士論文，2004年，頁46。

[90] 王康陸，《非暴力的方法與實例》，頁23-24。

[91] 王康陸，《非暴力的方法與實例》，頁29。

[92] 王康陸，《非暴力的方法與實例》，頁35。

是香港媒體亞洲電視拍攝的一齣政治諷刺劇，諷刺2000年中華民國
總統大選前後台灣的政局，醜化卸任的李登輝和剛上任的陳水扁。
劇中「李大輝」的總統府辦公室中，收藏了一幅日本昭和天皇裕仁
的軍服畫像，李大輝不時向裕仁的軍服畫像大呼天皇萬歲（暗示李
登輝的親日傾向）。[93]而《讓子彈飛》中眾多符號隱喻也看出導演
對共黨的諷刺。如劇中鵝城代表著當前的中國，黃四郎是鵝城的主
宰，即代表了中共，鵝城人民（暗指共黨統治下的人民）在黃四郎
的操控下，生活苦不堪言。[94]

（六）集體示威遊行

　　一群人聚集遊行，就構成了示威行動。2004年烏克蘭栗子
花革命（Pomarancheva Revolution），又名為橙色革命（Orange
Revolution）。由於兩名總統候選人維克托・尤申科（Viktor
Yushchenko）和維克托・亞努科維奇（Viktor Yanukovych）之間舉行
重選。維克托・亞努科維奇由於嚴重貪污、影響選民和直接進行選
舉舞弊所導致的在烏克蘭全國所發生的一系列抗議和政治事件。尤
申科在選舉活動中使用橙色作為其代表色，因此這場運動使用橙

---

[93] 〈繼寶島春夢後 沈野計畫再拍攝港劇諷扁〉，《今日新聞網》，2008年9月2
日。參見http://www.nownews.com/2008/09/02/389-2328657.htm（檢索日期：
2011年6月22日）
[94] 影片中的故事發生在叫鵝城的地方，鵝城在這裡指的是中華人民共和國統治時
期的中國。另一方面「鵝」諧音為「俄」，也正好暗示著身為蘇俄衣缽的中共
統治著這片土地，而影片中主宰鵝城的惡霸黃四郎之所以姓黃，即代表著「黃
俄」（中共）的意思；另一隱喻是在張麻子假扮縣長進鵝城時，黃四郎派胡萬
和武舉人來搗亂，表面上二人是為了表示對張麻子的輕蔑和侮辱，在掀開轎子
的簾布前故意先抓了一下褲襠的私處，事實上導演安排這樣不雅的動作，是為
了點明胡萬和武舉人的身分，他們都是「檔中央」（黨中央）派來的，故可將
黃四郎聯想為中共的化身。參見昌中校，〈讓子彈飛引爆政治隱喻狂歡〉，
《亞洲週刊》，第25卷第2期，2001年1月，頁27。

色作為抗議的顏色。尤申科的支持者在烏克蘭全國爆發了一系列抗議、靜坐、大罷工等事件。這些抗議運動迫使烏克蘭最高法院宣布這次重選的結果無效，並規定在同年12月26日重選。尤申科在這次重選中以52%的結果獲勝，標誌着橙色革命的最終勝利。[95]類似這樣示威遊行的例子不勝枚舉。

以艾克曼（Peter Ackerman）和杜瓦（Jack Duvall）的著作中列舉許多非暴力行動的象徵性案例，認為非暴力革命對新世紀的啟示鮮明，今日獨裁者所面對的世界已大不相同。貿易、通訊，以及交通已演變成單一的全球體系，提供意見、人才、金錢，以及資源的流動。為了跟上世界的腳步，受到嚴格控制的社會不得不開放，於是嚴酷的控制結構也就因而受到壓力。在專制政權被迫開放的社會空間、在政治流亡人士互相串聯而成的全球神經系統中，以及非暴力運動顧問與實行家交織而成的新跨國社區裡，這樣明智的非暴力革命方式已有愈來愈多的擁護者。[96]

非暴力革命方式的運用改變了傳統以武力取勝的觀念，這樣的改變結果有下列三點值得探討：

1.非暴力對抗爭者本身產生了一些效果。人民因為沒有信心對抗武裝部隊，所以害怕統治者；人民愈是沒有信心，統治者愈是能有效控制人民。但非暴力理論鼓勵人民公開反抗，喚醒廣大的群眾力量。人民藉由各種不合作方式，建立起自己的信心，瞭解不需武力也能使對方讓步，並在抗爭過程中學

[95]〈鮮花、顏色如何用來起義？〉，《南方人物周刊》，第243卷，2011年2月。參見 http://magazine.sina.com/bg/southernpeopleweekly/243/20110222/1743109172.html（檢索日期：2011年4月7日）

[96]Peter Ackerman, Jack Duval著，陳信宏譯，《非暴力抗爭——一種更強大的力量》（台北：究竟出版社，2003年），頁670。

會如何行使自己的權利。

2.非暴力革命改變了領袖的角色。非暴力組織的領袖與暴力組織領袖最大的不同在於，領袖應在後方指揮調度，本身不輕言犧牲；而前者以非暴力的自我犧牲原則，無論被毆、遭捕或被殺，以身作則樹立非暴力典範，爭取民眾支持與同情，更可以引起國際媒體關注與輿論。

3.非暴力使權力重新分配，更符合民主原則。以暴力手段推翻舊政權，常因革命權力掌握於領導階層，革命過程中人民無法實際參與決策權，最後新統治者依然靠暴力來維持政權。[97]

從上個世紀至今，不乏運用「公民不服從」或「非暴力革命」的理念以反抗政府的政策或法律，甚至爭取民族獨立或推翻獨裁政權而獲致成果的實例，從甘地以非暴力的抵抗領導印度走向獨立；1955年抗議美國阿拉巴馬州的種族隔離政策，所發起的「蒙哥馬利巴士抵制」（the Montgomery Bus Boycott）；以及1960年馬丁・路德所領導的黑人民權運動、英國非暴力行動委員會（Committee for Nonviolent Action）所發起的「核能和平主義」（nuclear pacifism）等等，都讓世人正視這些問題的重要性。另外，1986年菲律賓人民推翻前總統馬可仕[98]、1989年捷克的「天鵝絨革命」，更是以「非暴力革命」的理念與方式，達成推翻獨裁政權的事例。因此，如果肯定獨裁者是可以被推翻的，那麼「非暴力革命」的行動理念，的確是

---

[97] 江蓋世，《非暴力的理論與實踐》，頁146-160。
[98] 馬可仕總統因涉嫌貪瀆、舞弊和賄選，結果在1986年2月被迫流亡美國的事件，史稱「人民力量革命」或「二月革命」；由於發起地點是在「乙莎廣場」（the Edificio de los Santos Avenue Shrine, EDSA），所以又稱為「乙莎革命」。參見翁俊桔、林金朝，〈菲律賓政治貪腐的根源：惡性循環的制度結構〉，《稻江學報》，第3卷第3期，2009年，頁88。

在進行革命與避免流血殺戮之間的一種最佳效益的選擇。

綜合上述,非暴力革命參與者的抗爭策略是以花、色彩、戲劇、海報、口號、遊行、發表演說等符號性行為與話語,一方面透過柔性方式說服政府,避免武力衝突;一方面透過符號互動凝聚群眾意識,使群眾更團結,更堅定意志;此時,若政府以槍砲來對抗用花與色彩的群眾,這樣的殘暴行徑藉由傳播科技的宣傳與擴散,獨裁和暴力的政府將會受到國際輿論的撻伐,群眾越聚越多,政府軍隊甚至倒戈加入示威隊伍的行列,獨裁者終將垮台。[99](參見圖2-3)

---

[99] 以1986年菲律賓人民革命為例,雖然馬可仕命令參謀總長以優勢的兵力平息少數軍人的「叛變」,並發動直昇機攻擊「叛軍」營區,然而百萬人民在天主教樞機主教辛海梅(Jaime Archbishop Sin)的號召下,築成重重人牆,以聖經和玫瑰花來保護「革命軍」。成千上萬的人民帶著狂歡節的心情來參加,有藝人表演、教士修女祈禱、另有更多的人堆築沙包、樹枝和車輛,以建構防禦工事。好幾群人分散各處誦唱「我的國家」,而這首歌自1980年就被當作反對運動的國歌,到處宣唱。人們也用大拇指和食指做成L型,比著戰鬥和勝利的手勢。成千上萬的男女老少手拉手、肩併肩,阻擋政府部隊前進。政府軍威脅開槍,但是人民毫不畏懼,政府軍終於被迫撤退。2月24日,群眾越聚越多,估計達200萬人。在短短四天內,政府軍隊不斷地加入示威隊伍的行列,於是馬可仕在眾叛親離下,全家於2月25日深夜由美軍護送逃亡夏威夷。持續四天展現人民力量的革命,終於非暴力地結束了馬可仕20多年的威權統治。〈菲律賓人民對國家前途失望不滿〉,《美國之音》,2006年2月25日。參見 http://www.voanews.com/chinese/news/a-21-w2006-02-25-voa12-63252067.html(檢索日期:2012年2月9日)

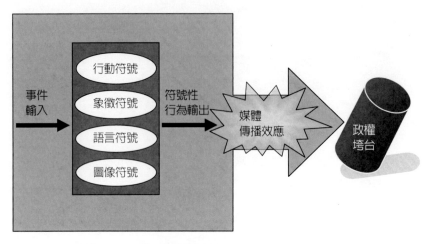

圖2-3：非暴力革命參與者之符號性行為模式

作者製圖。

第三節　小結

　　綜合上述可知，政府的缺點，人民對於稅收高漲的怨恨，行政的混亂，不平衡的經濟利益，行政措施的混亂與紛擾，知識份子的背叛，社會敵對的強化，示範性效果等各種因素的結合及強度，是造成革命的背景因素。雖然無法化為一套規律的公式，但對革命徵候的探求有很大的助益。[100]而顏色革命與花卉革命同樣是在這樣的環境背景下展開革命；不同的是，人民運用非暴力革命的方式，以意識型態與文化框架來推翻舊政。

---

[100] Crane Brinton著，張尚德譯，《革命的剖析》，頁70-71。

　　暴力戰場上，武力的強弱決定勝負；非暴力戰場上，廣大第三者的支持與同情決定最後勝負。統治者的軍警面對暴力抵抗，往往能毫不留情的加以鎮壓，但面對非暴力抵抗，常常會使軍警軟化，無法徹底執行上級的鎮壓命令，甚至臨陣倒戈，加入群眾的行列。[101]非暴力革命最大的不同在於，有著鮮明的，同時也以較為複雜的意識形態與符號話語為主導的政治目標，這些政治目標一旦實現，將會改變一個社會的權力結構、生產關係，以及人的價值觀和認同感。非暴力革命的另一個特點是它有著一些如遊行、罷工、靜坐、串聯等過去暴力革命沒有的表達方式。非暴力革命突顯了符號行為在革命過程的重要性。當符號替代文字訴求與主張的內涵時，其所產生的效應更為擴散。

　　在威權國家中，獨立於國家之外的公民社會力量薄弱，社會革命運動具很強的自發性，大量競爭性話語和符號性行為往往同時並存於一個運動中。在這種狀況下，有些符號話語能喚起廣大群眾的意識。這些符號話語之所以能打動群眾，是因為它們符合群眾腦中已具有的結構性解讀模式，而群眾對事物的解讀習慣往往也體現了一個社會的文化沉積。[102]本章所提及的框架理論對人的行為做了理性選擇假設，在這種理論下，文化就是一個工具箱，人與文化的關係就是工具箱主人和箱中工具之間的關係，革命行動就是行動者在文化工具箱中找出理想工具來實踐目的之過程。文本理論則把文化看作文本，並認為革命行動者的行為是由文化文本的內容所決定。符號互動論說明了革命過程中情緒快速渲染，導致革命擴散的原因。

---

[101] 江蓋世，《非暴力的理論與實踐》，頁138。
[102] 趙鼎新，《社會與政治運動講義》，頁228。

　　總體來說，非暴力革命是一個充滿情感的過程，在革命過程中，可以看見參與者透過大喊大叫、流淚、憤怒，甚至自焚自殺等方式來表達他們的情感並感染周圍的群眾。因此，除了以傳統的革命理論來分析獨裁國家發生革命的背景因素外，非暴力革命理論中符號對意識凝聚更值斯探究；另外一個值得探討重點，是媒體在革命運動中的意義。革命是一個公共事件，媒體對革命運動的報導及其方式都會影響公共認知、大眾支持度和革命行動的發展；尤其在新媒體技術迅速發展的情勢下，媒體的宣傳效果更擴大了符號話語的力量。

3 符號與媒體功能的影響

　　本章首先針對現代符號學的起源，即瑞士語言學家索緒爾
（Ferdinand de Saussure）與美國哲學家皮爾斯（Charles Sanders
Peirce）的論述進行研究。皮爾斯和索緒爾是當代符號學的源頭
思想家，兩人不約而同地建立符號學。索緒爾將符號分成意符
（signifier）和意指（signified），確立符號學的基本理論，影響後來
李維史陀（Levi Strauss）和羅蘭・巴特（Roland Barthe）等法國後結
構主義的學者，被譽為現代符號學之父[1]

　　符號學的定義係將事、物、現象的意思或內涵，以特定圖象或
符碼來傳達，形成具有約定俗成的意涵。換言之，就是在一種認知
體系中，符號係指一定意義的意象，可以是圖形圖像、文字組合，
也可能是聲音信號、建築造形，甚至是思想文化及時事人物。[2]由
於符號和事物之間，存在著表徵與被表徵、理解與被理解的關係。
為了瞭解這些符號的意義，必須透過符號的表象，以及對符號解讀
的過程，從而發展出更為深度的意涵。

---

[1] Saussure, Ferdinand de, *Course in General Linguistics*（New York： Open Court,
2006），pp. 1-9. 中文譯版請參照F. de Saussure著，高明凱譯，《普通語言學教
程》（北京：商務印書館，1980年），頁1-10。

[2] 陳欣儀、沈明室，〈黃埔意象的建構與發展：符號學的觀點〉，收錄於陸軍官
校校編，《陸軍官校八十六週年校慶基礎學術暨通識教育研討會論文集》（高
雄：陸軍官校，2006年），頁1-2。

　　索緒爾除了提出符號由符號具（意符）與符號義（意指）所組成的組合概念，說明符號由形式與概念的結合，同時提出符號「任意性」（arbitrary）的觀念，說明意義與造形間的互動關係。在現今邁入數位傳播發展的時代，透過網路資訊的媒介傳播，人們在極短時間內可與數千萬公里外的人們交流對談，在傳達的過程中，傳播媒介不僅需要透過文字的敘述，同時在視覺符號的表現設計上扮演著極為重要的關鍵角色。特別在需要跨越不同系統介面平台時，文字碼會因各國文字系統的差異而產生無法辨識的情形，所以利用視覺符號的圖像可以傳達訊息，達到資訊交流的目的。

　　在視覺符號的設計方面，為因應各種不同傳播媒介所創造出來的視覺符號，彼此之間必須具備相當的認知共識基礎，並以此基礎，提供做為設計的考量與依據，以減少訊息傳遞者與接收者之間的認知誤差。這些條件同時包含視覺符號的認知脈絡與意義邏輯，屬於一種非言辭傳達（nonverbal communication）的方法，故可將其稱為「視覺符號語言」。此一傳達方式藉由視覺符號的組構關係來傳遞訊息內容，希望藉由人們的視覺經驗、意象與感知來認識、理解符號背後的意義，將其意義轉換為意識，進而產生反應。透過符號語言來創造、組構符號的無限可能性，達到最佳、最完整與最適當的傳播訴求。[3]這也是非暴力革命者所憑藉的力量，運用訊息傳遞將意識凝聚產生極大化的效果。

　　不論何種類形的符號，因所指涉意義不同，或閱聽者個人認知的差異，故而產生符號的不同象徵及隱喻。視覺符號的象徵和隱喻

---

[3] 蘇文清、嚴貞、李傳房，〈符號學與認知心理學基礎理論於視覺設計之運用研究——以「標誌設計」為例〉，《人文暨社會科學期刊》，第3卷第1期，2007年，頁96。

不僅在形式上使人產生視覺聯想，更重要的是它能喚起人們思考的聯想，進而產生移情作用，甚至達到感情共鳴的效果。如交通警示的符號常用黑黃相間的條紋而成，因為每當人們看到黑黃相間的條紋時，都會不自覺的產生畏懼感和警惕性；又如近期大家聽到或看到茉莉花，就會想到革命及推翻腐敗政權，有人感覺慷慨激昂，也有人覺得恐懼害怕。這種對圖形的情感與感知來自於人們共同生活經驗與印象的延續。另外，從社會學的觀點來看，有些個人或利益團體為維護某目的而協調影評人行動，使之扮演電影解讀者角色，意味著接受解讀機制的特定目標，以達到共同目的。

隨著符號被帶入社會生活與社會行動，符號學進一步被認為是所有文化事件（即行動者基於社會規約，而相互接觸的日常生活）作為溝通的過程來研究，[4]以探究圖像符號在民主革命中所扮演的角色；最後，觀察在傳播科技日新月異的演進下，媒體對革命的催化作用；另一方面，討論符號與傳播文本結合後對革命行動的影響，尤其是網際網路的快速傳播，對革命運動的形成與發展有很大的助益。

第一節　符號學研究的發展與應用

符號學作為一種方法論，採深度聚焦式地解讀符號、人與社會文化的脈絡關係，探究意義的溝通法則。結構語言學之父索緒爾認為語言系統是「儲存在每個人腦子裡的社會產物」，是一種具有結構性的符號系統、一種集體式的社會規約。索緒爾將人類溝通的言

---

[4] 林信華，《符號與社會》（台北：唐山出版社，1999年），頁8。

語活動（langage）分為語言（langue）與言語（parole），言語活動是個人的、亦是社會的，它展現一種既定的制度，也包含演變狀態，不僅是自由的，也是變動的。在言語活動中，語言是社會性的、約定俗成的，是同質、穩定的，也是符號系統的；言語則是個人的，它的執行完全由個人來進行。索緒爾強調他所研究的符號結構主要是語言系統，而非個人言語。他認為語言應「歸入人文事實」，是「一種社會制度」，一種「表達觀念的符號系統」，是「一門研究社會生活中符號生命的科學」。[5]語言既是言語的工具，亦是言語的產物；言語也是語言的產物，又形成語言系統；然而，索緒爾進一步指出，語言的問題即是符號的問題，所有論證都從此事實獲得意義。要發現語言的本質，首先必須知道它跟其它一切同類的符號系統有甚麼共同點。[6]由此觀點可見，符號系統（語言）與符號使用（言語）之間的關係，人作為符號的使用者，因為集體使用而形成符號系統的建制，同時會影響符號系統的演變。

羅蘭・巴特的符號學理論預示著符號學發展的前景，在跨學科的研究風潮中，符號學實現了與諸學科的合作，可說是最典型的跨學科運動。舉凡文學、美學、哲學、自然科學、人文科學、社會科學等綜觀國內外符號學的各類媒體研究，無論是分析電影、電視、新聞、廣告、網路、流行文化等，普遍採取範例、個案式的研究，採立意取樣，選取相關研究主題的幾則廣告、報導、影像片段等作

---

[5] 陳明珠，〈符號學研究的反身自省：返回符號體系的思考〉，《圖書資訊學研究》，第2卷第2期，2007年，頁19。
[6] Ferdinand de Saussure, *Course in General Linguistics*, pp.17-19.中文譯版請參照F. de Saussure著，高明凱譯，《普通語言學教程》，頁27-29。

為分析的文本，將整個人類文化現象都納入符號學的分析範疇。[7]

　　從原典論述來看，我們可以見到不同符號分析方法運用在各種不同符號體系的研究。如索緒爾將語言研究帶入結構性的符號系統分析，強調語言是一套符號系統的運作；藉由符號學理論的透鏡，可以瞭解符號語言在革命中的重要性。

壹、符號學的發展

一、索緒爾的符號學觀點

（一）語言與溝通：「語言」和「話語」

　　索緒爾指出，語言是一種表示意念或觀念的符號系統，語言學家應該關心語言系統與其指涉（refer）與現實之間的關係。他主張，人類是語言的動物，我們的生活（言行、舉止）有其結構性，彼此之間可感知、區別出不同的意涵。人類作為言語的主體，彼此之間的溝通與關係的建立，需要藉助語言之力才能實現。[8]由此可知，語言結構既是一種社會結構，又是一種價值系統。語言結構是語言社會性的部分，個人絕不可能單獨創造它或改變它。如同集體性的契約，只要人們想進行語言交流，就必須完全受其支配；與語言結構相對，言語在本質上是一種個別性的選擇行為或實踐、理解，透過組合的作用，說話者可以運用語言結構的代碼來表示個人思想，如此即成為言語（可以把擴張的言語稱作話語）。[9]

---

[7] Roland Barthes著，洪顯勝譯，《符號學要義》（台北：南方叢書出版社，1994年），頁17-18。

[8] 孫秀蕙、陳儀芬，〈結構符號學與傳播文本：理論與研究實例〉，《行政院國家科學委員會專題研究計畫》（台北，2010年），頁2。

[9] Roland Barthes著，李幼蒸譯，《寫作的零度：結構主義文學理論文選》（台北：久大，1991年），頁136-137。

以人際之間的溝通過程為例，根據約定俗成，普遍性的溝通規則，當我們對別人豎起大拇指時，這代表著「稱讚」的意思；但當我們對別人伸出中指，卻帶有「侮辱對方」的意涵。雖然都是手勢動作，但展現出來的意義卻大不相同。這也符合了索緒爾所言，因為手勢所展現的符號話語則產生了區別。考量到語言功能受到社會規約、風俗及其文化變遷的影響，索緒爾認為語言係由「語言」和「話語」（discourse）所組成。「語言」指的是約定俗成的語言系統（含語言單位與規則），「文法」即為一例。「話語」則指語言在日常生活中，可能因為環境或族群差異而有別的實際使用。索緒爾指出，一種語言的「新形式」若反覆多次，且為社會集體所接受，則成為語言事實，進入我們所觀察、分析的範圍，這就是「話語」。

一般我們知道「A隊大勝B隊，A隊又大敗C隊」，代表A隊是最後的冠軍，「大勝」和「大敗」都是「贏」的意思；但若依照英文文法來解釋，「win」與「lose」兩者之間的字義是完全相反的，並無此文法用語。類似這種因環境或族群的不同而產生語言使用的變化，通常都不會忠於原來的語法規則，即為「話語」的概念。現今傳播科技日新月異，語言使用的情境千變萬化，手機通訊與網際網路的發達，催生了不少語言使用的變化。有時候，話語轉變的過程更為複雜。

以網路常見用語「Orz」為例，若單從它的發音與原來的指涉來看（三個英文字母的組合），並不具備任何意義。但一旦進入網路使用者的世界，對使用者（閱聽人）而言，這三個字母的組合卻是圖像符號，是「向前跪拜」的動作，被網友大量使用在表達「佩服」、「被打敗」的符號文字。原本流傳於網路的「Orz」符號，由

於不斷重複出現於網路討論區或閒聊，且為參與討論或交流的成員所接受，遂逐漸擴大到社會集體，甚至有電影「囧男孩」問世，其英語片名翻譯為「Orz Boys」。[10]「囧」在網路已成為代表人臉的圖像符號，通常連用「囧rz」。[11]

　　類似這樣的例子不勝枚舉，也不斷地告訴我們，符號學的研究必須要回歸到話語被使用的溝通情境，透過上下文的解讀，並考量其對話情境，例如溝通者的意圖等，才能瞭解、還原它代表的真正意涵。在社會環境快速變動的今天，無論是手機通訊、網際網路或是人際之間的閒聊互動等，我們都可觀察到相當多的語言被使用時，所產生的實際變化案例。事實上，符號脫離不了與人的關係，個人就是使用符號的主體，同時符號的使用必然是一種社會行為，與社會文化的關係緊密相扣。這些語言的實際變化，實際上是受到特定的社會與文化情境影響，如何研究符號使用受到社會文化變動

---

[10] 孫秀蕙、陳儀芬，〈結構符號學與傳播文本：理論與研究實例〉，《行政院國家科學委員會專題研究計畫》，頁2-3。

[11] 囧原本解釋為光明、明亮。玉篇・囧部：「囧，大明也。」文選・江淹・雜體詩三十首之十八：「囧囧秋月明，憑軒緈覺老。」李善・注引蒼頡篇：「囧，大明也。」在網路語言中，「囧」字的意思產生了新變化。「囧」在網路流行是因為「囧」字本身看起來像一張人臉，裡面的「八」被視為眉毛和眼睛，「口」被視為嘴巴，因此「囧」字便被網友們賦予了與臉部表情有關的新意涵——「尷尬」、「無奈」、「真受不了」、「被打敗了」等意思。「Orz」看上去像字母組合；實際上是一個象形符號，是一種源自於日本的網路象形文字或心情圖示，在2004年的日本和中國的香港、台灣地區已經成為一種新興的次文化，意思是「失意時體前屈」的動作，被網友們用來表達失意或沮喪的心情，因此這種文化又稱為網路流行的表情符號（俗稱的火星文文化）。後來，一些網民受到「Orz」的啟發，用「囧」替換掉了「O」，寫作「囧rz」，使得「失意體前屈」的臉部表情形象更明顯。參見王燕，〈小釋「囧」字〉，《嘉興學院學報》（浙江），第21卷第4期，2009年，頁124。

的影響，正為符號學研究的重要目標。[12]

（二）符號的構成：「意符」、「意指」與「表意」

索緒爾也提出，符號（sign）本身係由「意符」（signifier）與「意指」（signified）兩個部份構成。「意符」（符號具、符徵或能指）指符號的形象、物體呈現出的符號形式，可由感官覺知；「意指」（符號義、符旨或所指）則是指符號的思想概念意義、物體潛藏在符號背後的心理意義。[13]（參見圖3-1）他以語言符號為例，指出語言符號聯繫的不是事物和名稱，而是心理概念和音響形象。換言之，當說話的人發出某一詞的聲音，例如「ㄨㄤˋ」時，這就是代表音響形象的「意符」，而浮現聽眾腦海中的概念「狗」，即為「意指」。但事實上，人類溝通表達的形式有許多種，發音只是其中之一，意符可被定義為「任何足以用來溝通的文字，發音或符號形象。」一般而言，「意符」指的是具體形象，如聲音、文字或圖像等，「意指」則是抽象的心理概念。代表形象的「意符」與代表概念的「意指」相加即為「符號」，而這兩者若放在社會情境中聯結起來，語意因此而成立，就稱之為「表意」（signification），人類的溝通行為得以進行、延續。[14]

---

[12] Saussure, Ferdinand de, *Course in General Linguistics*, pp.16-17. 中文譯版請參照F. de Saussure著，高明凱譯，《普通語言學教程》，頁23-26。

[13] Roland Barthes著，洪顯勝譯，《符號學要義》，頁60。

[14] 孫秀蕙、陳儀芬，〈結構符號學與傳播文本：理論與研究實例〉，《行政院國家科學委員會專題研究計畫》，頁3。

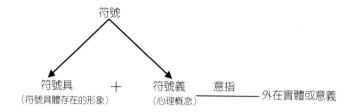

圖3-1：索緒爾的「意義的元素」

資料來源：Chalmers Johnson原著，張錦華譯，《傳播符號學理論》（台北：遠流，1995年），頁66。

　　另外，索緒爾認為意符與意指的聯結是任意的，這和語言作為社會的一種制度有關。簡單的說，任何表達方式之所以能夠被社會成員接受，所依賴的原則在於集體習慣，即約定俗成的過程。[15] 這樣的說法道出意符與意指之間實為斷裂，其聯結乃是人為建構所致。進一步地來說，兩個符號之間的意義有可能建構的，比如說：「巧克力和玫瑰」是「愛情」的表現；電影中的「死神」常穿著黑袍，以顯示黑暗及深沉，而「天使」或「天神」則穿白袍等，以顯示潔白無瑕。

　　然而，吾人所要探究的，並非在論證意符與意指，而是探討這樣的連結究竟存在著什麼樣的文化及社會脈絡的影響？事實上，在我們日常生活中，很多符號所代表的意義固然可用「社會規約」以蔽之，但社會規約有的是憑藉廣告宣傳力量。例如：廠商打「中秋節闔家團圓吃月餅」的廣告，將中秋節慶與月餅，甚至一定要烤肉作對等連結。另外，有的來自政治意識型態的操弄；如美國二戰期

---

[15] 陳雅惠，〈滑溜的「任意性」，你／妳抓到了嗎？Saussure語言學理論中任意性的破與立〉，《中華傳播學刊》，第6期，2004年，頁58-59。

間運用相關圖像及符號，醜化敵人，激發人民同仇敵愾的意識。[16]
（參見圖3-2）像茉莉花革命這類的「花卉革命」與「顏色革命」其
中的革命過程，是否運用符號意義指涉，實具備重要的研究價值。

圖3-2：美國二戰期間文宣海報

資料來源：沈明室、蔡綺，〈敵乎友乎？敵人的建構與重塑：以美國二次大戰戰爭海報為例〉，《政戰學院第1屆軍事社會學研討會論文集》，頁73-78。

（三）系譜軸（paradigm）與毗鄰軸（syntagm）的分析

一般而言，表義二軸係指系譜軸與毗鄰軸而言，它分析語言
表達時的毗鄰關係與聯想關係。索緒爾的二軸說可用於任何記號系
統，故稱之為表義二軸說。[17]由於符號意義不是個別存在的，它需
要從上下文脈組合的概念來形成意義的確定，並從中取得它的價
值。因此，除了符號基本單位由意符、意指連結而成之外，符號的
組合分析成為符號學方法另一個重要的操作面向。[18]

---

[16] 沈明室、蔡綺，〈敵乎友乎？敵人的建構與重塑：以美國二次大戰戰爭海報為例〉，《政戰學院第1屆軍事社會學研討會論文集》（台北：政戰學院，2009年），頁65。

[17] 何智文，〈索緒爾與皮爾斯符號學理論研究與運用〉，《復興崗學報》，第80期，2004年，頁302。

[18] 陳明珠，〈符號學研究的反身自省：返回符號體系的思考〉，《圖書資訊學研究》，頁23。

在索緒爾的語言學研究稱為句段的關係，如同語言中的文法結構，一個接著一個排列在言語的鏈條上。在圖像的毗鄰軸分析中亦可分為顏色、光影、實物、人物、背景等組合，透過這些元素的組合關係，形成圖像的意涵。而系譜軸又稱為縱聚合的分析，是一種聯想的關係，具有選擇的機制。系譜軸是指被選用的符號所發出的一組符號，在語言學的理論當中系譜軸是一種「選擇」的作用，也就是在此系譜中的各個符號，彼此間會有類似的特質存在。它是一種「隱喻（metaphor）」、「象徵（symbolic）」的作用，隱喻基本上屬於想像的，也就是透過聯想來尋求兩個明顯相異層面的類同處。毗鄰軸則是指從系譜軸中被選出的元素與其他元素的組合關係，在各單元中用以組合的規則或慣例，是毗鄰軸組合的考量依據，因為被選出來的符號可能受其它符號的影響，有一部份的意義要由同一毗鄰軸裡的其它符號來做決定。[19]（參見圖3-3）

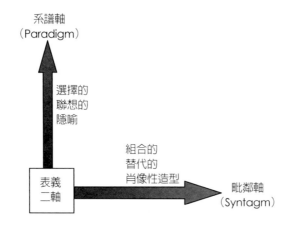

圖3-3：索緒爾符號表義二軸關係

[19] 蘇文清、嚴貞、李傳房，〈符號學與認知心理學基礎理論於視覺設計之運用研究—以「標誌設計」為例〉，2007年，頁98。

　　索緒爾認為透過符號組成的方式，可以對某件事物進行符號具與符號義的區分、整合與解釋、應用，把隱含於符號背後的意義與構成的元素分析加以建構，使得符號的外在表徵與內在意涵，經由符號之間的結構關係而產生意義的多元性。約翰‧費斯克（John Fiske）總結出，要瞭解符號，就要先瞭解符號間的結構關係，這種結構關係有兩種，一是負責選取的系譜軸，一是負責組合的毗鄰軸。[20]就符號在兩軸的運用上，可將其作垂直、水平兩條軸線來呈現，垂直（系譜）軸由一組彼此有類似特質的符號所組成，著重於視覺主題的分析與歸納；水平（毗鄰）軸是橫向的符號鏈，著重在造形的賦予與擴展，彼此間組合構成有意義的符號表現。[21]

二、皮爾斯的符號學觀點

　　皮爾斯符號學理論中，提出符號三位一體（triaque）概念，分別為符號表象（representamen）、客體（object）與解釋義（interpretant）。此三位一體係處於三組雙邊關係的結合體，缺少任何一組，符號即無法形成意義。（參見圖3-4）。但對皮爾斯而言，符號學理論重點是解釋義在形成符號意義時的角色與運用。[22]皮爾斯觀察「符號」與其「客體」之間的邏輯關係，指出可依照抽象層次的高低來分類符號。抽象層次最低的是肖像性符號（iconic sign），其次是指標性符號（indexical sign），最抽象的則是象徵性符號（symbolic sign），其內容說明如下：

---

[20] John Fiske著，張錦華等譯，《傳播符號學理論》（台北：遠流出版社，1999年），頁81-83。

[21] 蘇文清、嚴貞、李傳房，〈符號學與認知心理學基礎理論於視覺設計之運用研究──以「標誌設計」為例〉，頁98。

[22] Charles Sanders Peirce, *The Collected Papers of Charles Sanders Peirce*（MA.：The Murry Printing Company, 1931）, pp. 338-339.

（一）圖像性符號

指「由其動態客體本身所蘊含的特質所決定之符號」，藉由相似性或類似性

來代表客體，符號和釋義間的關係取決於外表的相似性，例如圖像、雕像與擬聲字等。就像網路上的google 地圖可代表實際的地理位置，或男女廁以男女生的圖像作為區別的符號，都屬於此類。

（二）指示性符號

詮釋為「由其動態客體的實質存在和符號的關鍵所決定者」，指示性符號中的符號產生和釋義的結果具有直接的因果性、實質存在性的連帶關係。例如腳印在沙灘上，或筆刷在畫面上留下的痕跡，濃煙密佈成為火災的符號，都是指示性符號。

（三）象徵性符號

表示由符號和釋義間，完全出於約定俗成的組合者，只要一群人有了共識，將某個符號、聲音、或物件用來代表其他的東西，就產生象徵性的符號。例如語言符號就是象徵性符號，他們所代表的客體，完全出於人們對語言的約定俗成。[23]

身為美國符號研究的開創者，哲學家皮爾斯認為語言構成人類之整體，因此人類的思想、言行，莫不受到語言的影響與支配。他將符號概念運用於分析人類「思想」或「思考」的過程。「思想」即為一種符號行為，符號為心智所運用，藉以理解事情，而文字或語言就是關於想法（ideas）的符號；所謂思想，就是符號生產與符號解釋的過程。在早期論述中，皮爾斯將思想與符號結合，提出

---

[23] 張耀羿、熊碧梧，〈視覺傳達設計圖像符號應用之研究——以美軍心戰傳單為例〉，《第九屆國軍軍事社會科學學術研討會論文集》（台北：政戰學校，2006年），頁576-578。

關於「思想—符號」（thought-sign）的論述原則。他所提出的「再現」（representation）概念，就是三位一體的符號論述架構。所謂解釋義，也不是單一的，可以有很多種，端看使用者如何透過經驗，及其所處的參考架構來解釋符號。皮爾斯認為，常規、習俗甚至人或動物的自然本能，都會導致意義的差異。當一個行動主體要解釋符號意義時，所扮演角色不同，行動目的不同，意義自然有所不同。[24]例如民間習俗認為墳場出現的微光是鬼火，但對科學家而言，卻是剛下葬的遺體釋放的磷，造成燃燒的自然現象。簡言之，「符號—客體—解釋義」的三角圖，可以描述人類思想與行為的符號關係。

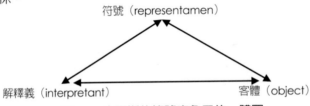

圖3-4：皮爾斯的符號表象三位一體圖

資料來源：John Fiske原著，張錦華等譯，《傳播符號學理論》，頁63。

三、羅蘭‧巴特的符號學觀點

　　法國結構主義學者羅蘭‧巴特的結構主義及符號學皆導源於索緒爾的結構語言學。不過，僅用結構主義與符號學來描述巴特對符號學的影響是不足的。他本身一直保持著文化社會透視的關注，他也運用歷史辯證、心理分析激盪出他複雜的透視觀點與創見。巴特的符號學觀點從1960年代開始席捲西方各國學術界，而成為批判和重建當代西方的社會和文化研究領域之重要方法論，學界因而將

---

[24]孫秀蕙、陳儀芬，〈結構符號學與傳播文本：理論與研究實例〉，《行政院國家科學委員會專題研究計畫》，頁7-8。

之稱為「符號學轉折」，其與當時的「詮釋學轉折」與「語言學轉折」，構成了西方人文社會科學在整個二十世紀後期的革命性變革。[25]

巴特結合索緒爾及皮爾斯的觀點，將符號學的研究範圍擴大，以語言以外的各種符號系統作為符號學的正規範疇；如圖象、姿勢、樂音、習俗禮儀等，這些系統在巴特看來，都是表意系統。巴特更創造意義分析的系統模式，經由這個模式，「意義」溝通和互動的觀念得以分析。巴特理論的核心就是「符號」含有兩個層次的意義。[26]

索緒爾分析的是符號的第一個層次的意義，它描述符號中的符號具、符號義之間，以及符號和它所指涉的外在事物之間的關係。巴特將此層次稱為明示義（denotation），即符號本身所外延的意義；第二層次是屬於內涵的意義，表達第二層意義的方式有三種，即隱含義（connotation）、迷思（myths）與象徵（symbolic），第二層意義即隱含於其表徵下的意義；也是符號在其所依託的社會文化背景之中引申的意義。巴特所指的神話並非傳統意義上的神話，是指一個社會所建構出來，並用以維持和證實自身存在的各種意象和信仰的複雜系統。這樣的複雜系統有的是在約定俗成的情況下自然形成的，有的則是基於宣傳需求而刻意導引建構的。[27]（參見圖3-5）例如在階層化的社會中軍警所穿著的制服上，所標示的官階符號，強調的是階層的差距，隱含對下級所具有的領導權。軍警層

---

[25] 高宣揚，《當代社會理論》（台北：五南圖書出版公司，1998年），頁801。

[26] 汪子錫，〈警察形象：大眾傳播的符號學研究方法〉，《通識教育教學及研究方法學術研討會論文集》（桃園：中央警察大學，2004年），頁79。

[27] 陳欣儀、沈明室，〈黃埔意象的建構與發展：符號學的觀點〉，《陸軍官校八十六週年校慶基礎學術暨通識教育研討會論文集》，頁4。

級的符號、設計即隱含了層級的高低。他們經常以黃金、彩帶或桂
冠、花環來代表，愈多者階層愈高。[28]

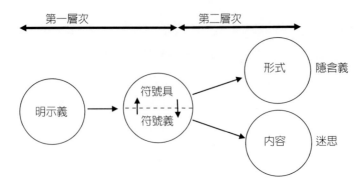

圖3-5：巴特符號意義的兩個層次

資料來源：John Fiske原著，張錦華等譯，《傳播符號學理論》，頁119。

貳、結構解構與再建構

索緒爾發展出一套語言結構的二元論主義，巴特則以索緒爾的
理論為基礎，進一步開拓符號理論，將符號建構過程看成是本體的
觀點；[29]德希達（Jacques Derrida）更是直接對結構主義進行嚴厲批
判，他改寫了過去符號學以「存在」（presence）與二元結構為基礎
的思考模式，並利用解構主義的思考方式，讓觀者閱讀文本，能透
過文本中的符號意義建構認知意義，連結現存的空間，讓觀者與當
下的時間、空間產生互動。符號學的發展歷經不同階段的蛻變，使
研究者在文本分析與詮釋上能更全面、更多元。

---

[28]John Fiske著，張錦華等譯，《傳播符號學理論》，頁117。
[29]黃鉦堤，〈巴特的符號學與政策方案的解讀〉，《政治科學叢論》，第35期，
2008年，頁185。

一、解構主義的批判思考

　　傳統語言結構理論有一個基本假定，語言的功能主要是被使用為傳播工具。傳播者唯有依照符號的相關規律，才能讓人產生認同，並且能夠釋義。[30]索緒爾所帶領的結構主義盛行於20世紀中期，60年代後許多早期結構主義論者重新思索符號與意指的關係。法國文學家羅蘭・巴特在《明室：攝影札記》（*Camera Lucida: Reflections on Photography*）一書中提出了「知面」（studium）與「刺點」（punctum）的概念。巴特以拉丁文studium來代表人類藉由知識與教養，對於社會活動產生的一般性認知與興趣。這種「知面」雖有助於我們對於事物的投入，但僅止於喜歡的層次。他認為真正能引起觀眾共鳴與熱愛的因素，是當作品中某些特點讓他個人深受感動，而觀眾心中受到感動的「刺點」，往往建構在自身生活背景與經驗之上。[31]

　　「知面」與「刺點」的理論可以呼應巴特稍早提出「作者之死」（Death of the Author）的概念，在《影像、音樂、文本》（*Image-Music-Text*）一書中，巴特認為當作者完成寫作將作品呈獻給讀者的瞬間，一切解讀作品的權力都不再屬於作者自己。「從作品到文本」（Fron Work To Text）一文，以文本取代作品，除了宣布作者已死，同時認為從文本的起源、作者的聲音或文本的脈絡，來尋求文本意義和解釋恐會毫無結果。[32]具體的說，同樣的文本可以有多種解讀。巴特的主張象徵著後結構主義的來臨。

---

[30] S.W. Littlejohn著，程之行譯，《傳播理論》（台北：遠流出版社，1996年），頁62。

[31] Roland Barthes, *Camera Lucida： Reflections on Photography* （NY： Hill and Wang, 1981）, pp. 33-39.

[32] Roland Barthes, *Image-Music-Text* （London：Fontana Press,1977）, pp.155-164.

在後結構主義逐漸形成風潮的同時，德希達（Jacques Derrida）是直接對結構主義進行嚴厲批判的學者。長期以來西方哲學是建立在一種「非此／即彼」（either／or）嚴格區分的二元對立模式（binary opposition）之上，德希達質疑並企圖解構西方邏輯思維與語言系統所賴以建立的二元對立；他也批判索緒爾提出的語言之「共時性」與「歷時性」，[33]認為符號有無限的指向，具各種的可能。德希達被視為當代解構主義[34]的大師，他的理論顛覆了結構主義所依存的西方傳統哲學。他認為哲學觀念的建立有賴文字，而文本的意義決定於文章脈絡（context）。另言之，文字的意義又必須靠別的文字來闡釋，而詞的意義，在時間的流動中，與其他詞交迭、貫穿，因而大大推延了其意義，這將形成一種永無止息的循環；因此，符號的意指是浮動的。[35]

綜合上述，德希達利用解構主義的思考方式，讓觀者閱讀文本，能夠從文本中跨越過去、現在、未來，去創造存在知覺的意義，連結存現的空間，除了讓觀者與當下的時間、空間產生對話外，並可進行知識的重構。從宏觀的角度來體察，正是一種體系的拆解和意義的繁衍，說明了歷史上傑出詩人和劇作家的作品，因為能夠被不斷的詮釋和註解，賦予當代新意，成為長久以來不斷被研

---

[33] 黃華新、陳宗明，《符號學導論》（鄭州：河南人民出版社，2004年），頁2-3。

[34] 解構主義除了德希達（Derrida）之外，當代的許多思想家，如：羅蘭‧巴特（Roland Barthes）、保羅‧德曼（Paul de Man）、米勒（J.H. Miller）、雷迪歐（J. N. Riddel）等人，也皆熱衷於解構思潮。有的學者將巴特列為後結構主義思想，有學者則認為後結構的出現就是解構主義的開端，所以把巴特列為解構主義學派。參見Vincent B. Leitch, Deconstruction Criticism (London： Routledge, 1983)。

[35] 楊大春，《德希達》（台北：生智出版，1995年），頁12-14。

究的對象。[36]廖敦如歸納國內外學者對解構主義的評論，列出下列
四點：

（一）一種解構閱讀的方式

　　解構主義是一種閱讀方法，一種解讀「文本」的理論，是一
種遊戲性的閱讀方式，它與傳統閱讀方式不同，是一種「增殖」、
「增添」過程，也是文本自身解構而造成意義繁衍的過程。

（二）跳脫二元對立思考

　　解構，即反結構、消解結構中心，其特點為反中心性、反二元
對立與反權威性。德希達質疑西方思想中二元思維的模式，強調文
字在思想表達過程中具有不確定性，他認為透過解構性的閱讀不僅
可以拆解二元論的對立關係，還可以重構新的意涵。

（三）破除菁英主義的迷思

　　解構主義並不主張任何學科領域的優越性和超越性，任何學
術、思維都沒有高低之分，打破精英主義的迷失。

（四）強調意義的繁衍性

　　解構主義者強調在文本的閱讀過程中，認為任何概念具有「分
延性」，「分延」表明差異沿著「區分」與「延擱」雙向運動；
「區分」是一種空間的距離，「延擱」則表示時間的延誤。這充份
顯現「時間空間化」與「空間時間化」的概念，表明「意義」的不
可決定性，因為字詞的「意義」，會隨著時間和空間的置換，而有

---

[36] 莎士比亞的作品在20世紀常被新學術運動改編並發掘新的價值。莎翁的作品直
　至今日仍廣受歡迎，在全球以不同文化和政治形式演出和詮釋。例如「羅密歐
　與茱麗葉」、「威尼斯商人」、「馴悍記」。參見段馨君，〈e世代戲劇研究：
　以莎學與電視劇《犀利人妻》為例〉，《清大e世代重要議題研討會：人文社會
　的觀點》（新竹），2011年。頁1-4。

不同「意義」的衍生。[37]

　　解構主義思潮一方面破除了語言邏各斯中心，[38]否認語言規律的決定論作用，一方面也帶來了對語言差異性、離散性、模糊性的強調；然而，解構並不是目的，但卻是一種必要的過程。解構主義利用這樣的思想去破除舊的理性觀念，推翻現有單元化的秩序，包括既有的社會秩序、個人的意識、思維習慣，以及內心較抽象的無意識等等。由此觀之，解構主義無疑開啟思想觀念的革命。[39]

二、解構再建構

　　透過上述解構主義核心概念的分析，可以發現解構是一種流動性的思考，不斷突破思想的設限，避免封閉性的結論，以開放其他創造性的思考。透過不斷地重新建構，重新詮釋文本的意義，並經由一連串的思考辯證，更深入探究未知的「意識形態」。解構主義下的本文，對閱讀者而言，不能被某一種形式所侷限，它需要不斷重新思考、詮釋和評價。因而解構主義的閱讀方式，打破了約定成

---

[37] 廖敦如，〈解構、思考、批判、再建構---從解構主義探討全球化下視覺文化的藝術教學〉，《第一屆台東大學人文與藝術學術研討會論文集》（台東：台東大學，2009年），頁5-6。

[38] 「邏各斯」（logos）源於希臘文，其本意為「採集」之意，而後延伸為「言說」，它的詞源是 Legein（說），有談論，說明，思想，理性，公理等等意思。而在古希臘自然哲學家，也是辯證法家，赫拉克里特（Heracleitus）的著作中已經有邏各斯的概念出現，他認為我們所處的宇宙中，萬事萬物都存在永恆的邏各斯，宇宙萬化儘管多元，仍舊逃不離邏各斯的秩序中。他認為，人們只有依賴「思想」和「理智」去認識理性的智慧，而是不可能用感性，感官的層面去認知的。所以邏各斯中心主義是一種將真理維繫在不可知的終點上，是理想界的是真理之源。而整個西方形上學就是依賴「邏各斯中心主義」，把「邏各斯」視為最本質的、最在場的、最現前的、最純粹的、最標準的、最能實現出自我的一個原始開端。參見楊依蓉，〈德希達之解構哲學及其教育意涵〉，國立東華大學教育研究所碩士論文，2006年，頁87。

[39] 廖敦如，〈解構、思考、批判、再建構——從解構主義探討全球化下視覺文化的藝術教學〉，《第一屆台東大學人文與藝術學術研討會論文集》，頁7。

俗的結構和文本的符碼，面對圖像時，解構方法必須揭示多層面的意義，分析其視覺的、文化的以及語言的意義。透過觀者對文本的互動，而導致跨文本和互為文本的效益；文本在此概念下，不但可以重新被敘述，亦可藉由觀者的閱讀，而活化文本的意義。[40]由此可知，解構過程的同時，就在建構新義。

20世紀後期傳播資訊科技的革命，造成全球時間與空間的迅速壓縮和政治經濟體系的高度互賴。在全球化過程中，不論經濟、政治、社會甚至文化、藝術、商品等等，都重視世界各地在文化上朝著「同質化」及「普及化」的發展，形成一種全球文化；在全球文化充斥大量視覺文化的時代，每天的生活就是視覺文化；而全球文化如同一個菜單，藉由諸多的視覺文化而被調製。[41]

視覺文化時代的到來，使人類的傳統閱讀行為發生了根本性的轉變，五光十色的視覺影像，交織了生活中的一切，視覺的功能和價值，也發生了重大嬗變。因為在全球化視覺文化影像的快速傳播下，人類閱讀的方式、閱讀的心理，更無法用傳統的閱讀方式來解讀；解構主義顛覆了傳統的詮釋概念，讓觀者進行自我的分解與再組合，透過新的表達方式，建構出一場視覺與思想革命。[42]

例如，《讓子彈飛》電影在中國大陸上映後短短11天內，票房衝破4億人民幣大關。不但票房大賣引爆一股政治索隱、解讀現實與歷史的浪潮，輿論認為他的魔幻現實主義在搞笑娛樂之外，還

---

[40] 廖敦如，〈解構、思考、批判、再建構——從解構主義探討全球化下視覺文化的藝術教學〉，頁7。
[41] 劉俊裕，〈文化全球化：一種在地化的整合式思維與實踐〉，《國際文化研究》，第3卷第1期，2007年，頁5-6。
[42] 廖敦如，〈從全球化的視覺文化觀點——探討「流行文化」為議題之藝術教學〉，《藝術教育研究》，第7期，2004年，頁57。

帶有明顯的革命英雄主義色彩和強烈的政治隱喻，雖然觀者對電影的解讀各有千秋，但無論如何解讀，都可以肯定電影對中共當前貪腐現況有強烈的諷刺。雖然《讓子彈飛》的公關負責人希望社會大眾不要過度解讀，導演姜文更宣稱不急於表達思想，這些看似過度解讀，甚至令人匪夷所思的現象，正是反映出中國社會暗潮洶湧，人心思變，正好藉《讓子彈飛》的杯酒，來澆胸中之塊壘。[43]姜文將中國大陸目前的政治問題，透過符號暗示來呈現，並藉由電影媒介、網際網路等新興視覺文化的興起，解構中共長久以來的政治倫理結構，賦予革命程序正義與價值體系的重構與制度建設。

　　誠如上述，隨著符號學學理的確立與開展，學者們已注意到，分析文本若有不同，分析工具也應隨之調整。現代資訊內容表現形式推陳出新，以台灣的電視政論節目為例，無論是下標題的方式、參與來賓的發言，乃至於攝影角度、距離、圖像與文字的搭配，都可視為一連串由具體到抽象的符號表意過程組合。若單純運用索緒爾的符號學理論來觀察，意符與意指互相結合，語意因此而成立；但事實上，此一聯結並非自然而成，而是因為電視台、製作單位和參與人的政治立場或意識型態，可能會支配意義的指向，造成意符與意指的差距甚至斷裂，這樣的意符／意指之武斷關係，又指向了皮爾斯的「解釋義」及「解釋規則」，唯有不斷抽絲剝繭，釐清媒體所處的社會及文化脈絡，細心觀察溝通情境中的約定使用規則，才能解釋傳播文本的真正意涵。[44]

---

[43] 凮中校，〈讓子彈飛引爆政治隱喻狂歡〉，《亞洲週刊》，第25卷第2期，2001年1月，頁25-29。

[44] 孫秀蕙、陳儀芬，〈結構符號學與傳播文本：理論與研究實例〉，《行政院國家科學委員會專題研究計畫》，頁9。

符號學經歷結構、解構到建構的過程，開啟了多元的論述，成為一種開放性的文本閱讀，應用於視覺影像，會讓意義交錯、滲透、滋長，讓詮釋的空間呈現多重的面向，視覺的焦點已非傳統視覺畫面的形式或質感呈現，更重要的是觀者、時間、空間、他者彼此的互動。

參、符號學理論在傳播研究的運用

將符號分類與成長帶入社會生活與社會活動可以發現，符號學進一步地被當作是將所有文化事件溝通的過程來研究。符號學隨之進入人類生活的觀察，生活藝術、科學、音樂與大眾傳播等領域。作為語言與社會的連結，符號學感興趣的，乃是作為社會力量的符號。它結合了實用主義、解構主義以及資訊理論，對於現代社會中的系統化特性，嘗試給予語言符號本身一個邏輯化、系統化，以及動態化說明。不論語言符號在社會實踐中的實用性選擇，或語言符碼的系統性區分中，語言符號都有其結構性成長。[45]

符號學和大眾傳播學二者的聯結別具意義，也是時勢所趨。一個意義不明的傳播會使人困惑；同樣的，沒有符號，傳播就不會存在。義大利符號學者艾科（Umberto Eco）在其著作《一個符號學理論》（*A Theory of Semiotics*）中提出一個基本的傳播模式。他認為傳播過程可以定義為信號（signal）傳輸的過程。其通路運作從來源經過傳送器（transmitter），沿著媒介途徑，到達目的。假如這是一個從機器到機器的傳播過程，則信號並沒有示意（to signify）的力量，機器只是不斷的傳送信號訊息而已。然而，當接受訊息的一方不是

---

[45] 林信華，《符號與社會》（台北：唐山出版社，1999年），頁8-17。

機器而是有思想的人，就會產生一個「表意」的過程。這意味著信號的功能不僅僅是傳遞過去而已，更重要的是接收人（destination或addressee）被刺激後的解釋反應。艾科強調唯有符碼（code）[46]的存在，表意過程才有可能存在。[47]

從艾科的傳播模式可以得知，訊息來源實際上可能是說話者心中的想法、衝動，或者是一個實際事件或事件狀況。傳送器則是指任何具有能力傳送信號者，如聲音、電燈、電腦、打字機等；信號則如音素、圖畫式符號、電擊等；傳送器透過諸如電波、光波、聲波等物理管道（physical channel）傳送信號。在整個傳播過程中，語碼為訊息發送者和接收者的共同認知，表意過程才能發生。簡言之，就人類傳播行為而言，其實就是表達意義的行為。意義和傳播的關係密不可分，而符號學正是研究媒介表意過程及其基本的原則。[48]

符號學研究可以用於傳播的任何事物，諸如文字、影像、交通號誌等，許多媒介內容看似屬於相仿的類型；但符號學卻假定一個全新的文化知識。大眾媒介並不完全靠自己的力量建構出一種文化，媒介內容只是整個文化系統中的一小部份而已；換言之，媒介必然屬於這個文化系統。除了訊息從其元素中提供意義之外，沒有任何人，也沒有任何事物可以決定其意義。[49]符號學所要研究的

---

[46] 符碼是一個文化或次文化成員所共享的意義系統，它由符號和慣例規則共同組成，決定符號在何種情境下，如何組合及使用，進而形成更複雜的訊息。參見John Fiske著，張錦華等譯，《傳播符號學理論》，頁36。

[47] Umberto Eco, *A Theory of Semiotics* (Bloomington： Indiiana University Press, 1976), p. 8.

[48] Umberto Eco, *A Theory of Semiotics*, p. 33.

[49] O. Burgelin, "Structural Analysis and Mass Communication" In D. McQuail（ed.）*Sociology of Mass Communication*, （Harmondsworth： Penguin, 1972）, pp. 312-

是如何利用符號來溝通的方法，以及那些主導符號使用的規則。另外，以符號學為工具，進行文化上的研究，嘗試能夠突破傳統研究。透過發展出一套專門的語彙來描述符號及其功能，符號學達成了媒體在不同層面中建構意義的企圖，使研究者能更加精確地描述文化傳播的運作，且擴大對於文化成規的認知。[50]

　　傳播為符號的應用，藉此而表達意義，此乃結構主義的核心。[51]在現代傳播社會中，傳播媒介有許多不同的形式，例如：電視、電影、網路媒體等，不同的表現手法，如演講、政治評論、廣告會影響我們接收及解讀的效果。在資訊爆炸的時代，媒介彼此互相競爭，不僅扮演傳播訊息的角色，更帶有強烈說服、甚至動員閱聽人的意圖。傳播文本與傳統符號學運用的分析範圍，已經南轅北轍，是故，應重新釐清及區分傳播文本之間不同的特性，發展出適切的分析原則與步驟。[52]

第二節　圖像符號與民主革命

　　隨著網際網路的興起，資訊流通得極為快速，訊息的傳遞、流通、交換有許多來自於視覺的刺激，再加上電視、電影、影像光碟在全球受歡迎的現象，視覺文化成為新興的流行事物。所謂視覺設計即是透過圖像及符號，去傳遞圖像意圖及訊息。因此由所選擇的

329.

[50] 汪子錫，〈警察形象：大眾傳播的符號學研究方法〉，《通識教育教學及研究方法學術研討會論文集》，頁73-74。

[51] S. W. Littlejohn著，程之行譯，《傳播理論》，頁70。

[52] 孫秀蕙、陳儀芬，〈結構符號學與傳播文本：理論與研究實例〉，《行政院國家科學委員會專題研究計畫》，頁9。

圖像元素、構成原理、及產生的視覺效應，整體形成視覺設計的要素。視覺文化的出現，發展出所謂的「圖像理論」；米契爾（W. J. T. Mitchell）認為單就文字模式著眼已經無法得到全觀的解釋，文字的世界已漸漸被圖像世界所取代。[53]

視覺傳播是人類歷史上最早的大眾傳播形式之一。從古代岩石的造形研究到資訊時代的圖像傳播，都證明了視覺傳播的重要性。人類文明中最常用的五大訊息載體（Information Soft Media）：文字＋字型、圖畫、影像、圖表、語音中，前面四項都是用來承載視覺訊息的訊息載體。而人類文明至今因為要提升訊息傳播效率而發明的各種訊息傳播科技：如攝影、電報、電話、電影、唱片、錄音帶、電視、衛星傳播、影印、傳真、數位技術等等，為數最多的還是視覺，尤其是影像的傳播科技。[54]

新媒體改變了我們的世界，網路普及的跨區整合讓個別使用者可以彼此聯繫，這是人類歷史上前所未有的現象。透過網路，可以從一群見證人所蒐集的資訊，例如藉由文字、符號結合群眾抗議或警察暴力鎮壓的圖片、影片，即時傳送到世界各地，而且還可以互動，「茉莉花革命」就是透過網路媒體的訊息流通，串聯上街示威，推翻獨裁政權的最佳事例。

壹、圖像符號的意涵與傳達

圖像（image），現在已被人們普遍接受為是一種圖像性質符號，它在所指與參照物之間應用了某程度的相似性。它模仿甚至是重複事物的某些特性，如形狀、顏色、比例或背景等，這些例證主

---

[53] W.J.T. Mitchell, *Picture Theory* （Chicago：Chicago University Press, 1994）, p. 16.
[54] 莊克仁，《視覺傳播概論》（台北：五南，2010年），頁15-19。

要和視覺圖像有關。符號學理論從探討文學作品的文字符號開始，當研究對象轉移至圖像符號研究時，分析原則與步驟就必須有所修正。這是因為圖像有其符號組成的特殊性。索緒爾認為在一個符號裡，意符和意指的關係是武斷，甚至斷裂的；但就圖像符號而論，圖像符號有自己的語言，藉由與參照物的類似性，使作者和觀者達到認知的聯結。[55]

　　視覺傳播的基本過程，為傳播者與受眾之間的一種心理對話之運用，人們必須用更客觀的思維來補足狀似客觀的視覺，才能使真實意義成型。（參見圖3-6）所以，如果受眾對一個形象作品所表現的內容已經掌握了一些相關資訊，他們的視覺經驗就會強化某種心理衝擊。影像、圖像是一種「複製的景觀」。因為影像可以經由創作者去體現一種觀看景觀的方法，它絕非只是一種機械式的記錄，裡頭蘊含許多符號的意義。[56]

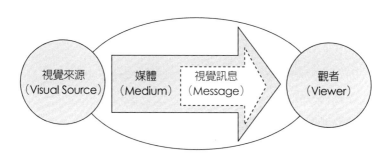

圖3-6：視覺傳播的基本過程

資料來源：莊克仁，《視覺傳播概論》（台北：五南，2010年），頁4。

---

[55] 韓叢耀，《圖像傳播學》（台北：威仕曼文化，1995年），頁106-116。
[56] 莊克仁，《視覺傳播概論》，頁3-4。

一、羅蘭‧巴特的圖像意涵

羅蘭‧巴特在《圖像—音樂—文本》（*Image-Music-Tex*）一書中，以符號學角度研究當時法國的新聞與廣告內容，透過對圖像、音樂及電影提出批評與反省，並在探討圖像修辭部分指出，攝影作品或媒體廣告內容，常以一組複合指涉物來組構意涵。他特別指出，「意象的構成」（the composition of a image）是「一組意義指涉的複合體」（a signifying complex），特別在攝影作品中，能夠「自然化象徵訊息的符號並合理化其延伸義」（naturalizes the symbolic message; innocent[s] the semantic artifice of connotation）。[57]對於圖像符號這樣不同於語言學研究的符號特性，不但予以深入解說，也提出分析程序與實例。

巴特認為，圖像文本表意系統的三個元素為：語言式訊息（linguistic message）、編碼圖像式訊息（coded iconic message）、非製碼式圖像訊息（non-coded iconic message）。文字訊息指的是新聞中的主題、文案等。製碼圖像背後蘊藏著一套需要轉譯的符號系統，需要受眾對於文化的理解與知識才能完成解讀工作，屬於延伸訊息。至於非編碼訊息則與前述的寫實攝影文本類似，是對於真實的類比，屬於明示訊息。

欲有效地觀察、分析圖像文本，巴特認為仍需從語言式訊息在圖像中所扮演的功能著手，因為「我們至今仍然是處於以文字寫作為主的文明中」，語言式訊息之於圖像訊息，扮演了兩大功能：

（一）預設功能（anchorage）

文本透過意象的指涉物操控讀者趨向作者預設好的意義。這裡

---

[57] Roland Barthes, *Image-Music-Text*（London： Fontana Press, 1977），pp. 32-45.

指的是文字指涉的意涵，也存在於圖像之中，意即語言式訊息預設了圖像的意義。

（二）情境功能（relay）

文本與圖像處於一個互補的關係中。透過文字指涉和圖像兩者併置解讀之後，文本所述的故事趨於完整，這就是語言式訊息的情境功能。以漫畫及電影為例，語言訊息對於圖像訊息的結合，使情境意義更臻完整。[58] 與語言式訊息相較，圖像的符號表意結構本來就處於不穩定狀態，閱聽人很容易進行多義式解讀。一個圖像或影像，必需有文字來明確地「定錨」，[59] 才能發揮傳播功效。當文字與圖像結合時，它不再只是協助辨識圖像（明示訊息），而是積極地解釋圖像意義，讓一則圖文兼具的文本被解讀的方向不至於多元甚至無限發展。

綜合上述，巴特認為雖然新聞照片的圖像與文本彼此相鄰，但這不意味它們一定具備某種同質性。他認為，唯有先將圖像與文字的個別結構研究得徹底窮盡，我們才能瞭解這兩者之間如何構成一個完整的文本。除了新聞照片之外，繪畫、電影、戲劇都可歸類為類比真實的創作。但無論是場景、人物或風景，繪畫、電影等並不會一五一十地依照客體重製形象。換言之，繪畫或電影的類比不是完美的，創作者從再現的過程中，發展出所謂的互補訊息（a supplementary message），也就是所謂的創作風格。這些藝術形式由兩種訊息構成：一種是明示訊息（denoted message），也就是客體的

---

[58] Roland Barthes, *Image-Music-Text*, pp. 38-40.
[59] 「定錨」（anchorage）指藉由文字的輔助將影像的多重意義「循規蹈矩化」，以誘使觀眾對影像做特定解讀。參見Robert Stam, Robert Burgoyen, Sandy Flitterman-Lewis著，張犁美譯，《電影符號學的新語彙》（台北：遠流，1997年），頁71。

類比本身，另一種是延伸訊息（connoted message），即社會想要溝通、表達的意涵。[60]

二、圖像符號與傳達

由於圖像符號由社會約定俗成，觀者容易瞭解圖像符號所代表的意義，因此能提高傳達之效率與明晰度，再者當圖像具有獨特的形狀、或輪廓中有極高的辨識元素及形態、便可以將它運用在圖像表現及視覺傳達上，傳達圖像符號的意涵及衍生意義，如此一來將可以發揮具體、直接、立即、跨越語文障礙的資訊傳達，讓傳達者能更精確的將訊息傳遞至接收者。[61]

圖像能夠充分運用視覺思考的能力，紀錄、儲存、操縱和溝通意象，並使想像中的意象化成具體的實物，清晰的呈現出來，使溝通更有說服力；視覺圖像是一種直接有效的溝通工具。除此以外，在視覺傳達上，經常利用文字來補助圖像之不足，讓圖文結合使傳達的資訊更完整，將圖像主題所要表達象徵特質加以詮釋，以視覺記號或象徵圖形的組合，來創造一個隱喻有趣的圖像記號，藉以表現無形的觀念與概念。因此，除了提供客觀的訊息之外，受眾主觀解讀脈絡的差異或是不同時空的主題意義下，圖像符號所傳達的意義亦隨之異同；故圖像符號意義的顯現，應該由符號的形式與內容結構交互影響所產生。圖像符號在訊息傳達的角色上扮演的溝通意義有下列三項。

---

[60] 孫秀蕙、陳儀芬，〈結構符號學與傳播文本：理論與研究實例〉，《行政院國家科學委員會專題研究計畫》，頁24。

[61] 余佳、陳雲閣、許中維等合著，〈網路訊息圖像的認知研究——以MSN Messenger內建圖像為例〉，國立臺灣藝術大學圖文傳播藝術系研究所碩士論文，2006年，頁21。

（一）「界定訊息」：視覺語言應具備指示、敘述、發想之基本功能，將所欲傳遞的訊息做範圍界定。

（二）「具體訊息」：圖像符號透過外在表現的形態，來顯現內在非造形的間接訊息。

（三）「組織訊息」：經由組織構成的複雜視覺語法，串聯複數的符號訊息，使之成為前後有關係的整體視覺效應。[62]

傳達（Communication），基本上具有三個結構性的因素，即發訊者、符號與受訊者。在三者之中，只要其中一個因素發生困難，傳達即完全無效；若以大眾傳播的角度分析，必須將媒體因素納入考量，因為沒有適當傳達訊息的通道，同樣不能達到傳達的目的。傳達訊息是以語言、文法、文詞結構與理論所結構而成，具有抽象性與普遍性的特徵，適合慎密思考的使用，使用言詞傳達必須注意能夠喚起被傳達者的「圖畫印象」（pictorial image）。視覺傳達是屬於非言語的傳達的一種。[63]非言語的傳達適合於主觀性的情緒表現與傳達，其表現的方法有以肢體語言（body Language）來表現或傳達的，如姿勢動作；有以圖畫語言（pictorial language）表現的，如記號、圖畫等；有以物體語言（object language）表現的，如服裝、廣告牆等。其中「圖畫語言」運用的十分廣泛，在我們文化、生活、技術中扮演重大的角色，如標誌、繪畫文字、圖表等均包含其中。[64]

---

[62] 王明嘉，〈視覺語言初探〉，《藝術家》，第236期，1995年，頁348。

[63] 張耀羿、熊碧梧，〈視覺傳達設計圖像符號應用之研究——以美軍心戰傳單為例〉，《第九屆國軍軍事社會科學學術研討會論文集》，頁554-555。

[64] 謝佩珊，〈視覺圖像的功能——以國軍文宣美術創作為例〉，樹德科技大學應用設計研究所碩士論文，2006年，頁14。

　　凡是透過眼睛的視覺感官作為傳達的媒介都稱為視覺傳達
（Visual Communication）。由於傳播科技的迅速發展，使「視覺傳
達」被廣泛研究，以文字為主的視覺資訊傳達，漸漸的被象徵符
號傳達所取代，適切圖像與符號表達能夠取代文字無法到達的瓶
頸。[65]例如本研究「花卉」革命的概念表達，透過影像與符號象徵
的傳遞，幾乎沒有語言和文化的阻隔，在北非與中東地區快速渲
染；由此可知，圖像符號在較複雜意念的表達上，往往比文字更達
刺點的效果。

　　影像（Image）是形與色綜合性的視覺對象，如照片、繪畫、圖
形，具體的、抽象的、所有的視覺圖樣（Pattern），都是影像。除
了文字記號以外，由視覺直接性知覺到的一切就是影像。[66]既然影
像是視覺傳達不可或缺的重要因素，那麼視覺傳達也可以被解釋成
以影像為中心的傳達。若將視覺傳達中的影像資訊視為視覺資訊，
視覺資訊的效率決定了傳達過程的效率。

　　蘇文清等人整合符號學理論與認知心理學理論，認為視覺設
計運用，對於訊息發送者（設計者）而言，是為了建構訊息的認知
與訊息的傳達目標，使傳播者與接收者之間達到一致性的認知與
理解。[67]視覺傳達是將傳達內容用視覺化的符碼來表示，使製作出
來的媒體能被接收者注目而引起反應，這包含了傳訊者將被表示的
領域透過媒體的視覺化而產生認知，接收者理解所收到的符碼，

---

[65] 張繼文，〈視覺傳達設計的認知心理基礎〉，《國教天地》，第 102 期，1994
　　年，頁 33-38。
[66] 陳俊宏、楊東民，《視覺傳達設計概論》（台北：全球科技圖書，1998年），
　　頁22。
[67] 蘇文清、嚴貞、李傳房，〈符號學與認知心理學基礎理論於視覺設計之運用研
　　究—以「標誌設計」為例〉，頁102。

進而產生反應，這樣的過程，我們稱之為視覺傳達的流程（參見圖3-7）。換言之，「視覺傳達」是以視覺為傳播媒介，傳達者將欲傳達的事物與內容，轉換成訊息的符號，傳達給欲傳達的對象，其目的在使傳達者與被傳達者交換、運用視覺記號，並使兩者得到「相同意義」的活動。[68]

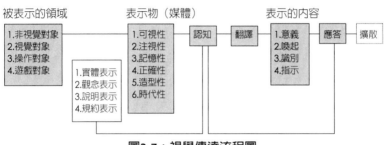

圖3-7：視覺傳達流程圖

資料來源：張耀羿、熊碧梧，〈視覺傳達設計圖像符號應用之研究——以美軍心戰傳單為例〉，《第九屆國軍軍事社會科學學術研討會論文集》，頁556。

　　由上述文獻可知，在社會文化背景影響下，相關圖像之視覺符號使用非常多元化，這些符號有其特定的主題類型、構成形態、運用方式，以及所傳達之特殊內涵意義。而傳達是人與人共同享有對方意念的狀態及過程，是一種雙向「共通」現象，兼具「溝通」與「傳達」的意義。透過圖像與文字的交互運用，可以彌補言辭傳達之不足，使其在訊息傳達上更加完整。藉由符號，兩者不但各自獨立傳達，也能相互搭配並存，更豐富了傳達的機能與領域。[69]

---

[68] 張耀羿、熊碧梧，〈視覺傳達設計圖像符號應用之研究——以美軍心戰傳單為例〉，《第九屆國軍軍事社會科學學術研討會論文集》，頁556。

[69] 王桂沰，《企業‧品牌‧識別‧形象：符號思維與設計方法》（台北：全華科技，1995年），頁29-32。

　　身處資訊氾濫的時代，即使我們不閱讀大量的知識性書籍，我們仍被紛雜的資訊所包圍，各種資訊來自螢幕的畫面、以照片為主的海報、圖片為主的雜誌，以及插畫為主的刊物等。在這個影像優勢的時代，圖像、影像對於狀況的傳達，比語言、文字更為真實傳神，對於事件發生之相關過程，更能確實地掌握並瞬間傳遞。[70]

貳、圖像符號傳播與政治象徵

　　站在符號學與視覺傳達的角度來思考，任何事物、圖像都會產生象徵性意涵，象徵可與意象結合為一體，傳達意義時可以有更大的想像空間，讓觀者去體會其象徵意義。圖像符號除了展現原本造型上的所指意涵，還構成符號系統的外延層面。[71]另外，圖像符號的象徵意義很廣，包括無形的、有意地或無意的、聯想或移情的情感發酵等，都是象徵的內容。例如國旗象徵國家、鴛鴦象徵愛情，鴿子象徵和平等等；有些圖像的象徵意涵則由作者所賦予的，如朱自清《背影》中，朱紅色橘子象徵父愛的光輝；中華豆腐廣告則將豆腐象徵為慈母柔軟的心。[72]

一、政治符號的象徵功能

　　象徵表示符號和所指涉客體之間的關係，是依照人們的習慣來解釋，或透過人際間共同約定俗成的觀念來表示它的意指，圖像

---

[70] 謝佩珊，〈視覺圖像的功能——以國軍文宣美術創作為例〉，樹德科技大學應用設計研究所碩士論文，頁15-16。

[71] 巴特的符號理論指出符號具兩個層次的意義。第一層為明示義，是指符號一般的明顯且易於辨識的意義。第二層是隱含義，是依據第一層次的符號具，給與社會價值和文化意義的指涉。參見John Fiske著，張錦華等譯，《傳播符號學理論》，頁119。

[72] 張露心，〈圖像符號傳播之象徵性意義研究〉，《嶺東學報》，第15期，2004年，頁250。

或影像的象徵意涵使用成為一種社會文化或慣例；[73]在這樣的情況下，我們很難將政治象徵研究從心理結構、語言背景、文化現象等社會文化領域剝離。因為政治象徵同樣都是人類社會約定俗成的結果，社會文化的不同造成政治象徵各異。例如，國旗成為一個國家的象徵，世界上每個國家都必須有國旗，但各國國旗又是完全不同。所以，共通性反映政治象徵的世界性特徵，而個別性主要反映出不同社會對政治象徵的不同詮釋與理解。[74]

張曉峰、趙鴻燕認為，政治活動是「被標示」特定人與人之間的社會互動行為，意味著政治參與者並不以自然人，而是政治人的身分進入政治領域。所有政治象徵表現形式，因其特定寓意而成為複雜的政治與社會關係結構中區分敵友的工具。[75]例如，「紅旗」被各國社會主義者視為表達其運動目標和情感，以及國際團結最具鼓舞性的共同象徵，紅色[76]所代表的熱情激進，被拿來當作社會主義者的一種象徵；顏色革命與花卉革命中，革命者會選擇象徵性的顏色或是花卉，作為革命意志的連結；也有些藝術家將畫作與政治現象結合，以圖像符號來象徵政治現象，如畫家劉溢的作品《2008—北京》和《搓麻將的女人》[77]掀起一股中國大陸人民對國際

---

[73] 陳錦忠，〈影像中圖像與造型符號的關係〉，《藝術學報》，第83期，2008年，頁83。

[74] 張曉峰、趙鴻燕合著，《政治傳播研究：理論、載體、型態、符號》（北京：中國傳媒大學出版社，2011年），頁207。

[75] 張曉峰、趙鴻燕合著，《政治傳播研究：理論、載體、型態、符號》，頁208。

[76] 紅色與鮮血的聯繫以及灼熱的性質，使它成為革命、勇敢、忠勇與正義的象徵。如紅旗、紅袍、紅心等，都是這種寓意的具體化。紅色在中國也是喜慶、歡樂的象徵。參見韓叢耀，《圖像傳播學》，頁377。

[77] 《2008—北京》以五名裸女打麻將為題材，被不少網友認為寓意深遠，隱含中共、美國、俄羅斯及日本等國的利益關係。之後劉溢又將畫作修改，新的作品

局勢的解讀風潮。[78]（參見圖3-8）

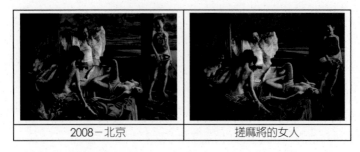

2008－北京　　　　　搓麻將的女人

圖3-8：劉溢的作品《2008—北京》和《搓麻將的女人》

資料來源：《博寶藝術網》，2008年3月24日。參見 http://news.artxun.com/youhua-1322-
6609261.shtml（檢索日期：2012年2月21日）

　　梅里亞姆（Charles E. Merriam）在《政治權力—政治權力的
構造與技巧》（*Political Power：Its Composition and Incidenc*）一書
中，將政治象徵分為兩種類型，感性政治（miranda）與理性政治
（kuledenda）。所謂感性政治，即是為了達到某一政治目的所使用
的感性、使人激動的手段；簡單的說，在透過某些象徵和活動，刺
激群眾的感情和情緒來達到政治目標。理性政治則是透過理論和符
合實際的意義型態等，來獲得人民對權力基於結構理性的支持。他

叫《搓麻將的女人》。劉溢表示，此畫是對《2008-北京》的再創作，並感謝網
路上所有對此畫作關注的觀賞者與其解讀。《博寶藝術網》，2008年3月24日。
參見http://news.artxun.com/youhua-1322-6609261.shtml（檢索日期：2012年2月
21日）

[78] 綜合網友解讀，2008年中國將舉辦奧運會，即Olympic Games，這幅畫展現的也
是一場Game，卻是以中國傳統文化的Game——「麻將」來呈現。場景是一個
海島，這些女子代表著全球化競爭場上的博弈者，麻將的局勢暗指台海局勢，
撲朔迷離，烏雲密布。主畫面是四位女性（分別代表中美日俄）在玩麻將，一
個小女孩（代表台灣）站在場外。暗喻四個大國在玩，台灣只能在旁觀賽。從
女子的動作與穿著可以解讀出中美才是真正的玩家，日俄只能是配角。《博寶
藝術網》，2008年3月24日。參見 http://news.artxun.com/youhua-1322-6609261.
shtml（檢索日期：2012年2月21日）

列舉當時關於感性政治的實例，如特定歷史事件的紀念日、紀念碑
或公共場所等建築設施，音樂、戲劇、圖畫、旗幟、裝飾品、塑像
和制服等象徵性設計，遊行、示威、演講等大眾示威行動。[79]這也
和非暴力革命運用的各種情感性符號策略運用不謀而合。

　　梅里亞姆提出政治象徵的功能在於（一）隱蔽權力的暴力面；
（二）形成認同（具權力象徵的人或物之印象深植人心的效果）；
（三）形成對權力集團的讚美（執政者利用政治象徵的力量來鞏固
權力）；（四）賦予個人滿足感（象徵以與其相關的事物所賦予的
一體感，從而使個人有心理的滿足感）。梅里亞姆點出了政治象徵
的效應來自於人的情感，將人與人之間的政治性關係定義為喚起意
識的象徵。[80]由此可知，政治運動和符號象徵的關係密不可分。

二、「顏色」與「國花」革命的符號運用

　　「顏色（國花）革命」是指二十一世紀初一連串發生在歐亞
地區經由非暴力方式進行政權轉變的革命，其中包括2003年11月喬
治亞（Georgia）的「玫瑰革命」、2004年11月烏克蘭（Ukraine）的
「橙色革命」、2005年2月份黎巴嫩（Lebanon）的「雪松革命」、
3月份吉爾吉斯（Kyrgyzstan）的「鬱金香革命」等一系列的民主革
命。這些「顏色革命」基本上都是1989年捷克（Czech Republic）
「天鵝絨革命」的廣義延伸。[81]

---

[79] Charles E. Merriam, *Political Power：Its Composition and Incidence*,（McGraw：
Hill, 1934）, pp. 162-163.

[80] Charles E. Merriam, *Political Power：Its Composition and Incidence*, pp. 154-156.

[81] 1989年11月，捷克斯洛伐克成功發起「天鵝絨革命」（Velvet Revolution）後，
結束了共產黨的一黨專政，1990年，國名改為捷克斯洛伐克聯邦共和國。不
過，由於民主化革命後的經濟改革中，捷、斯兩方的經濟差距日益拉大，原
本隱藏的民族矛盾也因為民主化而開始浮出水面。經全民公投後，於1993年1
月1日宣布正式解體為捷克和斯洛伐克兩個國家，史稱「天鵝絨分離」（Velvet

在倪炎元所著的《公關政治學》一書中，對於組織者為何選擇以一種顏色或國花來代表他們的運動，有着很精闢的分析。他認為，鮮花與美麗的色彩，都象徵組織者嘗試盡量以優雅、柔性、非暴力的方式來推翻政權，讓那些不希望付出慘痛代價的民眾，也可以安心參與其中；其次，這會讓政權更加束手無策，畢竟，再威權的統治也難以命令人民脫掉或不准穿某種顏色的衣服；第三，當每個參與者都發現自己身處顏色人潮當中時，能感受到巨大的團結力量，知道自己並不孤單，而且不必特殊暗號或躲躲藏藏，便能清楚識別運動中的同伴；另外，在傳播科技高度發達的年代，這種群眾運動展現的奪目色彩，將超越語言障礙，讓有關訊息傳遍世界其他角落。[82]

這種以顏色或花種為以和平手段反專制暴政的民權革命的象徵，得到了許多民權領導者的青睞，做為一種簡單卻感人的革命符號，媒體也在街頭示威中找尋有這種意涵的標誌（Logo）[83]，來命名這些非暴力革命行動。透過符號的建構，將符號具與其中的革命

Divorce）。「天鵝絨革命」的名稱來由是因這場反共產統治的民主化革命，沒有經過大規模的暴力衝突就實現了政權的和平轉移更迭，如天鵝絨般平和柔滑，故得此名。並引發21世紀初期一系列發生在中歐、東歐獨聯體國家的政權和平轉移更迭。邵峰，〈顏色革命論析〉《2006年：全球政治與安全報告》，2006年6月20日。參見 http://www.wyzxsx.com/Article/Class17/200605/6598.html （檢索日期：2012年2月21日）

[82] 倪炎元，《公關政治學》（台北：商周，2009年），頁102。

[83] 標誌（logo）是現代經濟的產物，它不同與古代的印記，現代標誌承載著企業的無形資產，是企業綜合資訊傳遞的媒介。標誌在一組織形象傳遞過程中，是應用最廣泛、出現頻率最高，同時也是最關鍵的元素。組織強大的整體實力、完善的管理機制、優質的產品和服務，都被涵蓋於標誌中，通過不斷的刺激和反復刻畫，深深的留在受眾心中。參見江家慧，〈企業識別標誌之衍生是設計輔助系統建構：以運用幼稚園文法建製基本幾何圖形為例〉，國立雲林科技大學設計運算研究所碩士論文，2005年，頁7-10。

意義之間建立聯繫，並將其中的聯繫關係灌輸於人的意識內。（參見表3-1）

表3-1：顏色革命與國花革命的符號象徵

名稱	革命源由與過程	第一層意義（符號具）	第二層意義（符號義）	圖片
喬治亞玫瑰革命	2003年11月喬治亞舉行國會選舉，因選舉不公，由反對黨領袖薩卡希維利（Saakashvili）發起示威活動。薩卡希維利每次公開露面時都拿一枝玫瑰花，玫瑰花成為支持民主選舉的象徵。為了避免軍警血腥鎮壓，上街的民眾都手持一束玫瑰。最後迫使總統謝瓦納茲（Eduard evardnadze）下台，建立了民主選舉的政府。[84]	紅玫瑰代表熱情、堅貞，常和愛情作連結。經過薩卡希維利的符號化使用後，成為反對黨的符號象徵。	民眾持玫瑰表示對薩卡希維利的支持外，也以玫瑰花代表堅持非暴力的抗爭方式，希望軍警不要企圖以武力鎮壓。	
烏克蘭橙色革命	2004年11月在烏克蘭總統大選中，維克多・亞努科維奇（Viktor Yanukovych）當選總統，但落選的維克多・尤申科（Viktor Yushchenko）認為選舉過程有舞弊行為，因而在首都基輔（Kyiv）發動了一系列的靜坐、罷工等和平反抗。經最高法院調查宣布選舉無效後，重新舉行選舉，尤申科成為新總統。	橙色是尤申科在選舉活動標誌中所使用的顏色，橙色給人溫暖，振奮人心的感覺。橙色讓人聯想到冒險、說服力、能量和自信，出現在旗幟的橙色有象徵慷慨與權力的特殊意義。[85]	人民用橙色來代表對尤申科的支持。橙色代表另類政治取向，象徵一種向權威說不的反叛態度。希望民主與自由能開花結果。且可以凝聚革命人士的意識。[86]	

---

[84] 〈什麼是天鵝絨革命與玫瑰革命〉，《國際在線》，2004年11月25日。參見 http：//gb.cri.cn/3821/2004/11/25/1062@371293.htm（檢索日期：2012年2月21日）

[85] T.A. Kenner著，呂孟娟譯，《圖騰的祕密》（台北：日月文化，2009），頁10。

[86] "News about the Color Orange－The Pillar of Shame painted Orange." The Color Orange, April 30, 2008. At http：//www.thecolororange.net/uk/page56 （Accessed 2011/9/27）

	尤申科以橙色作為選舉活動的標誌，橙色因此成為示威者的代表色。他們配戴橙色絲帶，穿著橘色衣服，揮舞著書寫著「Так!Ющенко!」（「對！尤申科！」）的橙色旗幟。[87]			
黎巴嫩雪松革命	2005年2月14日，黎巴嫩前總理拉菲克‧哈里里（Rafik Al Hariri）遇刺身亡，據猜測是干涉黎巴嫩政局的敘利亞政府所為。當時敘利亞派駐了27,000左右的部隊駐紮於黎巴嫩協助政府維持國內秩序，民眾對國家內長期有國外駐軍並干預政局的情勢早已不滿。因總理被刺殺而引發全面示威抗議，最後迫使敘利亞軍隊在2005年4月27日撤出黎巴嫩。反對派領導人表示，他們所遵循的是「橙色革命」的模式，不與安全人員發生衝突，手舉帶有雪松標誌的黎巴嫩國旗。[88]	黎巴嫩國旗紅白兩色相間，中央是一棵綠色的雪松的圖像，白色象徵和平，紅色象徵犧牲精神。雪松樹幹粗壯挺拔，樹冠呈三角形塔狀，顯得秀麗、剛勁、莊嚴，象徵著純潔和永生。久經殖民統治壓迫的人民，認為雪松反映黎巴嫩人民挺拔強勁的民族精[89]	示威民眾將國旗的顏色與象徵意涵投射於對民主自由的追求。雪松即為黎巴嫩民主革命意志的象徵。	

[87] 明居正，〈書評：橙色革命在烏克蘭〉，《臺灣民主季刊》，第4卷第1期，2007年，頁205-211。

[88] 嚴庭國，〈解析敘軍駐黎的歷史演變〉，《阿拉伯世界》，第5期，2005年，頁14-19。

[89] 〈梅與牡丹 中國國花之爭的曲折之路〉，《中國網》，2007年1月30日。參見 http：//big5.china.com.cn/culture/txt/2007-01/30/content_7736184_4.htm （檢索日期：2012年2月21日）

| 吉爾吉斯鬱金香革命亦稱黃色革命或檸檬色革命 | 吉爾吉斯受到喬治亞與烏克蘭人民革命成功的影響，在2005年2~3月的國會選舉結束後發動示威，總統阿斯卡·阿卡耶夫（Askar Akayev）逃到俄羅斯，4月4日在吉爾吉斯駐莫斯科大使館宣布辭職。在革命的初期，媒體以許多稱謂來指稱這次暴動，諸如「黃色革命」[90]，「檸檬色革命」以及「鬱金香革命」。但隨著時間的推移，大多數媒體開始稱其為「鬱金香革命」。[91] | 希望以顏色或花卉名稱象徵和玫瑰革命與橙色革命等前例相同的非暴力革命。 | 不以特定花卉圖像或顏色來象徵革命意涵，色彩和花卉已成為非暴力革命代名詞。 |  |
| 緬甸番紅花革命 | 2007年8月15日緬甸軍政府突然取消汽油補助，導致全國汽油價格飛漲。民眾開始上街示威表達對漲價與生活困苦的不滿。9月12日有2000名左右的佛教僧侶走上緬甸街頭抗議，到九月中示威活動蔓延到全國25個城市。9月26日軍政府出動軍警鎮壓。[92] | 「Saffron」是印度教的傳統代表色，也是有地緣關係的上座部佛教僧袍的傳統顏色。因為抗議群眾別著深紅色帶子在身上，媒體開始稱之為「番紅花革命」。[93] | 遊行群眾將象徵僧袍的深紅色帶子別在衣服上，表達對僧侶的支持，也象徵人民反對軍政府的革命意識。 |  |

---

[90] 鬱金香革命又稱黃色革命或檸檬色革命，是因為吉爾吉斯首都市花是迎春花，為黃色，發生革命的時間正是迎春花開的季節，故稱黃色革命，或者檸檬色革命。秦宮非，〈顏色革命開啟第四波民主化浪潮〉，《博訊新聞網》，2011年2月14日。參見 http：//www.boxun.com/news/gb/pubvp/2011/02/201102142245.shtml

[91] 王定士，〈吉爾吉斯鬱金香革命對台海安全之戰略意涵〉，《俄羅斯學報》，第2期，2007年，頁4-6。

[92] Loyd Parry, Richard, "Nuns Join Monks in Burma's Saffron Revolution," Times Online, September 24, 2007. At http：//www.timesplus.co.uk/tto/news/?login=false&url=http%3A%2F%2Fwww.thetimes.co.uk%2Ftto%2Fnews%2Fworld%2Fasia%2F（Accessed 2012/02/08）

[93] 吳芮芮，〈緬甸的番紅花僧侶革命〉，《新紀元》，第40期，2007年。參見 http：//www.epochweekly.com/b5/042/index.htm（檢索日期：2012年2月8日）

伊朗綠色革命	2009年6月12日伊朗總統大選結束，官方宣布艾瑪丹加（Mahmoud Ahmadinejad）連任，但是反對派候選人前總理穆薩維（Mir-Hossein Mousavi）認為有嚴重的舞弊狀況，要求重新選舉。大批民眾走上街頭抗議選舉不公，要求伊朗進行政治改革，建立清廉政府實現民主政治。由於穆薩維選用綠色作為競選顏色，因而示威群眾大多身穿綠衣或者佩戴綠色絲帶、頭巾等，揮舞綠旗，因而被稱為「綠色革命」[94]。後來也被稱為「微博革命」。[95]	穆薩維選用綠色作為競選顏色，綠色是大自然的顏色，延伸有健康與活力的象徵。綠色是回教和天主教的神聖色彩，在政策上代表一種對生態的覺醒。[96]	人民用綠色來代表對穆薩維的支持。綠色已成為象徵政治改革，實現民主政治的態度，且可以凝聚革命人士的意識。	

---

[94] 文華，〈伊朗大選舞弊 引發十年最嚴重示威〉，《新紀元》，第126期，2009年。參見http://www.epochweekly.com/b5/128/6513.htm（檢索日期：2012年2月21日）

[95] 綠色革命另一特色是網路技術的廣泛應用，由於伊朗政府進行訊息管制、封鎖和驅逐媒體，導致國內局勢不能及時傳遞出去，伊朗民眾便利用新興的網路工具，如微博、臉書、Youtube，將示威和政府鎮壓的有關照片錄像和集會資訊源源不斷地傳出，也因此讓示威抗議活動由德黑蘭蔓延到全國各地，乃至海外僑民，所以綠色革命也被稱為「微博革命」。王靜雯，〈伊朗大選作弊 網路引爆綠色革命〉，《新紀元》，第127期，2009年。參見 http://www.epochweekly.com/b5/129/6540.htm（檢索日期：2012年2月8日）

[96] T. A. Kenner著，呂孟娟譯，《圖騰的祕密》，頁11。

[97] 茉莉花革命同樣透過網路訊息的傳播擴大效應。例如維基解密（Wikleaks）揭露2009年6月的美國外交電文中本‧阿里（Ben Ali）家族貪腐的面紗，加深人民對政府不滿的情緒，突尼西亞民眾透過臉書，推特等社交網站，將訊息藉由語言符號快速傳遞，成功凝聚人民的革命意識，造成「茉莉花革命」迅速地燃燒，導致總統本‧阿里政權垮台，也迅速擴散到埃及和其他獨裁國家。參見蔡昌言、蘇建璋，〈從茉莉花革命看伊斯蘭國家的政治民主化〉，收錄於《中華民國國際關係學會第四屆學術研討會──國關理論與全球發展學術研討會論文集》（台北：淡江大學，2010年），頁3。

突尼西亞茉莉花革命	2011年1月17日突尼西亞一位青年穆罕默德‧布瓦吉吉（Mohamed Bouazizi），在抗議警察執法下自焚，觸發一連串反政府的示威抗議並逐漸擴散至全國。因為茉莉花是突尼西亞的國花，遂將突尼西亞的人民革命稱為「茉莉花革命」。[97]	花朵已在之前幾次顏色革命中奠定非暴力抗爭的象徵意義。國花是最常被拿來命名民主革命的花朵。	「茉莉花革命」成為北非及中東地區國家，如埃及、阿爾及利亞、葉門、利比亞、沙烏地阿拉伯等國當作人民欲推翻獨裁政權，達政治改革目的的象徵性名詞。	
埃及茉莉花革命	突尼西亞自焚事件所帶來的革命浪潮，讓埃及人民也爆發自焚抗議事件。人民走上街頭抗議，並高舉「一起來革命，反對酷刑、貧困、腐敗與失業問題」的標語。[98]	除了繼續使用象徵性的「茉莉花革命」一詞外，開始有媒體將埃及的人民革命以國花蓮花來命名。	「茉莉花革命」及「蓮花革命」成為埃及人民欲推翻獨裁政權，達政治改革目的的象徵性名詞。	

作者製表。

　　由歷史上的「顏色（國花）革命」事件可知，政治象徵作用
於革命過程中能夠協助重新組合權力關係，成為鞏固行動合理性的
基礎。權力依附在各種社會關係之中，而政治象徵把人們的角色定
位、個人與群體的關係加以表現。透過各種符號象徵行動，可以整
合社會關係，從而造就出社會普遍的向心力，促使人們使用共同的
方法追求共同的利益目標。

---

[98] 王麗娟，〈茉莉花革命延燒 埃及爆30年來最大示威〉，《聯合報》，2011年2月17日。參見 http://evelynlu9.pixnet.net/blog/post/33827811（檢索日期：2011年4月8日）

第三節　傳播科技對革命的催化作用

　　二十一世紀，是人類從未經歷過的豐沛媒體環境。收音機、電視機、報紙、書籍、網際網路、電影、唱片、錄音帶、雜誌等媒介充斥於人們每天的生活之中，大衛（David Croteau）和威廉（William Hoynes）在《媒體／社會：產業，形象，與閱聽大眾》（*Media／Society: Industries, Images, and Audiences*）一書中以社會學的角度說明媒介對政治、經濟、教育、文化、宗教等其他社會機制的影響。他們提出傳播科技的成長減少空間限制、文盲與國家政權公眾知識範圍的障礙，幫助推廣以人民力量為基礎的政治。媒體全球範圍的政治影響力在近幾年更是有目共睹，[99]全球性媒體帶來全球性政治，擴張了非暴力抗爭的力量與範圍，媒體對社會運動的報導造成政府的壓力，以伊朗的「綠色革命」以及突尼西亞所帶來的茉莉花效應為例，媒體藉由把強烈的視覺與情感訴求傳遞於閱聽大眾，改變了權力結構。

壹、傳播科技的發展與演進

　　在全球化及數位化發展趨勢下，傳統媒介各自存在的時代已成過去，同時也揭開了資訊傳播與數位媒介時代的來臨。資訊科技的發展在媒體的演化過程中，扮演了關鍵的角色。由於資訊科技與通訊網路的迅速發展，使得人跟資訊的距離愈來愈近，加上資訊設備的微型化與行動化，日常生活的每一面向幾乎都可用數位方式與他

---

[99] David Croteau, William Hoynes著，湯允一等譯，《媒體／社會：產業，形象，與閱聽大眾》（台北：學富文化，2001年），頁265-268。

人分享，例如：人們透過臉書（Facebook）等社交網站與他人分享生活點滴或交換資訊；在Youtube網路平台上收視全球新聞、影片等。

　　新科技的加入，對訊息傳播的發送者產生關鍵性的影響。過去新聞記者因為擁有報紙、收音機、電視等傳播工具，可以掌握新聞的定義權。但現在由於新媒體的科技便利性，一般民眾可以利用新媒體發佈新聞，這種情形與民眾提供影片給媒體人士播放的情形不同。非媒體人士已擁有更多的新聞發動權，讓訊息流通得更快，也較能避免政府的刻意過濾。[100]《華盛頓郵報》就曾經報導，美國發現頻道（Discovery Channel）發生工作人員遭挾持，這個訊息便是由民眾首先從 Twitter 發出而成為眾所矚目的社會新聞；[101]綠色與茉莉花革命初期，獨裁政府雖封閉消息，最後還是有民眾透過社群網站將訊息發出，而不是由傳統媒體率先報導，網際網路等新媒體的即時性可以取代傳統媒體在速度上的限制。[102]

　　綜觀近年資訊發展的趨勢，以網路化、行動化、及個人化最為明顯，也是促成新媒體演變的關鍵因素。在網路化方面，由於 IP 網路化的數位匯流趨勢，不僅讓媒體的發展環境得以整合，也讓使用者能在各式終端設備上產製與消費資訊；在行動化方面，日新月

---

[100] 林照真，〈因為科技，新聞正處於改變的轉捩點上？〉，《傳播研究與實踐》，第1卷第1期，2011年，頁26。

[101] Farhi, P."Twitter Breaks Story on Discovery Channel Gunman." *Washington Post*, September 2, 2010. Retrieved October 20, 2010. At http：//www.washingtonpost.com/wp-dyn/content/article/2010/09/01/AR2010090105987.html.（Accessed 2012/2/22）

[102] 伊朗政府雖然封鎖網路，但一位年輕女子被軍方以武力鎮壓致死的可怕的圖像和視訊透過Twitter和YouTube在世界各地傳輸。影像再現了當時的場景和她中彈的聲音；突尼西亞年輕男子自焚抗議國家的惡劣經濟現實，也透過Twitter，Facebook和YouTube的傳播來躲避政府的資訊管制。參見Ted Nguyen, "Tunisia's Twitter Revolution" Ted Nguyen USA, Jan 14, 2011. At http：//www.tednguyenusa.com/tunisias-twitter-revolution/（Accessed 2012/2/22）

異的硬體製造科技讓資訊設備微型化，促使各種資訊應用行動化，讓使用者可隨時隨地取用所需的資訊；在個人化方面，由於資訊產製的平民化及取得的方便性，也讓使用者在虛擬世界需要處理的資訊量隨之暴增，因此如何根據使用者的需求、情境及數位資訊的特性，提供個人化的媒體服務，協助搜尋、過濾有用的資訊，便成了另一個發展趨勢。[103]

各種媒介形式的革新對資訊產生影響，改變媒介內容的敘事與結構方式。非媒體人不再只是傾聽者或觀賞者，而是參與文字與圖像的重新定義，創造新媒體的敘事模式。[104]新媒體的快速發展為人們帶來新的使用經驗，它改變了人與外在世界的互動與認知模式，加快了知識與資訊的傳遞方式，更影響了人與人之間的互動關係。網路與行動通訊的普及，創造了個人對個人的傳播管道與溝通方式，這種水平網絡狀的資訊流通結構，不再依靠大眾媒體做為唯一通道，它是一種融合了新舊媒體的個人化傳播生態（personal communication ecology），包括：個人媒體（Blogs, Flickrs）、社交網絡服務（Plurk, Twitter, Facebook）、行動裝置、網路論壇或 BBS、大眾傳播媒體。[105]

在個人化的傳播生態裡，人人都可以隨時隨地拍照發佈到各類社媒體、大眾媒體新聞可以不斷在新媒體之間流傳轉載、新媒體可以匯集不同人的討論意見。智慧型手機、電子書閱讀器等行動

---

[103] 李蔡彥、鄭宇君，〈資訊科技與新媒體研究之發展〉，《傳播研究與實踐》，第1卷第1期，2011年，頁75-76。

[104] 王貞子、劉志強，〈從旁觀到參與——新媒體敘事結構解析〉，《媒介擬想》，第4期，2006年，頁94-95。

[105] 李蔡彥、鄭宇君，〈資訊科技與新媒體研究之發展〉，《傳播研究與實踐》，頁76。

裝置的出現與普遍使用，使得媒介使用成為跨越不同情境、持續變動的狀態。手機儼然成為改變世界的工具，突國年輕族群透過手機與臉書串聯上街示威，媒體雖遭政府箝制，突尼西亞民眾仍設法突破，並再度透過手機、推特（Twitter）及臉書等工具將訊息、照片及影片傳至國外，與外界取得聯繫。中國大陸人民也曾企圖利用推特等網絡，在各地展開「中國茉莉花革命」，同時呼籲參加者一同呼喊「爭取民主自由、啟動政治改革、結束一黨專政、開放報禁、新聞自由」等口號。[106]而在此一訊息大量傳輸後，中國當局已展開逮捕異議人士的行動；中國最大的微博網站甚至禁止搜尋「茉莉花」一辭，即連茉莉花茶也成為敏感語詞。[107]

　　網路開創全新的知識領域，從谷歌（Google）、臉書、推特等社群網站的普及使用可看出網路對我們生活的影響深遠。網路更成為權力的工具，藉以挑戰權威，讓當權者必須加以嚴密監視和審查，以避免負面的訊息流傳，危及政權的正當性及合法性。網路的開放性和廣泛性，使政治象徵在傳播的過程中更多元化，推動政治文化和民主的發展。

貳、傳播對革命的擴散效應

　　約翰·費斯克的傳播符號理論指出，媒體將訊息轉換成符號，透過圖畫、影像、攝影作品的再現與象徵作為訊息的交流。媒體決定這些符號在何種情境下，如何組合及使用，進而形成更多層次的符號義。費斯克指出符號與媒體不易斷然區分，例如電影雖然是一

---

[106] 中國茉莉花革命專屬網站參見http：//www.molihua.org/.
[107] 林照真，〈探索數位新聞聚合現象──以台灣手機新聞為例〉，《中華傳播學刊》，2011年，頁2。

種傳播媒介，但其中色彩、動作、服裝、音樂、佈景同時包含符號意指。符號學認為傳播活動基本上是一種符號的活動，無論我們以什麼方式傳播，都可藉由各種符號傳遞意義、進行溝通、維持或挑戰既有社會秩序。[108]

雷維爾（Jean F. Revel）在《革命新論》（*Ni Marx ni Jésus*）中指出，訊息革命既是知識革命，也是政治革命。傳播科技重新界定權力及文化，大眾傳播媒介不只傳送消息，也促使一般人民盲從政府的宣傳技倆，而且透過訊息本身去積極參與各項事件。媒體報導的事件，是事件的一部分，也影響整個事件的發展。[109]就人民力量匯集而言，如果說1960年甘迺迪贏得大選是靠電視，2008年歐巴馬則是靠網際網路。[110]近年來，就政治運動和社會運動而言，網站成為散播理念和訴求的利器。電子郵件是通訊、宣傳和動員快速管道，部落格和社群網絡成為溝通者和接受者溝通的快速平台。[111]

以2000年1月菲律賓首府馬尼拉發生大規模群眾運動為例，由於菲國擁有450萬手機用戶，且人民已慣於使用簡訊作為日常生活聯絡的重要工具，艾斯特拉達（Joseph Estrada）就在群眾大量透過簡訊的動員方式而被迫黯然下台。當時連艾斯特拉達都不得不承認讓他下台的是一種「簡訊世代」（Text-messaging Generation）革命。[112]

---

[108] Chalmers Johnson著，張錦華譯，《傳播符號學理論》，頁33-37。
[109] Jean Francois Revel著，蔡理滋譯，《革命新論》（香港：今日世界出版社，1973年），頁137-141。
[110] David Talbot著，〈歐巴馬怎麼辦到的？〉，《觀念探索》，2008年10月，頁8-15。
[111] 廖顯謨，〈北非與中東革命之根源與其意涵〉，《全球政治評論》，第34期，2011年，頁11。
[112] 2001年1月，菲國民眾利用手機簡訊大量發送抗議的訊息，號召人民上街遊行、抗議，以表達對艾斯特拉達貪污、受賄等醜聞的不滿。由於手機簡訊使得相關抗議、不滿的資訊流通更為快速且頻繁，許多民眾走上馬尼拉街頭要

在過去的十年中，不論是2007年緬甸的「番紅花革命」、2009年伊朗的「綠色革命」，到2011年的「茉莉花革命」，民眾的串連都與無所不在，現代高科技的網際網路證實其政治效應，讓政府不得不正視它對國家的影響，深切思考如何去面對與因應。

從北非開始至中東，接二連三發生的革命與抗爭，可以是新科技與對生活不滿的群眾結合的最佳例子。透過社群網站的便利性，可張貼與革命行動相關的訊息，如抗爭圖片、影片，軍警武力鎮暴的畫面，甚至是有符號隱喻的電影、話劇、畫作，都可以藉由網路傳播獲得更大的迴響與共鳴。以下是對社群網站和符號結合後的影響分析：

（一）Facebook

2011年，臉書在全球有75種語言版本，而且臉書在全球的使用者已超過7億，且還在持續成長。[113]使用者除了可以時常更新自己的動態，記錄生活中的大小事，也可以和朋友互動，如同社會縮影。臉書讓網路和真實社會變得非常一致，使用者可以張貼資訊內容，包括網路連結、影片、相片，還有難以記數的重大宣布、活動邀請，使用手機連上臉書，還可以「打卡」顯示自己所在的位置。透過這些功能可以和世界各地的人民聯繫，拓展了符號話語的影響力。

求艾斯特拉達下台，抗議的結果促成艾斯特拉達的下台。艾斯特拉達亦將他之所以被人民力量驅逐歸咎於來自「簡訊世代」的革命。參見Vicente L. Rafael, "The Cell Phone and the Crowd： Messianic Politics in the Contemporary Philippines," *Public Culture*, Vol. 15, No. 3, 2003, pp. 399-425.

[113] Nicholas Carlson, "Facebook Has More Than 600 Million Users,Goldman Tells Clients."*Business Insider*, January 5, 2011. At http：//articles.businessinsider.com/2011-01-05/tech/30100720_1_user-facebook-pr-goldman-sachs （Accessed 2012/02/22）

以2012年台灣的總統選舉為例，不論是藍營候選人馬英九或是綠營候選人蔡英文，皆利用臉書成立粉絲團，宣揚自己的政見。馬英九利用臉書的功能和流行用語當作象徵符號，以「台灣加油，讚！」為競選口號；蔡英文則是在網路上號召「小豬撲滿」的捐款活動，兩組候選人皆企圖透過網路力量獲取人民的向心與支持。[114] 在「非死不可」的風潮下，幾乎每個人的生活都離不開臉書。

（二）Twitter

非官方中文慣稱「推特」，是一個社交網路及微網誌服務。用戶可以經由即時通訊、電郵、推特網站發送或更新訊息。推特是訊息傳播最快速和便捷的通道，從 2008 年美國總統選舉、丹佛飛機脫離跑道事件、印度孟買連環恐怖襲擊事件、新疆騷亂事件及伊朗綠色革命等都能看出推特在訊息傳統的影響力。

推特在2006年於舊金山開發，和臉書一樣屬於社交聯網的網路現象，這個語言符號成為與好友聯繫的流行方式。2009年6月在伊朗總統大選之後餘波盪漾，大批反對黨支持者湧上街頭抗議，伊朗政府出動警察暴力鎮壓，並禁止任何媒體於境內採訪報導，抗議人士轉而透過推特向全世界揭發實際狀況，單單在前18天就發出約2百萬則以上的推特簡訊，超過50萬人從伊朗發出簡訊，最高峰期每小時有20萬則關於伊朗的報導。[115]

---

[114] 〈台灣另類選舉文化：候選人拼參選口號創意〉，《全球新聞》，2011年11月28日。參見http://dailynews.sina.com/bg/tw/twpolitics/phoenixtv/20111128/19012952661.html（檢索日期：2012年2月22日）

[115] Jared Keller, "Evaluating Iran's Twitter Revolution."*The Atlantic*, Jun 18, 2010. At http://www.theatlantic.com/technology/archive/2010/06/evaluating-irans-twitter-revolution/58337/ （Accessed 2012/02/22）

除了社群網站的崛起，「維基解密」（WikiLeaks）網站的成立，讓民眾可以匿名揭發政府或公司內幕，亦是政府面臨的大敵。維基解密每天接到約30份使用者匿名送出的文檔，突尼西亞人民發動革命其中一大原因就是源於「維基解密」對腐敗政權的控訴。綜合上述分析，接二連三發生的革命與抗爭，可以說是群眾將不滿的情緒結合符號與新科技的最佳事例。[116]

有鑑於此，美國政府利用多種社群網站與年輕人聯繫；另外，國務院開設多語言的推特帳戶，利用社群網站和群眾溝通，以確保正確宣揚美國的政策。中共則是如臨大敵，對境內人民全天候祕密監督網路。例如發生於2008年5月的四川大地震，7000多所學校建築頃刻夷為平地，造成數萬名小生命遭到活埋的場景。人民認為是偷工減料的校舍奪走孩子的性命；然而學校校舍震垮，共黨建築卻大半無損。老百姓在網路上討論，發出抗議，並將地震事件的照片及錄製影片經推特對外傳播，中共隨即控制網路力量散佈，避免引起理念戰爭。[117]

（三）微博

「微博」俗稱「圍脖」，是中共用來抵抗推特和臉書這些社交媒體而推出的軟體。2010年被稱作「中國微博元年」，微博用戶經歷爆炸式增長。據《2010中國微博年度報告》統計，前50起重大輿情案例中，微博首發的有11起，占22％。中共官方最新統計顯示，

---

[116] 韓錦勤，〈革命的傳播──以十九世紀法國革命與二十一世紀突尼西亞革命為例〉，《翰林歷史即時通》，2011年4月25日，頁1。參見http://www.worldone.com.tw/index.do?channelTwoNumber=32（檢索日期：2012年2月22日）

[117] 〈2008年十大中國禁聞〉，《新唐人電視》，2009年1月1日。參見http://www.worldone.com.tw/index.do?channelTwoNumber=32（檢索日期：2011年10月3日）

截至今年6月底，中國網民規模已達4.85億，微博用戶接近2億。[118]

　　茉莉花革命風潮雖然帶動中國網民的跟進，但中共公安以人數優勢在網民建議的抗議地點，迅速壓制示威者，並且逮捕任何可能引發這股不安定風潮的人士，使茉莉花革命在中國猶如曇花一現；然而，中共的迅速反應也暴露出領導階層的不安全感以及對互聯網組織力的關注。

　　微博網已經對中共政治架構及監督官員發揮一定的作用。例如，2010年保定市某公安副局長李剛之子李啟明，醉酒駕車撞人後對目擊者大吼：「有膽你告我啊！我爸是李剛！」雖然事後中共有意壓制這條消息，但網民除了迫使李剛及其兒子道歉外，仍繼續揭露並提出更多要求，最後李啟明被判刑6年，並賠償7萬人民幣。網民以「我爸是李剛！」作為中共官員企圖依靠權勢免責的代名詞。2010年夏天，中國記者邱子明因報導批評地方企業而遭公安追捕，他不得不躲起來，並且在微博傳遞訊息，其後網民在網路上發起投票，在三萬多的投票結果中有86%的人反對公安追捕這名記者。最終被迫屈服於公眾輿論壓力下，公安取消追捕令並向邱先生道歉。[119]

　　中共為竭力阻止網路成為政治革命的催化劑，因此部署網路公安，除了監視網路訊息及封鎖部分被中共認定為製造動亂的網址與微博外，也在網路上進行文宣攻勢，企圖建立領導人接近民意的假

---

[118] 〈微博漸成中共官員的「必修課」〉，《文匯報》，2011年4月5日。參見 http://pdf.wenweipo.com/2011/04/05/a10-0405.pdf（檢索日期：2011年3月2日）

[119] 〈西方看中國/中國網民的政治革命〉，《新紀元週刊》，第223期，2011年5月12日。參見 http://epochweekly.com/b5/225/9375.htm（檢索日期：2012年3月2日）

象以及造假的民意支持。[120]

第四節　小結

　　當我們在詮釋週遭的影像時，不論是有意識或是無意識地，我們都習慣使用符號學理論來瞭解它的意指。圖像的意義往往是源自於景框中的物體。巴特以符徵與符指構成符號的理論模式，使我們了解圖像如何建構意義，以及多樣化的影像可以傳達許多不同意義的事實。[121]皮爾斯所研究的符號模式中，提出符號始終處於媒介、對象、解釋三位一體的關係中，並進一步將符號分為圖像性、指示性、象徵性三種。[122]這些理論模式可以協助我們分析圖像的意義與影響層面。

　　影像可以提供資訊並將遠方事件傳送到廣大觀眾眼前。隨著影像愈來愈容易以電子科技加以製造和複製，它們的傳統價值已經產生變化。在某一特定文化裡，我們會使用不同的標準來評量不同媒體形式。我們根據獨特性、原創性和市場價值來評定繪畫，但卻根據提供資訊能力和接收方便度來判定電視新聞影像的價值。在傳播科技的發展，新媒體的影像價值在於能夠快速普及地傳輸至世界各地。[123]

[120]〈微博悄然改變中國〉，《新紀元週刊》，第241期，2011年9月15日。參見 http://epochweekly.com/b5/243/9840.htm（檢索日期：2012年3月2日）
[121] Roland Barthes著，洪顯勝譯，《符號學要義》，頁19-20。
[122] 胡飛、楊瑞，《設計符號與產品語意──理論、方法及應用》（北京：中國建築工業，2003年），頁7-8。
[123] Marita Sturken、Lusa Cartwright著，洪顯勝譯，《觀看的實踐 給所有影像世代的視覺文化導論》（台北：臉譜出版，2009年），頁51-55。

一張拍攝茉莉花革命群眾抗議的影像放在網路上，也可以形成一張有價值的影像，它的價值不是因為藝術市場的金錢關係，而是來自它的特殊性（在媒體封鎖的情況下，捕捉到革命過程的關鍵時刻）。另一價值則是它將該事件的資訊快速地傳送到世界各地；此外，其價值也來自於能強而有力地展現出人民面對軍事權力時的勇氣，縱使它的外延意義是一群手無寸鐵的民眾讓軍人放下槍，但卻可以解讀為面對不公不義時，非暴力革命擁有強大力量的內涵。這個影像不再只是一個影像，而是出現在世界各地新媒體中成千上萬的影像，它透過快速傳輸所帶來的資訊價值和政治宣示。我們可以說它是一種圖像符號，這張圖像符號具有文化上的價值，因為它象徵著人民的反抗意志。

非暴力革命使人們對新媒體的功用有了新認知。各種訊息在手機、推特和臉書等媒介上傳播，儘管嚴格管制，新媒體還是突破封鎖，不斷傳輸影像和更新頁面訊息。新媒體已經為民眾開闢了第二公共空間，傳統媒體中無法討論的話題，卻在網路空間使民眾結盟。范玉剛認為，由於新媒體使關注於國家安全的網絡流行符號大量出現，成為民意表達的平台，折射出人們內心深處的權力焦慮、對公權濫用的嘲諷，以及對公共利益真相的渴求。現在的流行符號及話語已衍伸出更多意義，帶有更多潛在的民意訴求。新媒體擴大了符號運用的空間，無怪乎符號與傳媒成為顏色革命的「燃點」。[124]

---

[124] 范玉剛，〈網路媒體引爆政治燃點〉，《人民論壇》，第6期，2011年，頁1-3。

4 「茉莉花革命」的案例研究

　　從革命的相關理論研究中可以發現，當社會具備革命的背景因素，而社會體系成員想重新塑造社會分工時，「革命」就會產生。革命會涉及對某個人的攻擊，目的是求完成更大的任務，建立新的社會秩序，這種秩序可能是建立在人權與民權上，也可能建築在各盡所能，各取所需原則的社會，形成意識形態的革命。

　　眾所矚目的阿拉伯之春（The Arab Spring），始於2010年12月突尼西亞（Tunisia）民眾對其政府的示威抗議活動。統治突尼西亞將近23年的本‧阿里（Ben Ali），最終遭到罷黜的命運。接著，埃及（Egypt）民眾的抗議迫使將近30年威權統治的總統穆巴拉克（Hosni Mubarak），於2011年2月11日辭職下台。利比亞（Libya）反抗軍在起義對抗格達費（Muammar Gaddafi）政權六個月後，於2011年8月攻佔首都的黎波里（Tripoli）。此外，在中東地區其他國家的相關示威抗議活動，也相當激烈。[1]

　　承上章探討符號與傳播科技對顏色革命之影響後，可以了解顏色革命如何以非暴力革命的方式，運用圖像、影像的符號性，並結合傳播媒體的擴散能力，達到其政治象徵目的，表達深刻的個人感受或道德譴責，經由引起注意及獲取支持而導致對方接受改革，另

---

[1] 蔡秀勤、張佑宗，〈阿拉伯之春的啟示與反思〉，《台灣民主季刊》，第8卷第3期，2011年，頁200。

可透過與大眾、旁觀者或第三者的溝通而獲得對革命的支持。[2]本章針對「茉莉花革命」中，人民如何以非暴力方式在很短的時間內迫使政權垮台，並造成了全球性的反獨裁政府運動作進行案例研究。

第一節　突尼西亞的「茉莉花革命」

茉莉花為突尼西亞的國花，而「茉莉花革命」是指自 2010 年年底開始，肇因於失業、通膨、政治腐敗、缺乏言論自由，及生活條件欠佳等的因素，在突尼西亞所發起的反政府運動。2011 年 1 月 14 日，突國總統本‧阿里下台，結束其23年的執政，遂形成所謂的「茉莉花革命」一詞。[3]

這場被媒體稱之為「茉莉花革命」的社會運動，其結果不僅顛覆了突尼西亞社會中一般大眾所認為不可能做到的事，亦即推翻既有政權，要求更民主的治理與更多的自由，這場運動的成就更讓周圍國家中同樣受到威權統治的人民燃起了一絲希望。

壹、革命背景分析

突尼西亞茉莉花革命事件起因是由於一位26歲青年穆罕默德‧布瓦吉吉（Mohamed Bouazizi），因沒有申請擺攤執照而被警察部門沒收攤車。不久之後，他因為抗議警察執法而於2010年12月17日自焚，導致一連串反政府的示威抗議正式開始並逐漸擴散至全國。不少民眾擁進首都突尼斯市的街道進行示威抗議，抗議活動隨著時間

---

[2] 王康陸，《非暴力的方法與實例》（台北：前衛出版社，2001年），頁9-10。
[3] 陸以正，〈突尼西亞「茉莉花」綻放〉，《國政評論》，2011年6月27日。參見 http：//www.npf.org.tw/post/1/9353（檢索日期：2012年2月28日）

逐漸擴大。群眾除了要求本・阿里和其他官員下台外，希望政府能取消網路審查[4]也是示威抗議的訴求之一。因為示威抗議期間已經有不少媒體的圖像被突尼西亞禁止播出；此外，突尼西亞政府還進行網路釣魚，企圖控制網站用戶的密碼和批評言論。2011年1月14日，總統本・阿里於當晚離開突尼西亞，出走沙烏地阿拉伯，結束他長達23年的執政。[5]

一、政治方面

　　回顧歷史，本・阿里於1987年以不流血政變推翻當時的總統哈比卜・布爾吉巴（Habib Bourguiba）而上臺，此後本・阿里在1994年至2009年間四次連任突尼西亞總統。在他執政期間，執政當局持續恐嚇、逮捕與囚禁記者與部落客、人權份子與政治上的反對者。2010年自由之家（Freedom House）評比突尼西亞部分政治權利（political rights）排名第為七，公民自由（civil liberties）為五。雖然突尼西亞被認為阿拉伯與非洲國家中腐化較不嚴重者，但本・阿里及其親信利用其職位去創造經濟私有部門的獨佔利益。因而在2009年貪污印象指數中，突尼西亞在168個國家中名列第65。[6]

---

[4] 突尼西亞原本就有缺乏言論自由的問題，加上維基解密揭露相關機密電文，指出突尼西亞是「警察國家」，本・阿里家族及其兄弟手足與掌管該國經濟的一名黑道份子勾結，且第一夫人靠興建貴族學校賺取利益。此電文公布後，不少媒體相繼播出已遭突尼西亞政府禁止之圖像，政府擔心示威活動的擴張，遂更嚴格地進行網路審查。

[5]〈一個水果攤促成突尼西亞茉莉花革命〉，《聯合新聞網》，2011年1月16日。參見http：//mag.udn.com/mag/world/storypage.jsp?f_MAIN_ID=235&f_SUB_ID=4877&f_ART_ID=29695（檢索日期：2011年6月22日）

[6] "Tunisia," *Freedom House*, 2010. At http：//www.freedomhouse.org/report/freedom-world/2010/tunisia（Accessed 2012/04/08）

突國的貪污腐化問題經由是維基解密（Wikleaks）揭露後，一發不可收拾。維基解密公開美國國務院2009年6月的外交電文，[7]電文內容為引述當時美國駐突尼西亞外交官高迪克（Robert Godec）的報告，將該國總統家族比喻為黑手黨，本‧阿里的手足與該國一名黑道份子勾結，權力核心貪污日趨嚴重，操控全國經濟。尤其第一夫人勒伊拉澤魯‧本‧阿里（Leïla Ben Ali），則大肆斂財、壟斷許多產業，如房地產、傢俱業，建築工程以權謀來賺取私利。[8]

外交電文揭露後加深了民眾對於政府不滿的情緒，而此起揭露事件也成為動亂爆發的重要導火線之一。世界銀行（World Bank）評估，突尼西亞的經濟成長率約2到3個百分比以上，光本‧阿里和其妻子、家人就偷走國家至少2個百分比，造成他們整個家族過著浮華的生活，人民卻還是生活困苦。[9]

二、經濟方面

事實上，在本‧阿里統治時期，突尼西亞經濟快速增長，國民生產總值每年增幅達5％，被稱為「突尼西亞奇蹟」，得到了許

---

[7] 維基解密曾宣稱網站是由來自台灣、美國、歐洲、澳大利亞和南非的政治異見者、記者、數學家以及小型公司的技術人員所創立。包括《紐約客》（2010年6月7日）雜誌在內的多家媒體指出，澳洲籍的網路行動人士朱利安‧保羅‧阿桑奇（Julian Paul Assange）是網站的主導者。2010年4月，《維基解密》在一個名為「平行謀殺」（Collateral Murder）的網站上公開了2007年巴格達空襲時，伊拉克平民遭美國軍方殺害的影片。同年7月，維基解密再發表「阿富汗戰爭日記」，內容包含超過76,900份關於阿富汗戰爭的文檔，在此之前這些文檔都不曾對大眾公開。同年10月，維基解密和主要商業媒體公司合作，又公開了超過400,000份文檔，稱為伊拉克戰爭紀錄。參見http：//wikileaks.info/（檢索日期：2011年4月8日）

[8] 《維基解密—08TUNIs679》參見http：//billypan.com/wiki/08TUNIS679（檢索日期：2011年4月8日）

[9] Mahmoud El-May,"The Jasmine Revolution," *Turkish Policy Quarterly*, Vol. 9, No. 4, 2011, pp. 56-57.

多歐洲國家以及國際貨幣基金組織（IMF）的讚賞。世界經濟論壇
（World Economic Forum, WEF）在 2009 年將突尼西亞評比為非洲最
具競爭力的經濟體，比南非還要好。[10]

　　從1987年起的大約20年間，突國的國內生產毛額速度增長；
然而，2008年的金融海嘯導致旅遊業走下坡，使失業率節節升高。
2010年的調查報告指出，突尼西亞的經濟增長率為3.8％，但失業率
達14％，其中又有30％是年輕人。根據世界銀行的統計，突尼西亞
大學畢業生的失業率已經超過20％，在某些領域甚至接近60％。人
民都將高失業率的問題，歸咎政府，認為嚴重的貪污情況，使一般
人沒有走後門就無法獲得工作。此外，通貨膨脹、政治腐敗、言論
缺乏自由及生活條件不佳也是造成革命的主要原因之一。[11]

　　專制獨裁政權下，如果人民生活又不好，貧富差距過大，社會
缺乏公義，人民相對剝奪感強，民怨就深。長期的獨裁形成腐敗的
統治集團在年輕人失業率高、民生物價高漲、房價高、又缺乏自由
與人權等問題的交織影響下的火花，將是點燃引信的火苗。[12]深度
的民怨加以布瓦吉吉自焚事件催化之下，對本・阿里政權的不滿全
然引爆。另外，透過臉書（Facebook）等社交網站和手機的快速傳
播，突破政府對媒體的箝制，集合社會所有不滿的力量，驅使民眾
紛紛走上街頭，不惜以生命和警方對峙，最後演變為一場人民的花

---

[10] 李酉潭，〈第四波民主化浪潮啟動了嗎？〉，《新世紀智庫論壇》，第53期，
2011年3月，頁89。

[11] 〈民怨引爆政變 突尼西亞出現茉莉花革命〉，《中央廣播電台》，2011年1月
17日。參見 http://news.rti.org.tw/index_newsContent.aspx?nid=276791（檢索日
期：2011年4月10日）

[12] 廖顯謨，〈北非與中東革命之根源與其意涵〉，《全球政治評論》，第34期，
2011年，頁8。

卉革命，催化迫使本·阿里在2011年1月14日宣布解散政府，並且出走到沙烏地阿拉伯。

貳、符號與傳媒效應的影響

　　近年來，就政治運動和社會運動而言，網站成為散播符號的廉價媒體及利器。經統計，臉書已成為網路使用者花最多時間逗留的網站。社群網站與媒體匯流的趨勢，創造了傳播者和受眾的快速溝通空間。「阿拉伯之春」之所以迅速蔓延，除了政府貪污腐化、經濟貧困、民不聊生等背景因素外，眾多具符號意涵的圖片、影片藉由日益普遍的網路通訊科技所造成的感染力，才是對此次革命推波助瀾的關鍵因素。

　　網路文本開放多元的閱讀形式與傳統平面文本的閱讀脈絡不同。網路文本的超連結並非自然為之，而是經過人為安排，當網站具有特定傳播目的或說服意圖在其中時，網站內的每個連結與配置就會以引導瀏覽者認知、將其導向網站意欲的目的性為主。[13]以突尼西亞革命的相關圖片、影片、報導（參見圖4-1）為例：

圖4-1：布瓦吉吉自焚報導

資料來源："Suicide Protest Helped Topple Tunisian Regime."*Thestar.com*, Jan 14, 2011.At http://www.thestar.com/news/world/article/922279-suicide-protest-helped-topple-tunisian-regime（Accessed 2012/03/05）

[13] 孫秀蕙、陳儀芬，〈結構符號學與傳播文本：理論與研究實例〉，《行政院國家科學委員會專題研究計畫》（台北，2010年），頁44-45。

　　圖4-1是網路上的新聞報導，文章上除了以文字敘述布瓦吉吉為抗議警方暴行，以及對政府的失望，在政府大樓前自焚的背景與過程外，還附加了幾張布瓦吉吉自焚，和之後爆發人民上街抗議的照片。怵目驚心的圖片，加上文字的闡述，透過網路傳播後便迅速將布瓦吉吉自焚的消息散佈開來。許多網路媒體架設相關連結與配置以引導瀏覽者認知（一則報導的旁邊或下方常有一連串相關報導、圖片或影片），將其導向網站意欲的目的性為主，讓受眾可以經由連貫性的符號影響，達到認知與情感的連結。

　　突尼西亞剛開始爆發抗爭示威時，人數還不多，主要是集中在中部西迪布吉德市（Sidi Bouzid）政府大樓前。警察使用催淚瓦斯進行驅趕，而在社群網站臉書（Facebook）及影片網站（YouTube）有人將警察與示威民眾發生衝突的圖片或影片上傳，隨即擴散至突尼西亞全國。[14]（參見圖4-2）

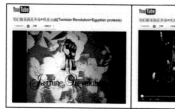

圖4-2：網路上的突尼西亞「茉莉花革命」影片—1

資料來源："Tunisian Revolution+Egyptian Protests." YouTube, Feb 1, 2011.At http://www.youtube.com/watch?v=n83zCNCQoLs&feature=related（Accessed 2012/03/05）

　　如圖4-2所示，影片一開始看到一個握拳的手，看起來像是高喊口號，或是爭取權益時的手勢當作標誌（logo）出現在畫面中央，手的下方出現此圖的文字訊息「Jasmine Revolution」，圖片的背景是

---

[14]Fadhel Kaboub, "On the Jasmine Revolution- Tunisia's Political Economy Exemplies a Region in Transition," *Dollars& Sense*, March/April, 2011, p. 7-8.

茉莉花的剪影圖像。影片首張圖片的符號即提供重要的象徵意義。人民示威抗議的手從茉莉花叢中竄出，隱含著由「人民力量所領導的非暴力革命」之意涵。背景是灰色調，茉莉花則以白色抽象的剪影方式呈現，暗示了突尼西亞的人民雖處在灰暗的生活環境，但經由群眾動員的力量，一定會開出潔白純淨的茉莉花。白色的茉莉花是突國的國花，除了象徵人民的愛國心，希望突國能走向民主自由外，花朵也代表人民希望透過和平抗爭的手段推翻獨裁的象徵性符號。畫面上出現「Jasmine Revolution」的文案，「R」的旁邊還有突尼西亞國旗的紅月與星星的符號，文字存在的語意效用明白告訴受眾，這就是突尼西亞人民的非暴力革命──「茉莉花革命」。這樣的訴求明白的告訴受眾，這是我們國家的人民革命，身為國家的一分子，我們有義務要讓國家更好，你也可以成為加入抗爭的一員，增強了畫面手勢的號召力與權威感。

接下來是一張像在哀悼自焚的自由鬥士布瓦吉吉的圖片。布瓦吉吉的照片被放在畫面中間，上面隱約可以看見紅色血跡般字樣的突尼西亞，旁邊草地上點了幾根蠟燭，從這張圖片可以看出是一個在悼念布瓦吉吉的場景，看到此場景會讓人聯想到一位突尼西亞青年，因失業只好擺攤維生，卻被警察羞辱而自焚以示抗議。這樣的情境會使所有擁有相同文化背景的人民產生情感上的認同，尤其是突國的人民，特別是那些和布瓦吉吉一樣失業的突國青年。

影片中除了一系列的照片之外，還有一段警察鎮壓示威民眾的殘暴行為。畫面中人民不畏懼的走上街頭抗議，呼喊「本‧阿里滾出去」的口號，但卻遭警察以催淚彈驅趕，甚至有警察痛毆人民的畫面。看完影片，受眾很容易會將影片和布瓦吉吉事件，甚至突國的政治腐敗、經濟敗壞的狀況做連結，可以迅速煽動人民憤怒的情

緒;因此,網路媒體將消息傳開後,人民在社群媒體上討論、號召示威行動,加入示威的人民越來越多,迅速擴及全國,甚至影響周邊其他獨裁國家。

除了誘發人民憤怒情緒的圖像符號外,還有使人民產生興奮情緒的鼓勵性圖片(參見圖4-3):

圖4-3:網路上的突尼西亞茉莉花革命影片—2

資料來源:"Tunisian Revolution+Egyptian protests," YouTube, Feb 1, 2011.At http://www.youtube.com/watch?v=n83zCNCQoLs&feature=related(Accessed 2012/03/05)

圖中顯示越來越多人民響應「茉莉花革命」。第一張圖片可以看出突國青年已走上街頭,不分男女,青年們拿著自製的海報標語、拿著國旗示威遊行,甚至有人拿著智慧型手機拍照、錄影,將實況上傳至網路上和朋友分享。第二張圖片則是一台坦克車在畫面中央,軍人並沒有對人民開槍,反而是讓民眾在坦克車體上寫著許多抗議言詞,軍人則是坐在車體上,或是在對人民喊話,沒有要屠殺抗爭人民的意圖。軍人沒有使用坦克車砲轟人民,反而是停在路上,車體上還被寫滿字,進一步隱喻了軍人站在人民這邊的意涵。第三張圖片顯示大批群眾聚集在廣場上抗議。圖片從高處往下拍,更彰顯群眾數量之龐大,暗示著這是一場全民運動,所有突尼西亞人都應該一起加入,更加提升示威者的士氣。從網站文本的意義組構,可以看出以下意涵(參見圖4-4)

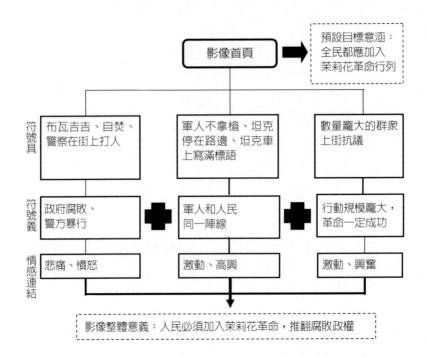

圖4-4：突尼西亞「茉莉花革命」圖像符號意義組構圖

　　人民在決定是否要加入群眾上街抗議時，他們會理性的評估其風險。之前在突尼西亞也有類似的革命份子，但因人數單薄，很容易被警方鎮壓，逮捕後被囚禁或虐待，其他想參與的民眾見狀便不敢輕易嘗試。但布瓦吉吉事件經由網路的散播，加上網站上這些抗議圖片，人民開始充滿信心，認為這麼大的數量，警方沒有辦法鎮壓，有機會行動成功；其次，刻意將軍人拒絕對人民開槍的圖片與影片放在網路上，可以說服人民，軍方和大家是同一陣線，人民很快就可以迎接新政府的興奮情緒充斥在全國的街道，使革命意識渲

染全國，造成本‧阿里政府束手無策。[15]

　　一位親自參加「茉莉花革命」的突尼西亞網路活動家瑞‧努爾（Rim Nour）認為，人民發起革命的動機來自於希望改善生活的社會，政治和經濟條件的動力；但如果沒有新媒體，革命不會這麼順利。現代人的通信工具，大多是網路或行動電話。因此，網際網路在助長抗議方面發揮了積極作用，人民可以隨時以手機拍照，並和其他通訊網路設備保持聯繫。除了社群網站的影響力外，努爾還強調半島電視台（Al Jazeera）[16]的重要性，它在大多數阿拉伯國家的抗議行動扮演相當重要角色，讓世界各地的觀眾了解阿拉伯世界發生的實況。[17]

　　網路媒體的整合被視為是網路革命，也被認為是推翻極權國家的重要推手。數位媒體對群眾抗議事件的演變發展，至少有幾種挑戰阿拉伯國家威權統治的結果。首先，數位媒體能推動集體抗議行動的產生，因數位媒體可降低集體行動的交易成本（transaction costs），讓單一化的個人集結起來。[18]數位媒體能使不同的資訊串聯

[15] Eva Bellin, "Lessons from the Jasmine and Nile Revolutions： Possibilities of Political Transformation in the Middle East?" *Middle East Brief*, No. 50, 2011, p. 3.

[16] 半島電視台（阿拉伯語：الجزيرة，意為「島」或「半島」；轉寫：al-Ğazīrä），是一家位於卡達首都多哈的阿拉伯語電視媒體。半島電視台地處阿拉伯世界，在新聞報導的方面有著許多不同的視角，它在節目中開創性地引入了電話採訪，電視談話等節目，尤其在九一一事件之後，它多次率先播放賓‧拉登和其他基地組織領導人的錄影聲明，從而引起了全世界的廣泛關注。參見Al Jazeera .At http：//www.aljazeera.com/（Accessed 2012/03/04）

[17] Narnia Bohler-Muller and Charl van der Merwe, "The potential of social media to influence socio-political change on the African Continent," *Africa Institute of South Africa*, No. 44, March ,2011, p. 5.

[18] 因為數位媒體的普及，就算單一的個人也可以在網路上成立社團，讓人們可以透過網路集結，由個體變成集體，而不像過去有地區、場地，或時間的限制。例如，幾乎每個人都有3G手機可以行動上網，隨時掌握社群網站上的資訊，

（informational cascades）起來，集結社會上不滿的人走上街頭。數位媒體更提高獨裁者發動鎮壓的代價，增加國際對突發事件的關注力；其次，數位媒體增加集體抗爭的規模，以及符號擴散的速度，並賦予集體行動力量，抑制統治者暴力血腥的鎮壓。第三，藉由數位媒體的傳播，讓國際社會及時掌握重大事件的發展，尤其是對這區域最有影響力的美國。[19]

參、連鎖效應

突尼西亞的「茉莉花革命」爆發後，埃及、葉門（Yemen）、利比亞（Libya）、巴林（Bahrain）、敘利亞（Syria）、阿爾及利亞（Algeria）、約旦（Jordan）等國亦相繼發生大規模示威遊行。茅利塔尼亞（Mauritanian）、沙烏地阿拉伯（Saudi Arabia）、阿曼（Oman）、蘇丹（Sudan）、摩洛哥（Morocco）、吉布地（Djibouti）、索馬利亞（Somalia）、科威特（Kuwait）、黎巴嫩（Lebanon）和西撒哈拉（Western Sahara）則出現小規模示威事件。這也促使北非與中東茉莉花革命，每一天都有令人難以預測的變化。[20]

綜觀北非、阿拉伯世界國家人口結構，絕大部分國家的人口半數是在三十歲以下；換句話說，相較於歐美社會的嬰兒潮是六十

或發表自己的言論，甚至直接在網站上討論、分享，降低集體行動成本。參見 Martin Lister, "New Media：A Critical Introduction," 2009, pp. 9-10.

[19] 蔡秀勤、張佑宗合著，〈阿拉伯之春的啟示與反思〉，《台灣民主季刊》，第8卷第3期，2011年，頁206。

[20] 蔡昌言、蘇建瑋，〈從茉莉花革命看伊斯蘭國家的政治民主化〉，收錄於《中華民國國際關係學會第四屆學術研討會──國關理論與全球發展學術研討會論文集》（台北：淡江大學，2010年），頁3。

至七十歲，阿拉伯世界的嬰兒潮是二十至三十歲，這個年齡層的族群是血氣方剛的年輕人，若是失業，很容易觸發對政府不滿而有激烈的舉動。加上阿拉伯世界的國家政治體制封閉，許多領導人多半連任二、三十年，世襲且獨裁。對於國內的不滿不是收買，就是武力鎮壓，政府極少追求進步與改變，尤其家族成員大肆斂財，掌握國家大部份財富，造成貧富極度不均，更成為人民義憤填膺的話柄。幾乎過去所有動員工具都掌握在統治者手裡，無論報紙、電視或反對黨都遭到嚴密監控。直到新興網路與傳播科技的發達，使用社群網站的人民，很快的從交誼轉變到政治動員，他們更從非暴力抵抗運動的實例中得到啟發，運用新科技召集動員，使政府防不勝防。[21]以下是茉莉花革命連鎖效應下幾個代表國家境內的革命過程。（參見表4-1）

表4-1：突尼西亞茉莉花革命對阿拉伯世界國家之影響

國家	時間	導火線	結果
阿爾及利亞	文化與民主聯盟（Rassemblement pour la Culture et la Démocratie, RCD）於2011年1月22日在首都阿爾及爾發動大規模示威。	受突尼西亞茉莉花革命影響，當地年輕人紛紛上街抗議物價高漲，還傳出自焚事件。阿爾及利亞的最大反對黨——文化與民主聯盟指控軍隊權力過大、政府打壓政黨、當局未能利用發展能源的收益，提高人民的生活水平。[22]	示威者與政府支持者對峙，警方為了公眾安全，禁止示威者在市內遊行，且動員防暴警察封鎖出入的通道。由於示威者未得到工會和最大反對黨的支持，總統布特弗利卡（Bouteflika）並未因此下台，但抗議活動仍不斷發生。[23]

[21] Lakhdar Ghettas,"The Geopolitical Repercussions of the Tunisian Jasmine Revolution on North Africa,"*LSE Ideas*, January 2011, pp. 1-2.
[22] 〈阿爾及利亞騷亂40傷 茉莉花革命蔓延多國〉，《中國日報》，2011年1月24日。參見 http：//dailynews.sina.com/bg/news/int/int/chinesedaily/20110124/23052185666.html
[23] 〈茉莉花革命發酵 阿爾及利亞葉門續爆示威〉，《大公網》，2011年2月24日。參見http：//www.takungpao.com/news/world/2011-02-14/544913.html（檢索日期：2011年6月23日）

約旦	2011年1月14日，零星的抗議活動在首都安曼（Amman）、馬安（Ma'an）、卡拉克（Karak）、賽勒特（Salt）及伊爾比得（Irbid）等城市發生。1月21日，共有5000人在安曼街頭示威抗議，是約旦2011年規模最大的群眾抗議事件。	受突尼西亞茉莉花革命影響。近年來約旦物價持續上漲，失業率不斷攀升。數據顯示，約有四分之一人口處於貧窮綫下，失業率達百分之十四。	工會成員和左派政黨呼籲首相薩米爾·里法伊（Samir Rifai）下台，並高呼反政府的口號。國王阿不都拉二世（Abdullah II）於2月1日決定宣布撤換首相薩米爾·里法伊，任命前首相兼前軍方將領馬魯夫·巴希特（Marouf al-Bakhit）籌組新政府。[24]
蘇丹	蘇丹伊斯蘭反對派領袖杜拉比（Turabi）於2011年1月17日呼籲效法突尼西亞式的革命，推翻獨裁領導人，隨即引發大學生示威，要求地方政府官員下台。[25]	受突尼西亞與埃及茉莉花革命影響。人民普遍對經濟和政治不滿。蘇丹在英埃共管時期，英國將議會民主體制度應用到對蘇丹的管理之中。蘇丹雖一直保留民主體制和選舉制度，但傳統部族政治與酋長制未因此有效改變。蘇丹一直徘徊於民主與專政之間，陷於民選政權與軍人政權交替執政的循環，難以跳脫。[26]	在進行獨立公投的蘇丹地區，有人呼籲效法突尼西亞發動政變，以抗議並推翻政府，且有一名25歲男子自焚，傷重不治。在北部地區民眾發起零星示威。蘇丹總統巴希爾（Bashir）為了避免步上突尼西亞與埃及兩國元首的後塵，便宣布不再謀求總統連任。

[24] 〈茉莉花革命蔓延至約旦〉，《星島日報》，2011年1月29日。參見 http://news.sina.com.hk/news/1310/3/1/1999561/1.html（檢索日期：2011年6月23日）
[25] 〈複製茉莉花革命 蘇丹反對派領袖被捕〉，《中央廣播電台》，2011年1月18日。參見 http://news.rti.org.tw/index_newsContent.aspx?nid=277042（檢索日期：2011年6月23日）
[26] 〈蘇丹：「最民主」的國家在怪圈中發展〉，《新華新聞網》，2011年3月17日。參見 http://big5.xinhuanet.com/gate/big5/news.xinhuanet.com/world/2011-03-17/c_121195657.htm（檢索日期：2011年6月23日）

阿曼	2011年1月17日，約200人示威抗議。第二天，阿曼北部工業重鎮蘇哈爾約2000多名群眾，在市中心廣場聚集，要求政治改革。	受突尼西亞與埃及茉莉花革命影響。抗議國王兼首相卡布斯（Qabus）在位40年，國家長期處於封閉狀態、高物價和政府貪污，並要求政府提供工作，加薪和打擊貪污。	警方開槍鎮壓，群眾反擊，雙方爆發衝突。至少兩人遭射殺，8人受傷。為了舒緩民怨，卡布斯宣布，向失業民眾每月發放400美元救濟金，並承諾創造5萬個工作機會。[27]
葉門	2011年1月18日，沙那大學爆發聲援突尼西亞的百人示威。	受突尼西亞與埃及茉莉花革命影響。民眾要求政府修改憲法，改善經濟與失業的問題，並要求在位30多年的總統薩利赫（Saleh）下台	薩利赫只同意提早舉行議會選舉，改革司法制度，但拒絕提早交出權力。同時宣布在2013年任期屆滿後不再連任，並要求內閣以看守立場繼續運作，直到新內閣組成為止。[28]

第二節　埃及「茉莉花革命」

埃及「茉莉花革命」又稱「蓮花革命」，是延續突尼西亞革命後，另一場受國際矚目的「國花革命」。[29]埃及的穆巴拉克政權在許多情況，與突尼西亞十分類似。持續增加的失業青年、物價攀

[27] 〈蘇哈爾兩千群眾上街示威 要求政治改革〉，《XINMSN新聞網》，2011年2月28日。參見 http://news.xin.msn.com/zh/world/article.aspx?cp-documentid=4675632（檢索日期：2011年6月23日）

[28] 〈葉門10萬人上街 軍方開槍鎮壓〉，《世界日報》，2011年3月6日。參見 http://www.worldjournal.com/view/full_news/12178912/article-%E8%91%89%E9%96%8010%E8%90%AC%E4%BA%BA%E4%B8%8A%E8%A1%97-%E8%BB%8D%E6%96%B9%E9%96%8B%E6%A7%8D%E9%8E%AE%E5%A3%93?（檢索日期：2011年6月23日）

[29] 〈誰是下一個突尼斯？西方憂「反美反以」浪潮〉，《中國評論新聞網》，2012年3月5日。參見 http://www.chinareviewnews.com/doc/1015/8/5/6/101585678_2.html?coluid=7&kindid=0&docid=101585678&mdate=0130155934（檢索日期：2012年3月8日）

升，以及政治腐敗的猖獗。[30]埃及被壓迫的人民也期待能夠像突尼西亞人民一樣勇敢地改變現況，為自己的未來奮鬥。他們模仿突尼西亞人民的做法，這場革命也成功的在埃及開花結果。

壹、革命背景分析

突尼西亞自焚事件所帶來的革命浪潮，讓埃及人民爆發自焚抗議事件。埃及在2011年1月18日傳出兩起自焚事件，一起發生在開羅（Cairo），當事人為一名律師；另一起發生在亞歷山大（Alexander），當事人是一名25歲的失業男子。消息一傳出，已經有埃及人在臉書上呼籲群眾在1月25日（即埃及全國警察日）走上街頭抗議，而標語是「一起來革命，反對酷刑、貧困、腐敗與失業問題」。[31]

2011年1月28日，埃及民眾的抗爭進一步擴大。據報導，當天約有8萬人加入街頭抗議行列，要求罷黜埃及總統穆巴拉克。年輕網民在網路上發出打倒獨裁等字眼的訊息，通過網絡傳開。穆巴拉克在埃及是聞名遐邇的總統，對中東格局產生重大影響。身為軍人的他穩健、務實，訂定明確目標路線，使埃及度過重重難關，反觀這樣的一位總統為何會引起民眾的不滿？革命的原因和人民追求民主意志有很大關連。

一、政治方面

穆巴拉克執政時代的政黨活動雖受《執政法》、《緊急狀態

---

[30] 蔡秀勤、張佑宗，〈阿拉伯之春的啟示與反思〉《台灣民主季刊》，頁201。

[31] 王麗娟，〈茉莉花革命延燒 埃及爆30年來最大示威〉，《聯合報》，2011年2月17日。參見 http://evelynlu9.pixnet.net/blog/post/33827811（檢索日期：2012年3月8日）

法》和政黨事務委員會的限制，執政的民族民主黨始終處於一黨獨大的中心地位。[32]除此之外，穆巴拉克一向重視國防建設，從80年代中期起，透過美國的軍援獲得先進武器裝備，同時也向歐洲和其他國家購買武器，國內的軍火工業也迅速發展。兩伊戰爭期間，他曾向伊拉克提供價值高達50億美元軍火，還向蘇丹、科威特等國銷售大批裝甲運輸車、反裝甲飛彈等。

　　2010年自由之家的評比，埃及政治權利的評比為6，公民自由為5，雖處於不自由國家的行列，但情況只比突尼西亞稍微好一點。[33]自1981年以來，穆巴拉克已經贏得四次總統大選，每次都是壓倒性的勝利。但是這中間的前三次都是沒有競爭對手的。迫於美國的壓力，第四次選舉才開放多位候選人競選，包括反對派領袖艾曼‧努爾（Ayman Nour）出現在選票上，但仍為一場不公平的競賽。努爾在2009年2月被關三年後才釋放，而最大的反對派穆斯林兄弟會（Muslim Brotherhood），仍然被宣布為非法組織，穆巴拉克透過選舉舞弊讓回教徒無法獲得任何席次。[34]

　　選舉作秀只是個開端。在埃及，要成立政黨幾乎不可能，更何況如果政黨想要提出總統候選人，至少必須成立五年，並在人民議會和埃及協商會議占有3％的席位，如此更增加參選的難度；另外，無黨派的獨立競選者，需要從執政黨控制的議會獲得250個簽署才能

[32] 楊灝城、許林根，《列國志──埃及》（北京：社會科學文獻出版社，2006年），頁122-129。

[33] "Egypt," *Freedom House*, 2010. At http：//www.freedomhouse.org/report/freedom-world/2010/egypt （Accessed 2012/04/08）

[34] Arvind Gupta, "Lessons from Egypt： Do Not Underestimate the Power of Peaceful Satyagraha and the Internet , "IDSA Comment, February14, 2011. At http：//www.idsa.in/idsacomments/LessonsfromEgyptdonotunderestimatethepowerofpeacefulSatyagrahaandtheInternet_agupta_140211 （Accessed 2011/09/27）

參與競選。[35]穆巴拉克迴避實質的政治改革與持續危害公民自由，持續對反對派穆斯林兄弟會與獨立記者的鎮壓；因此，制止警察濫施酷刑的權力，則成為埃及抗議民眾提出的重要訴求之一。

二、經濟方面

雖然穆巴拉克時代的埃及，是中東地區聞名遐邇的阿拉伯軍事大國，但國內問題仍困擾穆巴拉克政府，如人口急遽膨脹，國民所得僅600多美元，債務沉重，對外部資金依賴性嚴重，國防支出經常超過年度預算的五分之一，經濟企業管理不良，貧富分化現象日益嚴重，回教基本教義派的勢力不斷抵制或反對政府決策等。[36]由於諸多複雜多變的矛盾問題，使埃及許多城市在25日以後發生大規模民眾集會示威，要求穆巴拉克結束長達30年的統治。

據《美國之音》報導，亞歷山大的抗議者放火焚燒了一座政府大樓。目擊者說，至少兩名抗議者被殺。來自蘇伊士的電視畫面顯示，示威者向安全人員的車輛投擲石塊，一座建築物中冒著濃重的黑煙，抗議者與全副武裝的防暴警察正面對立。埃及個人及運動團體透過臉書、推特，傳遞2011年1月28日禱告後舉行大規模遊行的訊息。走上街頭的人們高呼「打倒穆巴拉克，打倒暴君」、「我們不要你」。

埃及網路服務則從28日凌晨開始中斷，行動電話簡訊也無法傳送。曾任國際原子能總署（International Atomic Energy Agency, IAEA）署長，並在2005年獲得諾貝爾和平獎的希爾琳‧艾巴迪（Shirin

---

[35] Elizabeth Dickinson, "Anatomy of a Dictatorship： Hosni Mubarak," Foreign Policy, Feb 4, 2011. At http：//www.foreignpolicy.com/articles/2011/02/04/anatomy_of_a_dictatorship_hosni_mubarak（Accessed 2011/09/27）

[36] 朱威烈，《世界熱點──中東》（台北：五南出版社，1993年），頁97-105。

Ebadi)於27日晚上抵達埃及呼籲統治者「傾聽人民的聲音」，而不是使用暴力。艾巴迪是支持埃及政治改革的知名人物之一，他的出現對這次抗爭有著指標性的作用。[37]2011年2月11日，在長達十五天的民眾抗議後，穆巴拉克宣布辭職。埃及成為阿拉伯地區中第二個因為大規模示威導致政權更替的國家。

　　在民主化的浪潮下，埃及的民主政治已形成具體的發展。根據媒體的報導，2011年3月20日初步計票結果顯示，埃及首次自由投票的憲法修正案公民投票，壓倒性多數投下同意票，解除此前穆巴拉克執政時期對參政權和公民權的箝制。修憲案過關將可讓臨時軍政府在9月前舉行全國大選，還政於民。這是2月11日穆巴拉克結束長達三十年的執政下台後，埃及民眾初嘗民主滋味，也成為半個多世紀來埃及首次自由投票。為防止再出現「萬年總統」，修憲案將原本總統每屆六年的任期縮短為四年，並且規定只能連任一次。修正案還放寬總統候選人條件，允許無黨籍與反對黨人士參選。[38]

貳、符號與傳媒效應的影響

　　如同突尼西亞革命一般，埃及革命的擴散同樣也是因大量的圖像、影片在網路上傳播導致。由於穆巴拉克政府的執法機構過度使用武力，警察部隊不斷壓制民主起義。2010年6月6日，有人證看見沙義德（Khaled Mohamed Saeed）被警察毆打致死，引起全國人民譁然。接著，突尼西亞革命爆發，埃及開始有人民模仿自焚表示抗

---

[37] 〈茉莉花革命蔓延 打倒獨裁埃及一呼百應〉，《大紀元》，2011年1月29日。參見 http://www.epochtimes.com/b5/11/1/29/n3156594.htm（檢索日期：2012年3月8日）

[38] 李酉潭，〈第四波民主化浪潮啟動了嗎？〉，《新世紀智庫論壇》，頁91。

議，埃及人民長期壓抑的情緒瞬間引爆，人民開始示威抗議，許多人將圖片或製作的影片放在網路上供人轉載。埃及網路社運的谷歌（Google）主管瓦勒·戈寧（Wael Ghonim）甚至成立一個稱為「我們全是沙義德」（We Are All Khaled Saeed）的臉書頁面，讓大家可以上傳許多政府腐敗、警察暴行的圖片和影片，人民透過這個可以撻伐政府，甚至號召革命的空間，抒發內心的憤恨，引起全國人民的憤怒。[39]（參見圖4-5）

圖4-5：支持埃及茉莉花革命影片

資料來源：We Are All Khaled Saeed。參見http://wn.com/We_are_all_Khaled_Said（檢索日期：2012年3月5日）

　　如圖4-5所示，影片一開始是一張寫著「埃及人的革命/一個和平的呼籲」（Egyptian Revolution/a Call for Peace）文案的畫面，左上方還有「世界對埃及和平的呼籲」，明白告訴受眾，全世界都在對埃及呼喊，希望能走向和平與自由。接下來是一系列埃及人民示威

---

[39] "Decoding the Revolution," Egypt Today, March 01, 2012. At http：//www.egypttoday.com/news/display/article/artId：176/Decoding-the-Revolution/secId：5/catId：24（Accessed 2012/3/27）

抗議的圖片，先是警察鎮壓的畫面，再來是軍人擁抱人民、甚至親吻人民的圖片，隱含著群眾不畏執法單位，以和平方式呼籲軍警放下武器，一起迎接民主自由。剛開始警察雖以催淚瓦斯及警棍攻擊群眾，但最後還是選擇和人民一起推翻穆巴拉克。

接著是一連串歐洲各國人民走上街頭聲援埃及人民革命的影像，有加拿大、德國、美國、巴黎等，人民手拿國旗，還有寫著「穆巴拉克必需下台」（Mubarak Must Go）的標語海報；隨後是各國青年錄製對埃及的呼籲，雖然他們說著自己國家的語言，但畫面下方都以英文寫著「我支持你們」、「埃及需要和平與自由」。這些影像的前後安排，引導全世界瀏覽者都支持埃及的獨裁政體解放，清楚傳達人民對和平與自由的渴望。網路上還有許多人運用沙義德圖像符號抗爭的圖片：（參見圖4-6）

圖4-6：沙義德事件圖像符號運用

資料來源：Khaled Saeed. Egypt Revolution Youth from National Coalition。參見 http://www.youtube.com/watch?v=tPMU4rzE9i4&feature=related http://sfbayview.com/2011/egypt-revolution-youth-form-national-coalition/（檢索日期：2012年3月5日）

第一張圖片是將沙義德生前原本樣貌的照片，和被警察施暴後被發現的遺體照片做合成，上面還放了幾個揭發埃及政府惡行的網站標誌。象徵著政府對沙義德的暴行是無法隱藏的，透過網路的傳播，全世界的人都會看見執法單位的暴虐與醜陋；圖上寫著「我們都是沙義德」，象徵所有的埃及人民都是在這樣的暴行環境下生

活,沙義德所遭遇的事,哪一天我們也會遇到;第二張圖可以看見示威的人民,拿著畫有沙義德肖像的海報站在鎮暴警察前面抗議;第三張圖是遊行的人民在頭上戴了沙義德面孔的面具。這些圖片都和「我們都是沙義德」的文案表意相呼應,表達出人民不只在為沙義德抱不平,也是在為自己伸張正義。綜合分析網站上圖片與影片文本的意義建構,可以看出以下意涵(參見圖4-7):

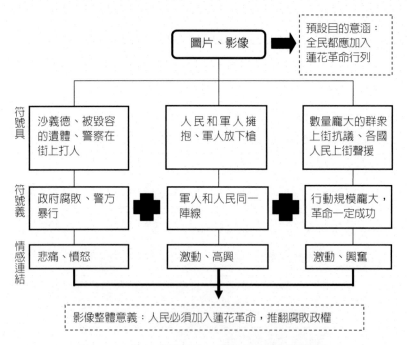

圖4-7:埃及「蓮花革命」圖像符號意義組構圖

革命剛開始,穆巴拉克試圖監控推特和臉書的網路流量和移動信息。人們轉而利用手機的應用程式來傳播訊息;一旦政府查獲攝影機,記者和抗議者便使用他們行動電話的應用程式來錄製聲音,並立即貼到社群網站上。記者可以使用社群網站張貼報告,上傳他

們所看見的故事、照片、影片。新傳播型態象徵著一個嶄新的公共或流行報告形式。[40]

在埃及革命中，我們看到的不僅是符號意象傳遞，更看到網絡如何推動社會革命。當埃及青年通過臉書、推特等社群網站開始動員的時候，穆巴拉克政權第一時間的反應就是重拾威權的管制方式，迅速關閉網絡。他萬萬沒有想到，這樣的舉動對於經常使用網絡的年輕人，反而助長他們的怒火，突顯自己對整個國家問題感到沒信心和恐慌，使人民對於政府的不滿無法再讓步。統治者的進退失據，彰顯了網絡的巨大影響力。[41]

第三節
突尼西亞與埃及「茉莉花革命」綜合評析

突尼西亞和埃及「茉莉花革命」的結果是讓人前所未有的。在阿拉伯獨裁政權世界裡，尚不曾出現大規模民眾示威抗議的活動致使長久執政獨裁政權垮台的例子。而這樣的成功案例，更造成中東地區掀起一股民主轉型浪潮。雖然，獨裁政府的結束不代表民主轉型的成功，後續的民主體制建制還需要極大的努力；但藉由分析這兩個國家的人民革命以及它們所造成的餘波，我們更相信民主革命力量如何擺脫獨裁政府對其限制，並迅速造成擴大效應。

---

[40] Narnia Bohler-Muller and Charl van der Merwe, "The Potential of Social Media to Influence Socio-Political Change on the African Continent," *Africa Institute of South Africa*, No. 44, p. 5.

[41] "Revolution Through Arab Eyes Manufacturing the Truth," *Al Jazeera*, Feb 14, 2012. At http：//www.aljazeera.com/programmes/revolutionthrougharabeyes/2012/02/20122612918497347.html（Accessed 2012/03/08）

　　「茉莉花革命」的成功來自於有效的群眾動員。但這樣的現象突顯出一個難題。那就是我們應如何解釋在這麼多年政治壓抑的狀況下，突然會有成千上萬的民眾自願加入示威抗議的行列？高史東（Jack A . Goldstone）在〈反思革命：結合起源、過程與結果〉（Rethinking Revolutions: Integrating Origins, Processes, and Outcomes）一文中指出，導致「顏色革命」的原因，主要因為人民對國家體制迫害的不滿、政府官員的腐敗、國家經濟的疲弱、菁英的分裂等因素，而所展開的一連串和平抗爭。[42]

　　分析突尼西亞與埃及的顏色革命可知，兩國的統治菁英們，時常受賄，收取佣金、回扣，任用自己的親信，藐視法律，來滿足自己奢侈的開銷慾望。而經濟困苦的問題也同時存在於兩國。突尼西亞的失業率相當高，約占總人口的15％，而15到29歲的青少年人口佔失業人口的30％，突國的大學畢業青年佔全國人數46％，大部分畢業生卻常常一畢業就失業；[43]在埃及，嚴重貧困的狀況也顯而易見。根據世界銀行的數據，40％的埃及人生活在低於每天2美元生活費的貧困線下。[44]

　　無庸置疑地，這些種種的不滿是相當關鍵的因素，但單單就這些背景因素而言，仍無法解釋如此大規模的群眾動員。事實上，這

[42] Jack A. Goldstone,"Rethinking Revolutions： Integrating Origins, Processes, and Outcomes,"*Comparative Studies of South Asia, Africa and the Middle East,* Vol. 29, No. 1, 2009, p.18.

[43] David Kirkpatrick,"Tunisia Leader Flees and Prime Minister Claims Power," *New York Times,* January 14, 2011. At http：//www.nytimes.com/2011/01/15/world/africa/15tunis.html?pagewanted=all（Accessed 2012/03/08）

[44] David Kirkpatrick,"Mubarak's Grip on Power is Shaken,"*New York Times,* January 31, 2011. At http：//www.nytimes.com/2011/02/01/world/middleeast/01egypt.html?pagewanted=all（Accessed 2012/03/09）

些人民對政府不滿已存在幾十年，過去也不曾有過大規模的群眾示威。這些主要革命因素存在於中東地區的其他國家，直到突尼西亞革命才觸發了群眾大規模動員的浪潮。為什麼民主革命浪潮首發於突尼西亞與埃及？為什麼是現在才發生？其實與符號的運用密切相關。

壹、革命情感的觸發器——符號運用

一般來說，在獨裁統治下的人民因為害怕被逮捕後的懲罰，常常無法鼓足勇氣走上街頭示威抗議，除非出現觸發人民，如憤怒、害怕、哭泣、咆嘯或亢奮等革命情感性行為的關鍵因素。[45]突尼西亞與埃及都因長期潛伏於人民心中的不滿情緒被激發，而引發大規模的群眾抗議行動。

以突尼西亞為例，有兩個主要激起人民走上街頭抗爭情緒的原因。其一，布瓦吉吉的自焚事件。布瓦吉吉因失業被迫當無照小販，期間遭受執法人員公開的輕蔑和羞辱，最後以自焚表達對政府的不滿。他的經歷反映出許多突尼西亞人處於政府暴政及經濟蕭條下的困境，尤其是突國的青少年普遍存在失業問題，被迫當小販，對經濟無望的情況，布瓦吉吉的行為引起突國民眾對政體反彈的共鳴，也點燃了人民的怒火。其二，國家為鎮壓示威者使用催淚瓦斯和出動警力。據報導，政府設置狙擊手於屋頂開槍殺死抗議的群眾，也就是殺害自己的同胞。直到2011年1月中旬，突尼西亞安全部隊殺了約78人。事實上，越來越多的人因此被殺害。[46]突國的武力鎮

---

[45] 趙鼎新，《社會與政治運動講義》（北京：社會科學文獻出版社，2006年），頁68-69。

[46] "78 People Killed in Tunisia Turmoil," *Middle East Online*, January 17, 2011. At http：//www.middle-east-online.com/english/?id=43685 （Accessed 2012/03/09）

壓進一步引發社會的公憤，反而使人民更堅定革命意志，政府以武力對付手無寸鐵的示威民眾，甚至要警察殺害自己的同胞，造成警察與人民之間情感的矛盾與對立。

在埃及，穆巴拉克政府的執法機構過度使用武力，警察部隊不斷壓制民主抗議事件。透過「我們都是沙義德」的臉書頁面，沙義德被毀容的屍體圖片及證人對當時狀況的描述，還有許多政府腐敗、警察暴行的圖片和影片被網友四處轉載，造成全國對此案件的關注。沙義德事件煽動人民的情感，使本來對埃及通貨膨脹，貧富差距極大及警察執法過當的憤怒情緒瞬間爆發。此外，還有比憤怒情緒更關鍵性的情感觸發器。因為突尼西亞的成功，使在埃及街頭示威的群眾更多了一種積極的情緒，那就是「興奮」（euphoria）。本‧阿里的下台讓埃及人充滿信心，人民帶著興奮的心情上街抗議，讓獨裁者可以被推翻的認知從不可能變成可能。突尼西亞的例子激勵埃及人民，甚至更多其他獨裁統治國家，證明透過情緒觸發讓人民團結在一起，非暴力革命可以成功推翻暴政。[47]

綜觀革命情感在突國與埃及的誘發情形，要能號召廣大群眾必須利用符號性行為，經由媒體傳播後，使傳播者與受眾產生符號互動，影響群眾認知，以達到革命情感的觸發。透過巴特隱喻、轉喻的象徵概念，可以表現出見微知著的意涵。例如，寫實主義繪畫者不是去美化一個景象，而是去記錄眼睛所見的真實，並以此圖所表現的部分真實來轉喻全部事態。[48]突尼西亞及埃及人民拍攝警察

[47] Eva Bellin, "Lessons from the Jasmine and Nile Revolutions： Possibilities of Political Transformation in the Middle East?"pp. 2-3.
[48] 黃鉦堤，〈巴特的符號學與政策方案的解讀〉，《政治科學叢論》，第35期，2008年，頁190。

對民眾施暴的畫面,群眾手拿標語或象徵物上街抗議的畫面,甚至有人將這些圖片製作成影片,希望透過圖像、聲音、文字的結合方式,以部分代表全部,來象徵政府的腐敗無能,進而觸發人民情感的連結以達動員群眾之目的。

貳、武裝部隊的專業化

突尼西亞與埃及茉莉花革命能夠如此成功,還有一重要因素,即軍隊的專業素養。[49]深入探討,此次抗議示威,剛開始規模並不算太大。照理說,政府軍警完全可以對付。關鍵轉折,在於軍隊倒戈。軍隊的倒戈是大規模的抗議活動後,獨裁者逃離的關鍵。在杭廷頓(Samul Huntington)看來,軍隊身為社會上管理暴力的專家,雖然特殊,卻效忠國家、服從文人領導,並奉獻他們的專業知識以保衛國家。故專業化的軍隊在政治上是中立的,應該效忠憲法及國家而非個人。[50]如果軍隊具專業精神,它不會與統治者有親屬上的緊密關係,若軍隊不與政權陷入權貴利益的爭奪,也可能放棄一個被人民詬病且企圖推翻的統治者。軍隊作為一個擁有武力的機構,對於保國衛民的指令勢在必行;但統治者若下令對無辜的人民開火,服從此令會嚴重損害軍隊的合法性和內部紀律,有違其職業精神。對自己國家的人民發動武力,從理性層面來看,付出的代價極高,面對這些

---

[49] 杭廷頓說的專業軍人具三項特徵,即專門知識和技術、責任感和團隊精神。專門知識和技術就是暴力的管理;責任感是指軍人必須負起維護國家社會安全的責任;團隊精神則指他們在國家安全上的功能驅動力促成了一個複雜且自主的社會單位,更大程度培養了軍人團結一致的精神。參見洪陸訓,《軍事社會學——武裝力量與社會》(台北:麥田,1999年),頁215-222。

[50] 陳俊明,〈政黨輪替、文武關係與台灣的民主鞏固:分析架構與策略〉,《政治科學叢論》,第24期,2005年,頁80。

潛在的成本，軍隊須慎重思考其利益關係，所以在民主革命中，軍隊常常會決定和人民站在同一陣線，並迎接新的領導者。[51]

　　長久以來，突尼西亞的軍事專業化不讓軍事與政治掛勾。該國的開國元勳，布爾吉巴（Habib Bourguiba），一直堅持小規模的軍隊，並且不讓軍人掌權。直至1987年，本・阿里在被布爾吉巴任命掌管內政部，也沒有軍官曾在突國內部擔任要職；即使在本・阿里上台後，仍堅持和軍事保持距離，他從來沒有和軍隊共享權力，也沒有給予特殊經濟待遇。此種軍隊國家化的作為，使軍方在面對非法的屠殺指令時，不願意和本・阿里同一陣線。[52]甚至茉莉花革命發生時，就有一位將領，拉希德・阿馬爾（Gen Rachid Ammar）直接跟本・阿里表明，軍隊不會聽從他的命令屠殺突尼西亞同胞，本・阿里只好棄職出逃。[53]

　　埃及的情況較為複雜。埃及軍方擁有良好的專業化聲譽，支撐埃及與美國的軍事關係。由於軍方和穆巴拉克家族沒有親屬上的關係，因此，軍方極有可能背離獨裁者的體系；但是，與突尼西亞不同，穆巴拉克以軍事政變取得政權，所以埃及軍方曾長期參與該國的政務，軍隊有可能支持軍人出身的總統。但是，軍隊的專業化和理性選擇戰勝維護獨裁政權的利益，進而迫使穆巴拉克被迫下台。[54]

---

[51] David S. Sorenson, "Transitions in the Arab WorldSpring or Fall?" *Strategic Studies Quarterly*, 2011, pp. 23-24.

[52] Eva Bellin, "Lessons from the Jasmine and Nile Revolutions：Possibilities of Political Transformation in the Middle East?" p. 4.

[53] David S. Sorenson, "Transitions in the Arab World-Spring or Fall?"p. 25.

[54] Eva Bellin, "Lessons from the Jasmine and Nile Revolutions：Possibilities of Political Transformation in the Middle East?"p.4.

參、新媒體的催化作用

　　媒體是催化突尼西亞和埃及革命成功的關鍵。以往在政治抗爭動員上，常因社會官商勾結和政府的鎮壓阻撓了抗爭者的決心。政治異議人士被逮捕和殘害、禁止公眾集會、演講內容必須經過審查、出版品經常被禁止（突尼西亞比埃及更為嚴重），在諸多獨裁限制下，許多埃及人和突尼西亞人在強權下，只好和獨裁政權妥協，以換取穩定的政治環境。直到新媒體的出現，透過手機、臉書、推特（Twitter）等網路平台，運用前所未有的動員方式，可以快速的傳送群眾參與抗議的影像符號以動員集體行動。

　　臉書頁面上大量的影像內容，大幅宣傳布瓦吉吉自焚的和沙義德被施暴致死的訊息及畫面，由於兩國人民透過網路上，發佈許多語言符號（圖片上的標語、影片中的台詞及旁白）、聲音符號（象徵性的聲音，塑造出一種感染力和滲透性的政治想像）、圖像符號（以部分畫面呈現當時的情境或象徵整個政府的腐敗），使受眾注意到這些象徵元素，激發民眾加入抗議浪潮，大大增加了參與的程度。[55]透過網路積極傳遞及手機運用，人民可以學習來自世界各地分享者的非暴力抗爭策略，例如，美國政治學者吉恩‧夏普（Gene Sharp）倡導非暴力對抗獨裁政府，其出版著作被翻譯成多種語言，在網路上免費下載。積極參與埃及網路社運的谷歌（Google）主管瓦勒‧戈寧（Wael Ghonim）[56]、埃及臉書社團「4月6日青年運動」

---

[55] 張曉峰、趙鴻燕合著，《政治傳播研究：理論、載體、型態、符號》（北京：中國傳媒大學出版社，2011年），頁222。
[56] 瓦勒‧戈寧（Wael Ghonim）是谷歌（Google）在中東地區的行銷主管，他因為在網路上發布支持人民爭取民主的訊息，曾被埃及當局拘留12天，毫無訊息。戈寧被埃及人視為「埃及的布瓦吉吉」，後來在國際壓力下，埃及當局決定釋

發起者之一的阿卜杜勒・法塔赫（Israa Abdel Fattah）[57]，以及突尼西亞部落客麗娜・本・曼尼（Lina Ben Mhenni）[58]等。都被視為茉莉花革命的幕後推手。

　　社群網路科技已經改變了阿拉伯青年的思維，未來網站會朝混合式媒體發展，結合傳統媒體的精準、公平以及新媒體的透明化、立即化與責任感。新媒體提供了成千上萬人同步行動與協調的平台；最重要的是，新媒體的匿名性和自發性，使人民能夠逃離獨裁國家的控制和鎮壓，提供群眾集會的場所，即使在沒有任何正式的組織基礎設施，茉莉花革命證實了不能低估網路的力量。[59]

放他，此後戈寧就成為街頭人民的發言人。穆巴拉克宣布辭職之後，戈寧馬上透過推特貼文：「恭喜埃及，那個罪犯已經離開總統府。」他接著用英語在個人推特網頁上說：「歡迎埃及回來。真正的英雄是解放廣場（Tahrir Square）和其他埃及各地的年輕埃及人。」參見 "Arab bloggers discuss democracy in Tunis," *AFP*, October 3, 2011. At http：//www.dailytelegraph.com.au/news/breaking-news/arab-bloggers-discuss-democracy-in-tunis/story-e6freuyi-1226157621400（Accessed 2012/03/04）

[57] 阿卜杜勒法塔赫（Israa Abdel Fattah）於2008年在埃及和其他青年共同創立「4月6日青年運動」臉書社團，支持工人在4月6日的罷工。這個群體逐漸成為一種流行的政治運動團體。在2008年，法塔赫甚至被埃及以危害國家安全被逮捕。她被拘留後提出申請並挑戰國家的審查政策，此舉引起埃及媒體的注意，成為反腐敗的象徵。埃及革命爆發後，法塔赫再次呼籲人民應終結穆巴拉克的獨裁政權。參見 Roula Khalaf , "Egypt：the Unfinished Revolution," FT Magazine, October 28, 2011. At http：//www.ft.com/intl/cms/s/2/7ef64d68-002e-11e1-8441-00144feabdc0.html#axzz1oJKGc2IP （Accessed 2012/03/04）

[58] 麗娜・本・曼尼（Lina Ben Mhenni）在部落格上發表許多抨擊突尼西亞政府的文章。在茉莉花革命發生後，曼尼更在部落格上記錄革命的過程，引起全球人民的關注。參見 Yasmine Ryan , "Tunisian Blogger Becomes Nobel Prize Nominee/Al Jazeera Interviews A Young Blogger Who Documented Tunisia's Uprising as It Happened." FT Magazine, October 21, 2011. At http：//www.aljazeera.com/indepth/features/2011/10/2011106222117687872.html（Accessed2012/03/04）

[59] Arvind Gupta, "Lessons from Egypt：Do Not Underestimate the Power of Peaceful Satyagraha and the Internet ,"IDSA comment. At http：//www.idsa.in/idsacomments/

第四節 小結

　　從歷史的革命上來看，革命運動開始前，人們必須聚集在市場或大會堂，討論他們對政府的不滿。由於受限於場地，也欠缺傳播工具，常因人數有限被政府壓制。然而，目前社會的媒體環境提供了一個虛擬的公共空間，而且這個空間不受地區、語言、文化的限制，促進社會互動、訊息共享快速和容易溝通。抗議活動的組織者便利用網路文本的話語、符號作用，感染了世界各地的觀眾。[60]

　　綜觀「阿拉伯之春」的革命，主要來自於革命的諸多相同原因，即對腐敗政權的專制統治者及秘密警察暴行的痛恨，還有失業民眾對貧富不均的絕望。正如突尼西亞和埃及的情況，透過圖像符號隱喻與轉喻的象徵概念，再經由網路文本的強大激勵效應，使傳播者與受眾產生符號互動，推動群眾情感的觸發；當然，憤怒不是唯一的情感觸發。軍隊的性質與專業主義，也影響軍方決定是否繼續沉浸在與政權勾結的經濟利益，協助維持政權的生存，抑或和人民一起迎接新政權。突尼西亞和埃及軍事力量的倒戈，成為人民興奮與成功信念的觸媒。[61]

LessonsfromEgyptdonotunderestimatethepowerofpeacefulSatyagrahaandtheInternet_agupta_140211（Accessed 2011/09/27）

[60] Narnia Bohler-Muller and Charl van der Merwe,"The Potential of Social Media to Influence Socio-Political Change on the African Continent," *Africa Institute of South Africa*, No.44, pp.6-7.

[61] Prasanta Kumar Pradhan,"After Tunisia and Egypt： The Mood in the Arab Streets and Palaces," IDSA comment, February10, 2011. At http：//www.idsa.in/idsacomments/AfterTunisiaandEgyptThemoodintheArabstreetsandpalaces_pkpradhan_100211 （Accessed 2011/09/27）

　　這場被稱為「群龍無首」的革命，讓各國見識到符號與傳播的力量。透過新媒體的交流模式，成為一個更直接的民主形式，讓全民都有機會參與政治。面對此次「茉莉花革命」所帶來的民主洪流，阿拉伯世界國家的領導者無不採取先制行動，承諾有限的政治開放，以求保住政權。中共為一黨專政的國家，在面臨這樣的符號與網路威脅下，更積極擬定各項防堵策略，避免民主革命在中國開花。

5 《讓子彈飛》電影符號與中國「茉莉花革命」的可能性

　　大陸2011年的賀歲大片《讓子彈飛》創下了「最快超越四億票房」的賣座紀錄，可稱為中國大陸電影界的一個奇蹟。[1]不過由於此片所隱喻的意涵引起廣大民眾的迴響，使中國廣電總局下達「內部通知」聲明，由於《讓子彈飛》裡面有「敏感內容」，必須減少放映場次，媒體宣傳逐次減少，希望遏止討論的聲浪。當時，整個中國掀起了一股在這部電影中尋找影射意涵的全民運動。例如：有人說，電影終場前，張牧之對黃四郎說：「沒有你，對我很重要」惹惱了中宣部。也有人說，電影中，姜文扮演的假縣長上任時說自己當官就三個原則，「第一是公平，第二是公平，第三還是公平」，是對中國大陸貪汙腐化現實的一種影射。也有人說，《讓子彈飛》整部電影就是呼籲民眾覺醒，推翻共產黨的暴政，這樣的論點呼應了

---

[1] 《讓子彈飛》在第18屆香港電影評論學會獲13項提名，並連奪3項大獎。繼2月29日晚拿下香港導演協會評選的「年度傑出導演」和「年度推薦電影」兩大獎之後，當天再度拿下第18屆香港電影評論學會「最佳導演獎」。值得一提的是，這也是香港電影人第一次把最佳導演頒給內地導演。另外，《讓子彈飛》在第48屆金馬獎獲得「最佳改編劇本」及「最佳攝影」兩項大獎。〈「讓子彈飛」連奪大獎 姜文笑答「全拿下」〉，《南方都市報》，2012年3月4日。參見 http://www.imastv.com/news/article.php?lang=cht&id=12860（檢索日期：2012年3月18日）

茉莉花革命的訴求。[2]

　　不知是否為巧合，2011年1月17日突尼西亞（Tunisia）爆發茉莉花革命，人民推翻了統治者，茉莉花革命的種子飄到了北非及中東，掀起一股大規模反政府示威運動的浪潮，引起全球的高度關注。此時，《讓子彈飛》在中國大陸上映，並且引起熱烈討論，在這樣的國際局勢下，已經讓如驚弓之鳥的中共當局芒刺在背，深怕茉莉花革命在國內蔓延，進而推翻中共政權。事實上，《讓子彈飛》大量運用各種圖像、動作、語言所指涉的意涵來批評共產黨政權下的腐敗，藉由影片中的符號與受眾互動產生共鳴，如果透過電影所傳達的符號和「茉莉花革命」的符號意象相結合，廣大人民的意識型態因此凝聚。我們是否可以用符號學的角度來探討「讓子彈飛」和「茉莉花革命」的意涵，並連結茉莉花革命對中共影響及其反應分析中共和平演變的可能性。

第一節　《讓子彈飛》電影的符號運用

　　電影的意義製造可視為一種建構的過程。建構並非無中生有的創造，必須有原料才能進行轉化。這些電影中的材料不僅是透過約定成俗的共通程序得到的感知結果，還包括解讀者據為推論基礎的正文資料。一組鏡頭、一個攝影機移位，或者一句對話，可能被一位影評人漠視，卻被另一位強調出來；但這些影片中的線索基本上都是任人挑選。影評人採用機制內的結構規範，將心理認知的方法普及化，透過社會文化、心理認知，甚至是政治環境的連結，藉以

---

[2] 尚中校，〈讓子彈飛引爆政治隱喻狂歡〉，《亞洲週刊》，第25卷第2期，2011年1月，頁25-29。

建構起電影的意義。[3]

影片中的象徵意涵表示符號和所指涉客體之間的關係,是依照人們的習慣來解釋,或透過人際間共同約定俗成的觀念來表示它的意指,圖像或影像的象徵意涵使用成為一種社會文化或慣例。[4]從社會學的觀點來看,有些個人或利益團體為維護某目的而協調影評人行動模式,使之扮演電影解讀者角色,意味著接受解讀機制的特定目標,以達共同的政治象徵目地。[5]《讓子彈飛》便以看似娛樂喜劇片的隱喻手法通過審查後,再透過影評人的解讀讓所有民眾理解影片中的影射意涵,激盪出人民內心的澎湃情緒,成為最賣座的電影。透過片中的隱喻和茉莉花的精神象徵相連結後,會對中共造成什麼樣的啟發或是衝擊,相當耐人尋味。

壹、電影符號學

自60年代以後,結構主義與符號學對電影研究與電影評論影響深遠,它提供了評論電影美學的一個學理基礎,並由理論家梅茲(Christian Metz)和艾科(Umberto Eco)等人加以挖掘開發。[6]按照索緒爾(Ferdinand de Saussure)的分析,符號再現是一種意義的生產,而且此意義只存在於某特定文化系統中,索緒爾的符號學關心的是語言,一套語音或書面上的各種記號,語言依賴使用者所處的

---

[3] David Bordwell著,游惠貞、李顯立譯,《電影意義的追尋——電影解讀手法的剖析與反思》(台北:遠流出版社,1994年),頁26-27。

[4] 陳錦忠,〈影像中圖像與造型符號的關係〉,《藝術學報》,第83期,2008年,頁83。

[5] 張曉峰、趙鴻燕合著,《政治傳播研究:理論、載體、型態、符號》(北京:中國傳媒大學出版社,2011年),頁207-208。

[6] Robert Stam, Robert Burgoyne, Sandy Flitterman-Lewis合著,張犁美譯,《電影符號學的新語彙》(台北:遠流出版社,1994年),頁23-32。

社會文化傳統，所以無可避免的與其意識型態相連結。就如皮爾斯（Charles Sanders Peirce）所說，我的語言就是我的思想，是我自身的總和，因此當語言意指某些事務或對象時，是創建而非寫實，何況符號的能指（符徵、符號具）與所指（符旨、符號義）之間又充滿許多的可能性而無法被固定。[7]

羅蘭‧巴特也是一位對電影符號影響深遠的理論家。他認為影像和其它符號，包括語言符號在內，都具有多重指示會意的特質，可讓人自由解讀。而攝影或畫作所附加的文字說明，或電影的文本設計，巴特認為通常有「定錨」（anchorage）之效，即是藉由文字輔助將影像的多重意義具體形塑，誘使觀眾對影像做某特定解讀。[8]很多影評人認為理解（comprehend）一部電影和解讀（interprete）一部電影是不同的。簡言之，我們可以理解顯而易見或直接的意義，而「解讀」則是揭開隱匿而不明顯的意涵。在任何理解的行為中，其效果都是由資料暗中操縱，透過轉化行為，包括自發的和受制約的心理過程。由此發現，意義是被建構出來的，包含從電影文本的線索中建構意義之過程。[9]

羅蘭‧巴特在符號學理論的成果，觸發了梅茲採用符號理論來研究電影。梅茲認為電影不僅是所有影片的整體，而且還牽涉到其他複雜現象，如社會的、經濟的、科技的等等，因此電影可說

---

[7] 廖慶華，〈真實與再現的爭議〉，《2005以永續生存為導向之通識教育國際研討會論文集》，2005年，頁6。

[8] Roland Barthes, *In The Rustle of Language,*（New York： Hill and Wang, 1986），p. 33.

[9] David Bordwell著，游惠貞、李顯立譯，《電影意義的追尋——電影解讀手法的剖析與反思》，頁23-32。

是一個抽象的整體。[10]梅茲提出「電影體」（cinematic fact）和「影片體」（filmic fact）的分野。「電影體」指涉整個電影機制，是一種多重面向的社會文化結合體，包括前電影（pre-filmic）的相關事項，如經濟下層結構、片廠制度、拍攝技術，及後電影時期的條件，如發行、放映和影片的社會、政治影響力等等；另一方面，「影片體」則表示一地方化的文本，具豐富的指示意義、令人玩味再三。這些具多重面向的影片，串起文本與社會、文化、心理意義的連結。[11]

　　電影其實也是一種語言，一種符號學，電影的構圖、剪接、動作或對白。電影符號的解讀不會被權力干預形成一言堂，而是提供推論的場所讓所有相關的人皆有詮釋的自由。艾科認為每一個表意的過程甚至可能進入另一種的關聯之中，形成新的符號意義，意義在許多的差異中衍生，社會文化、傳統制度、意識型態、政治論述等關係相互糾纏成複雜的網絡，透過語言、符號或者影片，意義也不斷從中創見，所謂的再現真實最後只成為一種想像，就像德希達（Jacques Derrida）所說，沒有意義在文本之外被決定，但沒有文本自身之意義是飽和的，符號雖有其既存的意義，但卻不會被其所框限，意義的實踐是無止境的。[12]

---

[10] 齊隆壬，《電影符號學》（台北：書林出版社，1992年），頁30。

[11] Robert Stam, Robert Burgoyne, Sandy Flitterman-Lewis合著，張犁美譯，《電影符號學的新語彙》（台北：遠流出版社，1994年），頁77。

[12] 廖慶華，〈真實與再現的爭議〉，《2005以永續生存為導向之通識教育國際研討會論文集》，2005年，頁6-7。

貳、《讓子彈飛》的電影符號

　　《讓子彈飛》背景安排在1920年，花錢買到縣官的馬邦德攜妻、師爺及隨從走馬上任。途中遭遇劫匪「張麻子」（原名張牧之）一夥埋伏襲擊，隨從盡死，僅夫妻二人僥倖活命。馬邦德為保命，謊稱自己是縣長湯師爺，並聲稱自己身無分文，只有當上縣長搜刮民脂民膏才有錢。張麻子便自己扮作縣長，帶著手下趕赴鵝城上任。剛一進城，張麻子就遇到當地霸主黃四郎的下馬威。黃四郎觀察假縣長張麻子的一舉一動，認為其氣勢凌人，不像以往的縣官容易操控，決定與其較量一番，於是行俠仗義的張麻子、貪財如命的湯師爺和心狠手辣的黃四郎三人之間展開了一場鬥智鬥勇的較勁。劇情是根據馬識途的原著《夜譚十記》中第三記「盜官記」所改編。除了張麻子與黃四郎之間的關係保留外，其他的情節基本上都做了變動，導演大幅修改原著情節，包括劇中的人名和地名等，明顯是希望透過電影傳達某種信息，使電影跟當今社會產生關聯，以達借古諷今之作用。因此，我們可以從影片中的意涵中看出端倪。

　　影片中區分明和暗兩條線索，明的線索就是比較表面的，是一般民眾所能「理解」的──《讓子彈飛》就是一部講述土匪與惡霸的鬥爭，充滿誇張、搞笑詼諧的娛樂影片，可以想見這個明的表徵是給電影審查機構看的；而暗線的安排則運用了大量的隱喻和暗示，表達出一幅中國人民反抗中共暴政，解體中共，實現真正民主共和的現實圖畫，這才是影片所要展現的意涵，特意留給廣大中國人民去思考。接著就來探討這部影片中符號的隱喻。

一、「讓子彈飛（一會兒）」→革命已起

　　片名「讓子彈飛（一會兒）」，這句話透露出導演要讓打醒人

民的子彈在中國大陸飛一會兒，喚起人民救國的革命意志。然而，「一會兒」這三個字在片頭出現後被抹去了，即暗喻反抗者的子彈已經飛出去，一會兒就會擊中目標；子彈隱喻的革命種子，已散發出去，即將在中國生根發芽。[13]此部電影如同其片名般，象徵電影本身即是反抗中共的子彈，一上映便會造成轟動，藉以凝聚全國人民的革命意識。

二、馬拉列車的隱喻

影片一開始出現的幾匹馬拉著火車跑，火車裡頭坐著腐敗的官員，這些景象象徵當前統治著中國大陸人民的意識形態──馬列主義。張麻子搶縣官，在表徵上是以土匪的攔路搶劫拉開了故事的序幕，在暗線裡則是點明了影片真實的主軸──驅逐馬列，切斷禁錮中國人民思想的馬列鎖鏈。

三、地點的隱喻

影片中的故事發生在一個叫鵝城的地方，鵝城在這裡指的是中華人民共和國統治時期的中國，也有「惡霸之城」之意。另一方面「鵝」諧音為「俄」，也正好暗示著身為蘇俄衣缽的中共統治著這片土地，而影片中主宰鵝城的惡霸黃四郎姓「黃」，即代表著「黃俄」[14]的意思。在張麻子進鵝城時，烈日高照，城前卻圍著一灘水

---

[13] 廣東烏崁村民爭取自主選舉村長即為成功例子。參見沈明室，〈廣東烏崁村抗議事件的怒火已點燃中國基層民主火種〉，《台灣時報》，2011年12月22日，頁3。

[14] 「黃俄」一詞原是沙皇尼古拉二世侵略中國的一個計劃，要將新疆中俄邊境的喬戈里峰直到海參崴劃一條直線，將此以北的土地全都劃歸俄國，稱為「黃俄羅斯計劃」，但由於俄國發生革命，此一圖謀才未得逞，後來「黃俄」就被引申為思想附屬於中共的這幫馬列子孫。〈清末東北各族邊民抗俄記〉，《全球新聞》，2011年4月19日。參見 http://dailynews.sina.com/bg/chn/chnlocal/chinapress/20110419/02202382844.html（檢索日期：2011年6月23日）

沒有乾涸，加上湯師爺說鵝城凶險，可見這些景色具有象徵意義；加上進城時一群面帶誇張神情奮力擂鼓的人，將進城門時的景色與這些擂鼓的人相互聯結，暗指「水深火熱」的意思，意喻著鵝城的中國人民深受壓迫，正生活在水深火熱之中，卻要強顏歡笑，歡迎新官上任，點出影片暗線中的社會背景。

四、時間的隱喻

影片將原著中的1930年時代背景改編成1920年也是有象徵意義的。1920年是北洋政府和廣東護法政府南北對峙的時期，也是北洋軍閥混戰的時期，提供了影片中張麻子流落民間的歷史背景。從隱含義來看，1920年是中國共產黨成立的年份，中共最早的組織及共產主義小組正是於1920年在蘇共的安排下成立的。[15]1921年它召開了它的第一次全國代表大會，制定了組織綱領，正式宣告走上歷史舞台。[16]影片把故事放在1920年，其實是提示觀眾，現實苦難的源頭正是從這一年開始。對於這個時間線索的意義，影片中還特意安排了兩個鏡頭予以補強。一次是湯師爺在審查鵝城的賦稅資料時說了一句：「完了，我們來錯地方了，前幾任縣長已經把鵝城的稅收到了90年以後，也就是西元的2010年。」

這句話的明示義是在撻伐前任官員的貪婪和暴斂，而隱含意其實是對先前所述的時間做補充。因為影片的上映時間是2010年末，所以導演試圖借古諷今，告訴觀眾雖然是看著1920年的故事，卻要聯想著2010年的現在，強調從電影拉回現實去思考。這句話同時也

[15] 郭華倫，《中共史論》（台北：國立政治大學國關研究中心，1989年），頁5-7。
[16] 楊冬權，〈破解中共一大之謎〉，《中共中央文獻研究室》，2011年7月21日。參見 http://ddwx.wxyjs.org.cn/BIG5/186581/14787136.html（檢索日期：2011年6月23日）

暗喻中共造成的社會災難，已從1920年至今延續90年之久。對時間線索的另一次強化發生在鴻門宴上，黃四郎對著張麻子說：「彼時彼刻，恰如此時此刻。」明的線索是指劇情中黃四郎認識張麻子；暗的線索則是告訴觀眾，1920年的故事恰如此時此刻（2010年）的故事，劇中的歷史故事是在隱喻現實社會。

五、人物的隱喻

周潤發、姜文、葛優飾演的角色分別代表了中共黨領導、護國勇士、黨文化荼毒下的平民百姓，影片中三個人物的交鋒也正反映了現實社會中三種社會力量的相互撞擊。

（一）黃四郎——代表著共黨

鵝城代表著當前的中國，黃四郎是鵝城的主宰，即代表了中共，正如前面所指「黃俄」代表中共的統治，黃四郎是「黃俄」的傳人，另一線索是在張麻子假扮縣長進鵝城時，黃四郎派胡萬和武舉人來搗亂，表面上二人是為了表示對張麻子的輕蔑和侮辱，在掀開轎子的簾布前故意先抓了一下褲襠的私處，事實上導演安排這樣不雅的動作，是為了點明胡萬和武舉人的身分，他們都是「檔中央」（黨中央）派來的，自然可將黃四郎聯想為中共的化身。如此才可使影片結尾那句「沒有你，對我很重要」成為隱喻「沒有共產黨，對我們很重要」的主軸。

（二）張麻子——代表著現實中的護國勇士

張麻子（張牧之）原是蔡鍔手下的悍將，是蔡鍔的手槍隊隊長，相當於是警衛隊長，當然也是後來護國軍的骨幹。編導賦予張麻子這個特殊的身份，其用意是要以歷史中護國軍的骨幹來暗喻現實中的反共勇士。除此之外，影片中還安排了一位青樓女子——花姐，將張麻子與小鳳仙連結，正是以小鳳仙與蔡鍔的故事來進一步

暗示觀眾，張麻子和蔡鍔一樣反專制復辟、維護中華民國曾經創立的共和國體。[17]影片中護國軍的猛將張麻子智鬥黃四郎，最終以奇謀攻進黃四郎的碉樓，也可以解讀為反共勇士最終將帶領覺醒的民眾瓦解中共。

（三）湯師爺──代表著深受黨文化毒害的中國民眾

片中的假湯師爺（馬邦德）是一個八面玲瓏的人物，為了享受榮華富貴，可以依附權貴、依附惡霸，亦可依附土匪，在不同環境下可以根據不同的形勢說不同的話，難以辨別真偽。這個角色暗喻在中共長期政治恐怖陰影下的人民，為了求得生存而學會順從政治形勢，說違心的話，以「屁股（位置）決定腦袋」。後來，則逐漸喪失了獨立思考的能力，為求現實利益的滿足，完全放棄公平正義與道德良知，湯師爺的性格特徵體現了生活在這種黨文化環境下普通人們的思想觀念和行為模式。影片最後湯師爺被炸死時，屁股高掛樹頭，和上半身完全分家，並提及死前有兩件事要說，第一件事才剛起頭，馬上又改變主意，改為先說第二件事，最終連第二件也來不及說出口就死了。暗示失去屁股的湯師爺說話反反覆覆、不知所云，隱喻習慣黨文化思維模式的人失去「位置」，便不知如何思考與表達。

---

[17] 1915年底，蔡鍔在梁啟超的影響下，反對袁世凱稱帝，但是表面擁護，並假裝迷戀藝妓小鳳仙，最後潛逃出京，取道越南回到雲南。於12月25日發動護國戰爭，一舉擊敗袁軍，迫使袁取消帝制。蔡鍔治軍嚴明，與士兵同甘共苦，其軍隊不擾民不欺民，深受民眾愛戴，但蔡鍔英年早逝，在護國功成不久就因積勞成疾而病死，蔡鍔死後受到各界人士及民國政府的隆重追悼，並成為民國享受國葬的第一人，可見蔡鍔在歷史中的威望和地位。參見杜英穆，《別傳叢書：秋瑾、趙生、黃興、蔡鍔、胡漢民》（台北：名望出版社，1987年），頁639-649。

（四）小六子——代表六四天安門事件的學生

影片中的小六子既是張麻子的義子，排行老六，在影片中他代表著張麻子眼中國家的未來一代。在影片中也特意安排一場戲點明此身份，父子一同聽莫扎特的音樂時，張麻子說出對六子未來的安排，既不是當官，也不是當土匪，而是要他出國留學。但是，他卻為了證明自己的清白被黃四郎設計而喪命，「六死」正是「六四」的諧音，這隱喻89天安門學運時期，學生為證明自己並非動亂而是出於愛國，在廣場絕食抗議，最後被中共無情鎮壓及屠殺。影片中小六子墳前立著「六」的手指符號，以及張麻子的弟兄們在墳前發誓要為六子報仇的特寫鏡頭，都在暗示著現實中的愛國志士們不會忘記六四天安門事件。

（五）武舉人——代表中共解放軍

武舉人在片中是黃四郎的得力武將，聽從黃四郎的命令迫害百姓，成為和張麻子較勁的旗子，但最後在張麻子和人民攻進黃四郎的碉堡時卻見風使舵，轉向革命派。武舉人的角色隱喻著目前的解放軍。過去，中國強調黨軍一體化，不僅使中國共產黨成功奪取政權，而且牢牢的將軍隊置於黨的領導之下。因為黨軍的一體化，消除了黨和軍隊兩大系統在組織的可能對立，使黨對軍隊的領導合法化。也因為如此，透過黨軍的一體化，可以消除軍人藉由軍隊表達自己利益的企圖。事實上，中共解放軍雖號稱「為人民服務」，或自稱「人民軍隊」，但其本質仍是服從共產黨領導的「黨軍」。換言之，誰控制了黨的權力，誰就可以掌握軍隊的支持。

然而，受西方民主思潮的影響，中國民間及知識界已有軍隊國家化的呼聲。加上中國每當遇到黨內權力鬥爭升高，軍隊成為關鍵性角色時，軍隊文宣必然老調重彈，批判「軍隊國家化」或重新高

唱「黨指揮槍」。但是，這樣的教育內涵能否為年輕一代軍人所接
受，連軍隊內部都懷疑。解放軍公開文章曾坦承：年輕一代的軍人
都具有「民主意識，對黨的傳統，許多人則缺少感性知識和理性知
識。」由此可知，導演安排武舉人轉而投入革命派，即暗指解放軍
的角色搖擺，不再像改革開放前般效忠於黨。近期的薄熙來事件也
印證了解放軍在派系鬥爭下，角色定位的矛盾。[18]

六、其它的隱喻符號

（一）鐵血十八星旗的隱喻

影片中多次出現「鐵血十八星旗」[19]（參見圖 5-1-1）；然而，

---

[18] 薄熙來在重慶主政期間，刻意拉攏成都軍區將領，而且位於昆明的十四集團
軍為其父親薄一波所創，在事件發生後，中國要求解放軍對以胡錦濤為中心的
黨中央表態效忠，並派遣軍方高層及工作組到各軍區視導，企圖防堵軍隊被左
派援引成為發動政治鬥爭的工具。在四月六日的《解放軍報》評論員文章中，
要求「確保部隊任何時候任何情況下都堅決聽從黨中央、中央軍委和胡主席指
揮」，確實做到「不為噪音所擾，不為流言所惑，不為暗流所動」。文中所指
的暗流就是另一股政治勢力的蠢動，這讓軍隊動向成為關鍵。中國近期因為薄
熙來任職期間的重大濫權違紀案，引起中國內部的政治動盪，並可能迫使攸關
權力接班的十八大延期到明年初。中國媒體一再強調是刑事案件而非政治事
件，但這事件背後展現的毛左派與改革派衝突與矛盾，顯示此事件因為中國高
層權力換屆人選沒有民意基礎，又無憲政依據，才給予操弄權力鬥爭的空間。
沈明室，〈中國權力鬥爭下的軍隊國家化發展〉，《台灣時報》，2012年4月20
日。參見 http://www.twtimes.com.tw/index.php?page=news&nid=241470（檢索日
期：2012年4月21日）

[19] 鐵血十八星旗，又稱鐵血旗、十八星旗、九角旗、九角十八星旗，原為共進
會會旗。由紅地、黑九角、十八顆黃星組成，紅地象徵熱血，黑色表示鐵質武
器，黃色象徵漢族炎黃子孫，其立意乃在「抱定鐵血主義，恢復漢族」。黑九
角代表「禹貢」冀、兗、青、徐、揚、荊、豫、梁、雍九州，十八顆黃星代表
清廷允許漢人居住的十八行省：直隸（今河北）、河南、山東、山西、湖南、
湖北、廣東、廣西、浙江、安徽、江蘇、江西、福建、四川、陝西、甘肅、貴
州、雲南。當時有部份革命人士認為僅需收復十八行省即可，其餘的滿洲、蒙
古、新疆、西藏都可以放棄，故有此設計；也因此後來有人認為十八星旗是大
漢主義的旗幟。共進會是執行武昌起義的主要團體，故武昌起義之軍旗為十八
星旗，起義成功後建立的中華民國湖北軍政府也以十八星旗為旗幟，後來十八

影片的時間背景為1920年，鐵血十八星旗在正式場合下已經不再使用。張麻子作為縣長，是個文官，在縣衙應懸掛當時中華民國的國旗五色旗（參見圖5-1-2），但是影片中的鵝城，沒有一面五色旗，懸掛的都是鐵血十八星旗，在鵝城的中央一個類似主席台的後面，懸掛著許多鐵血十八星旗，導演將它做為一個重要的背景，主要是共和革命的意義，宣示現實中護國勇士們承繼辛亥革命的未盡事業，反共護國，打造共和的鐵血意志。

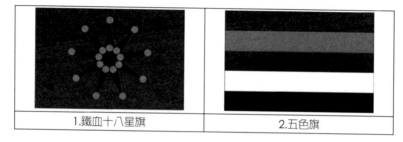

| 1.鐵血十八星旗 | 2.五色旗 |

圖5-1：鐵血十八星旗與五色旗

本研究整理。

（二）地雷的隱喻

影片中黃四郎收藏著辛亥革命起義時僅有的兩顆地雷，說明黃四郎曾經是革命黨人，參加過辛亥革命，但後來建立了自己獨霸一方的專制統治，背叛了辛亥革命。這也暗喻中共曾經參加國民黨領導的國民革命，後來卻利用抗日期間建立自己的勢力範圍，說明黃四郎就是中共。更進一步的延伸出過去革命者在建立政權後，竟成

星旗也成為不少民眾支持的革命軍旗與國旗方案。民國元年元月，十八星旗被臨時參議院定為陸軍軍旗，同時定五色旗為中華民國國旗、青天白日滿地紅旗為海軍旗。十八星旗可說是與五色旗、青天白日滿地紅旗（或青天白日旗）並列為革命三大領導旗幟。《全球旗幟》參見 ttp：//www.globalflag.idv.tw/wg/lsqz.htm（檢索日期：2011年4月10日）

為荼毒百姓的惡霸，也就是既得利益者，只會剝削人民財產。而黃四郎最後要用第二顆地雷暗殺張麻子，卻把湯師爺的屁股和腦袋炸分家了，暗示著第二次共和革命是心靈覺醒的精神運動，導演藉此隱喻對當今中國來說，最重要的是意志的覺醒，即人民要從黨文化的精神桎梏中解脫，徹底擺脫黨文化的精神控制。

有趣的是影片最後有人說：「我有九種方法讓你死」。九是多數之意，但也有人連結到法輪功所出版的《九評共產黨》。而震撼中國人心靈的力量就是《九評共產黨》，書中縱觀中國共黨歷史，其所到之處伴隨著謊言、戰亂、饑荒、獨裁、屠殺及恐懼，傳統的信仰和價值觀已被破壞；原有的道德倫理也被解體，而這些災難源自於共產黨的策畫和控制。希望藉由全面反思和揭露，讓人們重新認識中共，[20]

（三）麻將面具的隱喻

影片中，編劇讓張麻子頭戴麻將面具，將麻將象徵為中華文化，暗示著張麻子等人的真實身分是中華兒女，而黃四郎也戴著麻將面具假扮「麻匪」搶劫，對張麻子們的義舉實施破壞，恰好隱喻了中共不是中華兒女，而是戴著中華文化面具，打著復興中華旗號，實際上是為了統治中華兒女、搶劫財富、禍國殃民的真正匪幫。真假「麻匪」鬥智鬥勇的場景，暗示著真正護國勇士們與披著中華文化外衣卻奉行馬列主義的共匪們對決。張麻子頭上戴的九筒，象徵《九評》，暗示著《九評》為護國勇士們指明了護國方向，使中華兒女覺醒。

---

[20] 大紀元系列社論，《九評共產黨》（台北：博大出版社，2004年），頁239-241。

（四）替身是誰

　　影片中黃四郎有一個替身，而在現實中，中宣部及其控制的所有宣傳機構經常代表中共出現在公眾場合，替中共掩蓋罪行，這個替身每天都出現在公眾面前，向公眾傳達中共的指示與政策，製造各種假象，樹立中共當局與領導人的良好形象。在影片中，張麻子動員群眾、槍擊鐵門、殺掉黃四郎的替身，消除了百姓對黃四郎的恐懼，最終拿起武器衝向黃四郎的城樓，將黃四郎的巢穴剷除。這段劇情告訴觀眾，只要揭穿中共的宣傳機構編織的謊言，使民眾瞭解歷史真相，即可解體中共。呼應前面所說，第二次共和革命對象是黨文化，在中國大陸社會製造黨文化的就是這個替身，殺掉替身，就等於消滅製造黨文化的根源，使民眾的擁有自由思想。因此，國內媒體要不畏打壓，要爭取站著說話，網民要利用各種現代化的資訊技術傳播真相、互相支持、團結一致，對中共文宣部門構成威脅，最後便可以和平的方式迎接新時代。

　　《讓子彈飛》影片中幾個代表性的符號隱喻整理如下：（參見表 5-1）

表5-1：《讓子彈飛》的重要符號象徵

劇情安排		第一層意義（符號具）	第二層意義（符號義）
人物	黃四郎	，黃四郎是鵝城的主宰者，跋扈貪婪、專制且手段殘暴，鵝城人民均不敢反抗其統治。	「黃俄」代表中共的統治，黃四郎是「黃俄」的傳人，即代表了中共。
	張麻子	假張麻子（真名張牧之）原是蔡鍔的手槍隊隊長，當然也是後來護國軍的骨幹。影片中還安排了一位青樓女子－花姐。有句台詞安排黃四郎對她說：「妳可別學小鳳仙啊!」	張麻子的身份，是以護國軍的骨幹來隱喻現實中的反共勇士。除此之外，將張麻子與小鳳仙連結，正是以小鳳仙與蔡鍔的故事來進一步暗示觀眾，張麻子和蔡鍔一樣反專制復辟、維護中華民國曾經創立的共和國體。
	湯師爺	假湯師爺（真名馬邦德）八面玲瓏，為享受榮華富貴，可以依附惡霸，亦可依附麻匪，在不同環境下可以根據不同的形勢說不同的話，難以辨別真偽。	隱喻在中共長期黨文化統治下的人民，為了求生存而學會順從政治形勢，說違心之論。
	小六子	張麻子的義子，排行老六，個性耿直剛正。張麻子希望他出國讀書，卻被黃四郎設計而喪命	代表著張麻子眼中國家的未來一代。「六死」正是「六四」的諧音，隱喻為六四天安門事件喪生的學生。
	武舉人	黃四郎的得力武將，聽從黃四郎的命令迫害百姓，成為和張麻子較勁的旗子，但最後卻見風使舵，轉向革命派。	隱喻中共解放軍的搖擺不定，不再像改革開放前般效忠於黨。
地點	鵝城	張牧之搶走馬邦德的縣官令，準備到鵝城當縣官。馬邦德說鵝城凶險，在張麻子進鵝城時，烈日高照，城前卻圍著一灘水沒有乾涸，進城時一群面帶誇張神情的人奮力擂鼓。	鵝城在這裡指的是中華人民共和國統治時期的中國。另一方面「鵝」諧音為「俄」，隱喻著身為蘇俄衣鉢的中共統治著這片土地；而主宰鵝城的惡霸黃四郎姓「黃」，代表著「黃俄」的意思。將進城門時的景色與擂鼓的人聯結，暗指「水深火熱」，隱喻中國人民生活在水深火熱之中。

數字	時代背景從1930改為1920	影片將原著中的1930年時代背景改編成1920年。	影片把故事放在1920年，隱喻現實苦難的源頭正是從共黨成立的這一年開始。導演試圖借古諷今，告訴觀眾雖然是看著1920年的故事，卻要聯想著2010年的現在。
	「九」筒 小「六」子 黃「四」郎	民國八年八月二十八日，張麻子戴著九筒，他的手下出去發錢時戴四筒，小六子的名字中的六，黃四郎名字中的四，以及最後小六子被害死後，墓前立著大大的手形「六」字。張麻子的台詞：「六子，掙錢對咱算個事兒嗎？我不是要殺人誅心，是沒想出好辦法，我要將黃四郎連根都拔掉，給我點時間。六子，爹發誓一定給你報仇」。	這些數字隱喻八九六四天安門事件。暗指要為六四受難者報仇，為了讓觀眾為小六子伸張正義產生共鳴，導演用特寫的手法，讓每個人都說了一句話，而且離鏡頭很近，讓人產生一種他們正對著看電影的觀眾宣示的強烈視覺效果。
其他	讓子彈飛（一會兒）	片名-「讓子彈飛（一會兒）」在畫面一開始時出現，不久後「一會兒」這三個字便被抹去。	這句話透露出導演要讓打醒人民的子彈在中國大陸飛一會兒，喚起人民救國的革命意志。此部電影如同其片名般，象徵電影本身即是反抗中共的子彈，一上映便會造成轟動，藉以凝聚全國人民的革命意識。「一會兒」最後被抹去，隱喻導演想讓這個效應持續一會兒，但不急於表達思想。
	馬拉列車	影片一開始即出現馬拉列車。張麻子開槍打斷韁繩，收白馬、劫火車、搶縣官，以土匪的攔路搶劫拉開故事的序幕。	象徵當今統治中國大陸的意識形態—馬列主義。張麻子的舉動隱喻影片的主旨是驅逐馬列，切斷綁住中國人民的精神韁索。
	麻將面具	張麻子等人晚上頭戴麻將面具，發送錢給人民。而黃四郎也戴著麻將面具假扮麻匪搶劫，對張麻子們的義舉實施破壞。	麻將象徵為中華文化，暗示著張麻子等人是中華兒女；而黃四郎等人假扮麻匪之舉，隱喻中共不是中華兒女，而是戴著中華文化面具，打著復興中華旗號，實際上是為了統治中華兒女、搶劫財富、禍國殃民的真正匪幫。

其他	地雷	黃四郎手托一個精緻的地雷，說在南國這樣的珍藏版地雷只有兩顆，一顆在辛亥革命時炸了，是辛亥革命的第一響，所以他希望手中的這顆地雷也一定要炸得驚天地、泣鬼神，像辛亥革命那樣。原本要用第二顆地雷暗殺張麻子，卻把湯師爺的屁股和腦袋炸分家。	暗喻了中共曾經參加過國民黨領導的國民革命，後來卻利用抗日期間建立自己的勢力範圍。第二顆地雷隱喻著第二次共和革命是心靈覺醒的精神運動，人民要徹底擺脫黨文化的精神控制。
	鐵血十八星旗	張麻子號召人民起來反抗黃四郎時，鵝城中央主席台後方懸掛的旗幟。	鐵血十八星旗具共和革命的意義，隱喻現實中護國勇士們承繼辛亥革命的未盡事業，反共護國，打造共和的鐵血意志。
	替身	影片中黃四郎有一個替身。影片中，張麻子動員群眾、槍擊鐵門、殺掉黃四郎的替身，最終拿起武器衝向黃四郎的城樓，將黃四郎的巢穴剷除。	替身隱喻現實生活中遭中共所操控的中宣部及相關宣傳機構，中宣部經常出現在公眾場合，替中共掩蓋罪行，並向公眾傳達中共的指示與政策，製造各種假象。若能揭穿中共的宣傳機構編織的謊言，使民眾瞭解真相，不再畏懼，即可解體中共。

參、《讓子彈飛》對中共「茉莉花革命」的催化作用

深受突尼西亞和埃及「茉莉花革命」的鼓舞，在北非和中東地區正醞釀著一場更大的暴風雨。許多人同時將目光投向中共，甚至有許多媒體公開討論：「埃及的今天是否會成為中國的明天？」[21]《讓子彈飛》這部電影就在此時達到立竿見影之效，透過其符號意涵喚起人民的自由意志。

《讓子彈飛》在中國大陸上映後，票房已衝破四億人民幣大關。不但票房大賣，還在全國引爆一股符號隱喻、解讀現實與歷史

---

[21] 蕭武男，〈埃及局勢引發中國七點思考〉，《亞洲週刊》，第25卷第9期，2011年3月6日，頁24。

的浪潮，許多時事評論家和政治批評家認為《讓子彈飛》除了表象的幽默娛樂外，還帶有明顯的革命英雄主義色彩和強烈的政治隱喻。更特別的是，雖然大家對電影解讀各有千秋，但無論左、中、右派都對電影闡述的革命主題表示肯定，更多的人認為電影對中國當前的貪腐現實有強烈的諷喻；為此，一度傳出中國要求有關部門要妥善處理這部電影的傳聞。

一位媒體人笑蜀說：「一部《讓子彈飛》，相當程度上濃縮了百年革命史。張麻子的革命，歸根結底是宏大的革命，而不是微觀的革命；歸根結底是外來者人為製造的革命，而不是從人心中內生的革命。這樣的革命神話是到說破的時候了，這樣的革命模式終結的時候到了。中共的轉型，再不能夠是只換一批新人而根本不換車、不換軌道的輪迴。」[22]《讓子彈飛》的公關負責人也一直對記者強調，這部電影只是娛樂賀歲片，不要過度解讀。導演姜文也對媒體稱：「不急於表達思想。」不過，人民很容易就發現，《讓子彈飛》相對於原著而特意埋下的暗線、片中的象徵符號，和不斷加強的革命意象，讓這部電影中的革命主題和政治隱喻呼之欲出。[23]

又或者真如姜文所說，沒有過多意涵，但因透過語言結構和集體意識的概念顯現類似性的結合，而產生了不同的解讀。多數符號學系統（物品、姿勢、圖象）都有其表達內質；它的本質不在於意指（signify），而社會往往把日常生活的情感用於意指某些事物，

---

[22] 笑蜀，〈重建人性的微循環〉，《南方周末》，2010年12月27日。參見 http://
xiaoshu.z.infzm.com/2010/12/27/%E9%87%8D%E5%BB%BA%E4%BA%BA%E6%80%A7%E7%9A%84%E5%BE%AE%E5%BE%AA%E7%8E%AF%EF%BC%88%E5%AE%8C%E6%95%B4%E7%89%88%EF%BC%89/（檢索日期：2012年3月18日）
[23] 喬中校，〈讓子彈飛引爆政治隱喻狂歡〉，《亞洲週刊》，頁31。

此語意化的過程是不可避免的。[24]因此，《讓子彈飛》中的所有語言、姿勢和圖象都被人民心中的集體意識意指化；若是如此，是否反映出當下中國社會人心思變，正好藉《讓子彈飛》的墨水，揮灑屬於自己的創作，無論電影原本要表達什麼，社會已經聽到人民內心期盼中共改革開放的心聲。

「茉莉花革命」的成功，提醒中共必須面對自身的問題。胡錦濤迅速下令政府官員加強處理各地方可能損害國家和諧的社會問題，深怕中東的動亂，會使民眾再度回想「天安門事件」的鎮壓畫面。中共經歷兩次大規模起義，一次是2008年的西藏起義[25]，一個次2009年的新疆暴動[26]，除了這兩起事件，中國境內還有許多大大小小的抗議活動。中共經濟發展上的矛盾邏輯，使在經濟成長的狀況下，不平等的現象普遍存在於整個社會，民怨加劇卻無法平息，不禁令人質疑，中共宣稱的和諧發展只是個口號，只是希望能獲得國際的支持與肯定，對於許多內部問題，仍然是以獨裁的手段壓制反對聲浪，並對外發佈一切平和處理，已圓滿解決的假消息。

---

[24] 羅蘭・巴特著，李幼蒸譯，《寫作的零度：結構主義文學理論文選》（台北：久大文化與桂冠圖書聯合出版，1991年），頁144-162。

[25] 3月10日是西藏人紀念1959年反抗中國在西藏統治52週年，中共稱之為武裝叛亂，西藏遭武力鎮壓。之後每逢1959年的西藏反抗紀念日，世界各地的藏人和支持西藏組織都會舉行紀念活動。2008年西藏許多地方藏人在這個紀念日舉行示威抗議，遭到中共的血腥鎮壓，再度演變成暴力衝突。蒙克，〈1959年西藏「起義」和「平叛」〉，《BBC中文網》，2011年3月10日。參見http://www.bbc.co.uk/zhongwen/trad/china/2011/03/110310_tibet_anni_1959_by_mengke.shtml（檢索日期：2012年3月12日）

[26] 烏魯木齊於2009年7月5日，因某工廠維漢兩族工人間的衝突爆發鬥毆事件，此事件因得不到解決，導致維吾爾族人湧上街頭，部分以遊行為誘餌吸引警力，卻在小巷展開種族屠殺。新疆首府烏魯木齊聚居了超過75%的漢人，7月7日數千名漢人開始上街抗議，情緒激動。參見張健，〈新疆問題：族際矛盾還是分裂主義？〉，《21世紀雙月刊》，第117期，2010年2月，頁21-22。

隨著經濟的發展，科技的進步，人們有機會能透過現代通信進行訊息交流，這使人民能夠分享資訊，且能避免政府設置的防火牆。中共也因此擔心網際網路會帶來新的抗爭形式，開始加強監測各種互聯網站。胡錦濤甚至公開表示，政府必須對網路上的資訊流動妥善管理，並建立一個可供人民發聲的輿論系統，以確實掌握民情，誘使人民對政府做正向評價。從中共一直努力地控制埃及革命的各項報導來看，中共在面對國內大量的抗議活動，還是相當擔心茉莉花革命在中國綻放。[27]

第二節　中共反制符號擴散效應的作為

茉莉花2月27日繼續散步預告中國茉莉花革命

> 2011年2月23日
> 中國網民串連茉莉花革命點火
> 不用槍，不用炮，只要每周定時到；不用喊，不用鬧，只要看到便衣笑。散步是民眾的力量！散步和微笑的力量遠遠超過無數的聲明和抗議！讓暴力在微笑的海洋裡寸步難行！
> 每星期天下午2時，部分集合城市地點如下：北京（王府麥當勞門前）上海（南京東路／雲南路與西藏路之間）天津（鼓樓下）廣州（人民公園星巴克門口）……[28]

---

[27] Gunjan Singh, "China's Worried Response to the Uprisings in the Middle East," *IDSA Comment*, At http：//idsa.in/idsacomments/ChinasWorriedResponsetotheUprisings%20intheMiddleEast_GunjanSingh_250211（Accessed 2011/09/27）

[28] 〈茉莉花2月27日繼續散步預告〉，《博訊網》，2011年2月23日。參見 http：//blog.boxun.com/hero/201103/molihuageming/2_1.shtml（檢索日期：2012年3月13日）

　　在博訊網上搜尋茉莉花三個字，可以看到中國大陸的人民在網路上號召人民至各集合地點「散步」的貼文，網民試圖透過標語、文章、圖片等符號，加上網路的迅速傳播，發起一場中國的「茉莉花革命」。網路上的「散步公告」從2011年2月27日持續到2012年3月17日，總共發布了57次的聚集公告，且號召行動還在繼續。貼文裡說明行動代號即為「茉莉花」，文章裡聳動的標題，闡述中共當局的惡行，放上人民聚集抗議的圖片，或是用茉莉花為標誌的海報，告訴人民要自由，就要革命。[29]

　　茉莉花革命帖發出，要求公平正義和自由民主、啟動政治改革、結束一黨專政、開放報禁、新聞自由等號召，集會散步地點在北京、天津、南京、西安、廣州共十三個城市的中心廣場等地區。此舉動觸發中共官方敏感神經，博訊網發布相關的茉莉花集會活動被網軍攻擊，導致網頁無法進入。[30]鑒於「茉莉花革命」的影響，中國大陸對網路及社群網站的管制更趨嚴格；除了網路的管制，中共也開始注意各地方引起人民不滿的抗議事件，希望壓制反對聲浪。

壹、中共對「茉莉花革命」的態度與政策

一、對內態度與政策

　　中共為了預防茉莉花革命事件在中國上演，自1月底開始加強監控輿論，大幅升高對政治活躍人士的壓迫行動。中共總書記胡

---

[29] 〈中國茉莉花革命第五十七輪公告—茉莉花革命方略〉，《博訊網》，2012年3月12日。參見 http://blog.boxun.com/hero/201203/molihuageming/2_1.shtml（檢索日期：2012年3月13日）

[30] 〈博訊遭駭客強攻疑因網傳茉莉花革命〉，《博訊網》，2011年2月20日。參見 http://boxun.com/news/gb/china/2011/02/201102200521.shtml（檢索日期：2012年3月13日）

錦濤在1月23日的中共中央政治局會議與2月19日的省部級主要領導幹部會議中，除了要求官員妥善處理地方會影響和諧的問題，更明確指示要以社會管理之名加強對網路活動的監控與管理。胡錦濤以《打響一場沒有硝煙的戰爭》為題，做了一個政治報告，下達三項命令：（一）要嚴格控制所有媒體，對不聽中央指揮，宣傳資產階級自由化的媒體負責人，一定要換掉，刊物、報紙不必停辦，但不可讓外界了解內情；（二）對國內鼓吹資產階級自由化份子、維權運動及法輪功份子，加大監控和打擊力度，將維權活動消滅於萌芽狀態之中。特別要切斷外國策動顏色革命的政治、經濟、文化、科研組織基金會向國內提供的各種基金；（三）對出版界進行全面清理整頓。[31]

　　中共中央宣傳部隨即以取締假新聞的名義向各省媒體進行檢查整頓，並直接派員進駐中央大報，而一些有影響力的地方報紙，如《南方都市報》等，也將接受閱評員的審查，此稿件審查制度也同時進入各個民間媒體，《南方都市報》在1月底解雇了資深記者與時事評論人長平，時評部主任李文凱與兩名時評部編輯則遭到調職；就在同一時間，《廣東時代週報》的時評部主任彭曉芸也被報社要求自動離職，在彭拒絕後便只發給她每月最低工資以逼她去職，而《成都商報》則是以製造假新聞的理由開除了記者龍燦與李建軍；另外，由韓寒主編的雜誌《獨唱團》宣布解散，中共甚至禁止新聞界所舉辦的年度傳媒傑出表現評選，改由中央媒體操作。[32]

---

[31] 〈胡錦濤名用「管理社會」實用毛澤東思想來阻擋茉莉花革命〉，《博訊網》，2011年4月15日。參見 http://boxun.com/news/gb/china/2011/02/201102200521.shtml（檢索日期：2012年3月13日）

[32] 〈中國媒體被加強管制閱評組進入編輯部〉，《亞洲週刊》，第25卷第2期，2011年1月9日，頁10。

　　2月17日一群自稱是中國茉莉花革命的組織者在網際網路上宣佈，將於2月20日星期天在中國大陸13個重要城市發起集會散步活動，以爭取公民與政治權利以及社會正義，並發佈集會口號與集會守則。中國政府不敢掉以輕心，在接下來的數個週末以優勢並強硬的警力封鎖茉莉花革命行動者預定集會的市中心地點，例如北京的王府井麥當勞前廣場與上海的解放廣場，有民眾手持茉莉花不斷湧入，警方見狀便上前盤查。有目擊者宣稱，連在一旁傳簡訊也會被警察盤問審查，還有兩名年輕人被帶走。[33]有鑑於網際網路與移動通訊設備在茉莉花革命中扮演傳播反政府運動消息與動員反政府群眾的重要角色，中國的網路監控部門便將埃及、利比亞與茉莉花等關鍵字進行封鎖，全面嚴防中國新浪、搜狐、騰訊等主要入口網站的相關訊息，網民發布任何與「茉莉花」有關文章即遭刪除。甚至在2月20日及接下來幾個星期日，暫停茉莉花革命集會場合附近所有行動電話通信網路的短信收發功能，以防止異議人士藉由簡訊召集群眾或臨時變換集會地點。[34]

　　中共除了針對集會地點嚴密部屬防備，在劉曉波獲得諾貝爾和平獎後，[35]劉的居住區外也架起隔離欄，其目的是不讓外國記者

---

[33] 曹中軒，〈中國驚爆茉莉花行動博弈〉，《亞洲週刊》，第25卷第9期，2011年3月6日，頁22。

[34] 徐蕙萍、吳冠輝，〈中共對新媒體的管制與運用作法探析〉，《政戰學院第5屆軍事新聞學術研討會論文集》（台北：政戰學院，2011年），頁98。

[35] 劉曉波曾經參與八九民運，並於2008年發起《零八憲章》，六四之後著書長期呼籲政治改革，以非暴力方式爭取中國基本人權，多次被捕入獄，並在2009年被控煽動顛覆國家政權罪，以非暴力方式爭取中國基本人權，多次被捕入獄，並在2009年被控煽動顛覆國家政權罪，判處有期徒刑11年，剝奪政治權利兩年，目前在遼寧省錦州監獄服刑。2010年挪威諾貝爾和平獎委員會將諾貝爾和平獎授予劉曉波，以表彰他長期以非暴力方式在中國爭取基本人權。張沛元，〈中國異議人士劉曉波 獲諾貝爾和平獎〉，《自由時報》，2010年10月9日。

在此停留,避免媒體作文章助長茉莉花革命的聲勢。另外,中共當局以茉莉花革命行動為藉口,試圖拘禁長期從事維權工作的律師及呼籲言論自由的作家們。例如長期在網路上發表「冉氏新聞評論週刊」的作家冉雲飛,即以涉嫌「顛覆國家政權罪」被逮補,中共對冉雲飛不以「煽動顛覆」,而是以「直接顛覆」罪名起訴,可見中共試圖對異議人士下狠手,許多民運人士也收到相同通知。[36]

　　第十一屆人大四次會議開幕翌日,正是第三波「茉莉花行動」集會召集日。一年一度在北京召開的中國人大和政協兩會,在中東、北非的「茉莉花革命」風波下,令人格外關注。這次兩會重頭戲是審查、通過重心在民生的「十二五規劃」。面對「茉莉花」,今年九十歲的中共亮劍,認為民生就是當下最大的政治問題。北京資深外交家、前全國政協外事委員會副主任吳建民認為,推動中東地區發生劇變的是數量龐大的失業青年。以埃及為例,埃及人口70%是三十歲以下的青年,埃及的失業率高達30%,而失業者中,90%是青年。他說,中國大陸過去三十多年來,一心一意謀發展,使中國大陸發生極大的變化。因為國家的規劃,重視民生,讓改革、開放的成果惠及全民,才能使中國倖免於茉莉花革命」。

二、對外態度與政策

　　2011年3月4日,全國人大會議開幕的前一天,《中國青年報社》旗下的《青年參考》的頭版標題——「世界逼格達費放下屠刀」。文章寫著,「國家主權不是殺人執照」。2011年3月1日,全

參見http://www.libertytimes.com.tw/2010/new/oct/9/today-t1.htm(檢索日期:2012年3月20日)

[36] 李之宜,〈中國茉莉花行動繼續發酵〉,《亞洲週刊》,第25卷第10期,2011年3月13日,頁20-21。

國政協會議開幕的前兩天，同樣版面的文章標題──「世界唾棄格
達費。」文章描述了聯合國安理會就利比亞問題一致通過決議，對
利比亞實行武器禁運、禁止利比亞領導人格達費出境，凍結他的海
外資產。中國常駐聯合國代表李保東代表中國投下贊成票。安理會
通過第1970號決議，還史無前例地一致決定，將一個國家的人權局
勢提交國際刑事法院處理。決議向格達費政權傳遞了這樣的資訊：
殺戮必須停止、責任者個人必須得到追究。設在荷蘭海牙的國際
刑事法庭宣布，將對利比亞近來發生的針對平民的暴力事件展開
調查，是否存在反人類罪行。如此聳動的文章標題，令經歷了89年
「六四事件」的人們產生聯想。長期來，中國在安理會一些國際問
題表決時，往往不顧及普世價值而投棄權票，這次中國在安理會決
議的最後一刻卻投了贊成票。[37]

　　中共不只要考慮其戰略利益與經濟利益，更要擔心茉莉花革命
對共黨威權意識形態與一黨專制體制所可能帶來的衝擊。事實的發
展證明，茉莉花革命在中國的外交與內部安全考量之間產生明顯的
思想矛盾與政策差異。以往，中共一直高舉當代國際體系不干涉他
國內政的基礎規範與做法；當中共的人權被國際社會成員質疑與譴
責時，中共也總是搬出干涉發展中國家內政是違反這些國家主權的
主張；然而，2011年的茉莉花革命再次顯示在全球化的時代，一個
強調與世界接軌的中國政府已經越來越難維持不干涉他國內政的原
則，因為他國的內政局勢發展會無可避免地以直接或間接的方式影
響中國的國家利益與共黨政權利益。易言之，不干涉原則有利於一
個相對孤立於世界的中國，但卻不利於一個與全球各國發生綿密複

雜關係的中國。[38]

　　面對突尼西亞的政治變動，中共一開始遵守不干涉他國內政的基礎原則，然而中共意識到席捲中東與北非的茉莉花革命將會嚴重影響中國的國家利益，甚至會危及中共政權的利益，因而自1月底開始一系列的外交作為與內政措施。首先，埃及廣場革命的情勢開始威脅埃及境內中國公民的人身與財產安全，迫使中共決定由政府進行撤僑。1月31日，中共當局決定由中國國際航空公司與海南航空公司各派遣一架A330-200的包機直飛開羅，接回滯留埃及的500多名中國公民。2月1日，中國東方航空公司再派遣兩架包機制開羅接回另外431名中國公民。同樣情形在利比亞，隨著暴力衝突日漸升高，中共派出四架軍用運輸機，並派調導彈護衛艦「徐州號」前往支援和護衛，且另外租用各種交通工具，救出32,000名中國公民。[39]

　　茉莉花革命改變了中國在國際組織中對國際人道干涉原則的態度與投票行為。當格達費政府拒絕向國際社會的譴責讓步，歷來對人道干涉持懷疑態度的中國政府甚至願意投下至為關鍵的棄權票，使決議案得以通過，使安全理事會再次通過第1973號決議案，准許國際社會成員執行進行命令與人道干涉，這等於是中國政府默認了對利比亞進行人道干涉的正當性與必要性。[40]

　　面對這波花朵革命的壓迫，其打擊面與打擊力道都超過2005年顏色革命之後的政治緊縮政策，使得國際人權組織認為，中國政

[38] 陳至潔，〈中國對茉莉花革命的態度與政策〉，《戰略安全研析》，第71期，2011年，頁37-38。
[39] 張潔平，〈中國自利比亞撤僑 展現大國形象〉，《亞洲週刊》，第25卷第10期，2011年3月13日，頁22。
[40] 陳至潔，〈中國對茉莉花革命的態度與政策〉，《戰略安全研析》，頁38-39。

府已經回到不擇手段嚴打政權敵人的年代。中國的內部與外部安全政策出現明顯的矛盾與分歧，香港因為深層的矛盾而爆發紫荊花革命，抗議政府漠視民困、民主化步伐緩慢；[41]中國政府支持制裁利比亞的聯合國決議案，站在保障普世人權為出發點而嚴厲譴責格達費政權對基本人權的踐踏，但是中國政府在國內治理方式卻與這些受到茉莉花革命衝擊之國家政府並無不同，都是在發展經濟的同時維持政治專制，並且持續壓制獨立於政府的社會力量。中國大陸面臨著貧富不均、區域發展失衡、官員腐敗、中低階層無法分享經濟成果、青年的高失業率與特定群體對現存政治經濟體制的集體挫折感與不信任感，這些導致茉莉花革命的條件普遍存在於中國社會。[42]

貳、黨的妥協與改革

雖然中國大陸大多數人民的生活水平都有很大的提高，但在經濟增長的同時，貧富差距逐漸拉大，人民生存狀況沒有隨經濟發展而同步提升，在某些方面反而出現倒退。（包括人們對生活感受相對惡化、環境的破壞、農村的基礎教育和醫療衛生沒有太大進步、社會治安變差等。）在現代化發展過程中，大規模流動人口造成城市邊緣群體，如外來進城打工人員受歧視、青少年吸毒、賣淫、流浪乞討等社會問題，政府對社會的有效管制失靈，秩序主要靠處罰和強力維持，農村正在歷經現代化和城市化衝擊的崩潰和瓦解；然而，政府的腐敗在高壓打擊下不但沒有得到有效改善，反而日益嚴重，國家機關利用自己的權力和資源牟取不正當利益的行為很普

---

[41] 紀碩鳴，〈紫荊花革命效應 香港深層次矛盾危機〉，《亞洲週刊》，第25卷第10期，2011年3月13日，頁26。
[42] 陳至潔，〈中國對茉莉花革命的態度與政策〉，《戰略安全研析》，頁40。

遍，貪官後頭常牽扯出一窩人。如黑龍江省綏化市委書記馬德案牽連行賄受賄官員達260多人。[43]根據中國中央紀委和監察部公布統計數字，予以黨紀和政紀處分中，縣處級幹部5,966人，廳局級幹部431人，省及幹部16人。[44]

其次，社會財產和資源嚴重分配不公、司法不公、社會歧視現象嚴重，由此可見，社會並不因經濟發展和人民生活的改善更加穩定和諧；相反地，由於只顧經濟發展而沒有充分顧及社會正義與平衡發展，導致社會矛盾不斷累積，社會出現更加不穩定因素。除此之外，在中共過去兩百多年工業化的時代裡，凡事講統一、權威，貫徹黨的領導，社會成金字塔型，由少數人控制大多數人；但現在不同，不再是所有人都收視中央電視台的新聞聯播，資訊化的新時代讓人們有更多選擇，網路、新聞台、部落格、互聯網讓每個人有機會接觸不同的資訊，衝擊中共原本的權威政治結構。

正因中共面臨許多發展過程中的問題，胡溫體制形成以來，不停地促成中國社會各方面的轉型，形成社會主義的一種新潮。主要反映在三個主要方面。首先是發展方向上，提出「以人為本」的基調思想。在80年代，「以人為本」被中共視為資產階級自由化思潮的主要內容而加以批判，現在卻成了中國社會發展的基調，這是政

[43] 北京市第二中級人民法院開庭審理黑龍江省綏化市原市委書記馬德賣官受賄案。馬德被控在十年期間，收受十七人賄賂共六百多萬元人民幣。綏化市下轄十個縣市半數以上的處級以上幹部，總共二百六十多人捲入此案。馬德案被媒體稱為「新中國成立以來查處的最大賣官案」。參見《2005中國人權觀察報告》（台北：財團法人台灣民主基金會，2005年），頁149。
[44] 蔡定劍，《黨國蛻變——中國社會轉型時期的憲政發展》（台北：五南出版社，2007年），頁18-19。

治上的一大進步。[45]近年來，溫家寶更透過中國政府網和新華網與網民對談，面對人民所提的農民工問題、房地產問題及區域發展不平衡問題，承諾調整個人稅收起徵點，興建保障房等言論令人民振奮。[46]

其次是政治層面，在以法律手段保護新興階級的同時，重新確立工人農民的利益，注意社會公平方面。在2003年期間免費為農民提供醫療到最近為民工追討工錢等政策行為，正是對社會多數利益重視的最佳範例。[47]

最後但也是最重要的方面，即是領導人的行為。在任何國家，最高領導階層的行為都非常重要。在中共法制建設還不完善之情況下，領導人的表率作用具相當大的政治影響力。胡溫新政中所形成的親民風氣觸發的是一場意義深遠的政治改革。更大膽地說，他們也避免了一場惡性革命。中國還不是全面小康的社會，如果作為社會主體的底層階級利益持續被忽視，中國可能還沒走向富裕，就先發生一場窮人對富人的革命。[48]

這是一場由政治領導層所主導的漸進變革。變革才剛剛開始，中共的政治問題積重難返，非一時能解決，中國社會還是充斥著許多推翻共黨的聲音。[49]這就是為什麼中共對2011年2月20日的「茉莉

---

[45] 宋國誠，〈中國大陸思潮〉，《中國大陸情勢發展2006年評估報告》，2007年1月20日，頁1。

[46] 李永峰，〈總理與網民對談——中國兩會新傳統〉，《亞洲週刊》，第25卷第10期，2011年3月13日，頁8。

[47] 荊坷，〈處在十字路口的中國社會〉，《博訊新聞網》，2005年5月3日。參見http://boxun.com/news/gb/pubvp/2005/05/200505031328.shtml（檢索日期：2012年3月18日）

[48] 鄭永年，《胡溫新政-中共變革的新動力》（台北：八方文化創作室，2004年），頁2-17。

[49] 王力雄，《遞進民主》（台北：大塊文化，2006年），頁284。

花行動」特別嚴加備戰，甚至設立專司網路監控辦公室，成立網軍監控網路，對各門戶網站做了關鍵詞設置，讓內地人民無法獲得茉莉花革命的任何資訊。中共當局害怕成為下一個茉莉花革命成功的國家，以北非中東為例，並無任何傳統意義上的反對派在領導，都是因偶然事件，把一群狂熱青年瞬間聚集起來，看似微薄的力量，卻引起強大的蝴蝶效應，中國知道自己的弱點和矛盾所在，因此在中共的嚴格管制下，雖讓這場算不上革命的小規模示威活動草草結束，但這些中國人民仍會不斷和政府博弈下去。[50]

　　從第11屆第四次人大會議公布的2010年中央和地方預算執行情況，以及2011年的預算草案報告來看，在2010年全國公共財政支出中，包括維持穩定支出在內的公共安全預算為5,140多億元人民幣（約790億美元）。2011年，全國公共財政支出預算中，公共安全預算為6,244.2億元，預算數為2010年執行數的113.8％。2010年公共安全方面執行數，比國防支出還多152億元；2011年公共安全方面預算數，比國防支出竟然多233億元。從比例越來越重的維穩與公共安全預算來看，中共已經察覺政府必須把民生做好，否則得不到人民的支持。要保國家穩定，根在基層。目前中國大陸社會的收入分配差距過大，已成為阻礙經濟社會繼續快速穩定發展、改善民生工作的最主要障礙。[51]中共當局面對近年來社會矛盾，貧富收入不均，群體事件不斷，住房、教育、醫療、社會保障等民生領域都欠了大帳，社會不公平令人無法忍受，中國經濟的高速發展不僅對民生貢

---

[50] 曹中軒，〈中國驚爆茉莉花行動博弈〉，《亞洲週刊》，第25卷第9期，2011年3月，頁22-23。

[51] 李長安，〈擴內需須縮小收入分配差額〉，《中國改革論壇》，2012年3月6日。參見 http://www.chinareform.org.cn/economy/consume/Forward/201203/t20120306_135963.htm（檢索日期：2012年3月20日）

獻小，反而拖累民生進步。

2010年全國人大和政協兩會，特別著重在民生議題，這是對近年來社會各領域民生問題的回應，也是在應對動盪的環境局勢，政府執政理念的一種闡釋。物價、房價、養老、醫療、教育、社會保障等民生議題，始終位居兩會期間百姓最關心的問題排行榜前列。中國國務院總理溫家寶在2011年3月5日的政府工作報告中，將「加強社會建設和保障改善民生」，列為2011年重點工作之一。報告明確提出，經濟越發展，越要重視加強社會建設和保障改善民生。民生是百姓最關心、最直接、最現實的利益問題，民生不僅是重要的經濟問題、社會問題，也是重大的政治問題。溫家寶不但檢討2010年政府在民生經濟、地方建設方面的投入程度，在十二五的計畫建議上，除了持續推動民生經濟與社會發展外，加強教育、科技人才培育及反貪腐工作也列入計畫。[52]

中共國家財政部長謝旭人表示，政府要集中力量做一些保障和改善民生的大事，讓廣大人民群眾得到更多看得見、摸得著的實惠。中央財政用於民生的開支，2011年將佔中央財政支出的2／3左右。從全國來看，特別是基層財政，一般用於民生的開支要達到七成至七成五，增加對低收入人群的各種補貼，減少中低收入者薪金稅負，調減營業稅，研究開徵環保稅，推進房地產稅改革，全國推廣油氣產品資源稅，將大量消耗能源的產品和部分高檔消費品納入到消費稅的徵收範圍。[53]謝旭人更表示，中央財政以民生為主，可

---

[52] 〈溫家寶在十一屆人大四次會議上所作政府工作報告〉，《中國政府網》，2011年3月。參見 http：//big5.gov.cn/gate/big5/www.gov.cn/2011lh/content_1825233.htm（檢索日期：2012年3月20日）

[53] 〈財政部部長、副部長答記者問：資源稅改革將擇時在全國推廣〉，《人民網》，2011年3月8日。參見 http：//finance.sina.com.cn/china/bwdt/20120319/141911623413.

分為教育、醫療、安居、社會保障四大塊：

（一）教育方面

　　提高農村中小學公用經費基準定額，免除城市義務教育階段學生的學雜費以及免費發放教科書，努力解決進城工作人民的子女接受義務教育的問題，健全經濟困難學生的資助政策體系，對中小學的學生寄宿制、家庭經濟困難的寄宿生給予生活補助。更在2012年投入2.2萬億教育經費，進一步加強教育經費科學化、精細化管理、優化結構，著力支持教育發展的關鍵領域和薄弱環節，確實提高教育經費使用效益，促進教育事業快速地、健康地發展。[54]

（二）醫療方面

　　將城鎮居民基本醫療保險以及新型農村合作醫療保險的參保率提高到九成以上，將新農村合作和居民基本醫療保險的財政補助水準標準，從2010年每人補助120元人民幣，2011年增加至200元；將城鄉居民人均基本公共衛生服務的經費標準，由2010年每人15元，2011年提高到25元；推動公立醫院改革，加大城鄉醫療救助的力度。

（三）安居方面

　　建造保障性住房以及改造的棚戶區是1000萬套，改造農村危房150萬戶。並持續推動房地產稅收改革的定點測試（先在上海與重慶市兩個點試行），有利於促進發揮稅收作用以調節收入分配，並會同上海、重慶兩市財政稅務部門，檢討其測試經驗，在此基礎上進一步研究房地產稅改方案，適當擴大測試範圍，積極地加

---

shtml（檢索日期：2012年3月20日）

[54] 〈謝旭人：今年財政性教育經費支出約2.2萬億 佔GDP的比例將超4%〉，《人民網》，2012年3月6日。參見 http://lianghui.people.com.cn/2012npc/BIG5/239293/17308658.html（檢索日期：2012年3月20日）

以推進。[55]

（四）社會保障方面

新型農村養老保險範圍將繼續擴大，並進一步提高企業退休人員基本養老金水準，平均按照2010年實際水準提高一成左右，大體上每人每月增加140元左右，並提高城鄉最低生活保障標準。[56]

另外，2010年有三十個省市自治區提高了最低工資標準，直至2011年，已有六省再次提高了最低工資標準。他們將加快建立正常的工資增長機制，其中最核心的是建立集體協商制度，通過集體協商確定職員工資的水準和增長幅度。[57]

由兩會上公布2011年關於民生方面支出的金額，教育支出2,964億元人民幣，增長16％；醫療衛生支出1,728億元，增長16％；社會保障和就業支出4,414億元，增長16.6％；中央財政安排保障性安居工程支出1,030億元，增長34.7％。在兩會上，穩定物價是接下來宏觀調控的首要任務；除此之外，中央財政預計以30億元投入低開發地區發展農村學前教育，對「三農」（農民、農村、農業）的投資達9,884.5億元，比2010年增加1,300多億元。[58]

---

[55] 〈謝旭人：房產稅改革在上海和重慶進展順利 將適當擴大試點範圍〉，《人民網》，2012年3月6日。參見 http://lianghui.people.com.cn/2012npc/BIG5/239293/17308623.html（檢索日期：2102年3月20日）

[56] 江迅，〈民生求穩盼政改 應對茉莉花挑戰〉，《亞洲週刊》，第25卷第11期，2011年3月20日，頁26。

[57] 〈中央密集表態建立工資正常增長機制〉，《新浪網》，2012年3月9日。參見 http://lianghui.people.com.cn/2012npc/BIG5/239293/17308623.html（檢索日期：2012年3月20日）

[58] 〈關於2011年中央和地方預算執行情況與2012年中央和地方預算草案的報告〉，《人民網》，2012年3月5日。參見 http://www.npc.gov.cn/npc/xinwen/2012-03/19/content_1715299.htm（檢索日期：2012年3月20日）

中共挾其輝煌的經濟成就，充分顯示了中國特色社會主義的優越性，並持續展現其改革開放的決心，增強了人民的自信心和自豪感。加上中共對此次阿拉伯之春嚴加提防，深入檢討改善民生問題，使茉莉花在中國大陸有如曇花一現，令人不禁懷疑中共發生茉莉花革命的可能。

參、中共發生「茉莉花革命」的可能性

面對突尼西亞、埃及的變遷，人們都在思考中共的未來出路。有許多人認為茉莉花革命在中國大陸的機會不大，因為中共缺乏強大的反對派，其軍隊被共黨的意識形態操縱的時間太久，民眾受壓迫的時間太長，很多人面對暴政的態度是「好死不如賴活著」[59]。中國大陸的人民大部分還是愛國主義、民族主義的支持份子，相較之下，關心政治且能突破網路封鎖看真相的網友才數百萬，結構鬆散，難以與中共政權抗衡。加上中共三十年來改革開放成就斐然，人民生活水平改善，因此儘管中國大陸存在貧富不均、民主人權等嚴重問題，但這方面的不滿被經濟成就及國家地位提升等因素覆蓋過去。

另一原因是胡溫體制的政治改革建立典範，胡錦濤和溫家寶作為中共第四代的代表行領導人物，他們相似的行政經驗和政治經驗，使中共政治邁向新的紀元。首先，胡溫創造「學習型政府」舉辦多次集體學習，內容分別涉及法律、經濟、社會、軍事、黨建思

---

[59] 王華，〈牡丹花革命在望〉，《新紀元週刊-電子雜誌》，第214期，2011年3月。參見 http://www.epochweekly.com/b5/216/9125.htm（檢索日期：2011年4月13日）

想、文化建設和國家現代化等各面向。[60]有理由相信，如果集體學習的制度不斷持續，對中共高層領導知識領域的擴充，肯定具有莫大幫助，如果地方也能上行下效，蔚為風氣，影響的不只是領導階層，可因此肅立一個新的形象，讓人民對政府改觀。

其次，胡溫政府是平民化政府。他們經常出現在貧窮、落後、有災難的地區，他們接觸弱勢、基層的人民，他們面對民眾、關心民眾，因此獲得人民的喝采。縱觀中共三十年來的改革成果，儘管存在貧富不均、民主人權等嚴重問題，在這方面的不滿已被經濟成就及國家地位提升等因素覆蓋過去。但短暫的安定不代表永遠的安定，中共仍面臨許多轉型危機。

一、中國共產黨桎梏下的人民與社會

中國共產黨在中國大陸執政已經超過60年，採取專制獨裁的統治模式，在毛澤東與鄧小平去世後，黨的領導雖呈現政局常委集體領導，黨國體制的政體結構仍頑強存續。[61]中共無疑有許多只想抓權得利的人，但也存有有識之士，能看到歷史的趨勢，以及危機到來的緊迫。例如鄧小平、胡耀邦、趙紫陽都曾做過政治改革的努力，卻因未觸及中國政治的實質問題，導致政改無法落實，或是半途而廢。而目前中國大陸只剩政權的整體性整合。毛時代滅絕了絕大部分的整合機制，鄧時代又瓦解毛時代所培育的替代機制，當今政權則把一切異己力量當作不穩定因素消滅於萌芽，於是中國只剩一個完全依靠行政體系和員警手段的一黨政權，鉅細靡遺地看管著

---

[60] 楊開煌，《新政-胡錦濤時代的政治變遷》（海峽學術出版社，2007年），頁27-35。
[61] 徐斯儉，《黨國蛻變：中共政權的菁英與政策》（台北：五南出版社，2007年），頁3-5。

13億人口。[62]

　　中共對媒體的壟斷，使民眾也難以知悉政府內部的腐敗與地方官員的醜聞，中共也一再灌輸人民，中國大陸必須要由共產黨領導，西方的多黨制不適合現今的中國大陸的社會主義民主。要人民在享受經濟改革開放利益下，能夠自覺性體察共黨集體領導的重要性。就短期而言，民主革命恐難實現。這也是「茉莉花革命」遲遲難以開花結果的結構框架因素，此狀態下的中國，任何政權的不服從都是以卵擊石，社會被黨的指揮棒任意指揮；然而，這樣的穩定伴隨著非常嚴重的風險，一旦政權喪失功能，或是其他的不穩定因素擴大到黨無法掌握，失控隨時會發生。[63]

二、黨依舊指揮槍

　　突尼西亞與埃及茉莉花革命能夠成功，軍隊的倒戈具有舉足輕重的角色。中國大陸在「六四天安門」事件時，解放軍在黨的一聲令下，悍然鎮壓學生運動，踏熄中國大陸民主發展的火種。中共黨高層不斷的教育解放軍要「高舉旗幟，聽黨指揮」，又強調「黨指揮槍」是永遠不變的軍魂，其主要目的就是在強化黨對軍隊的領導。在黨的嚴密控制下，軍隊不可能如埃及軍隊一樣，掉轉槍口指向獨裁者，或是以不作為的方式，支持人民革命行動。[64]

　　2011年4月，《解放軍報》曾以〈沒有硝煙的戰場〉為題，批駁「軍隊國家化」等思潮。有媒體指出，此次軍隊的思想教育應是

---

[62] 王力雄，《遞進民主》（台北：大塊文化，2006年），頁284。

[63] Gunjan Singh,"China's Worried Response to the Uprisings in the Middle East,"IDSA comment, February25, 2011.At http ://idsa.in/idsacomments/ChinasWorriedResponseto theUprisings%20intheMiddleEast_GunjanSingh_250211 （Accessed 2012/03/22）

[64] 沈明室，〈中國大陸發生「茉莉花革命」可能性的探討〉，《戰略安全研析》，第71期，2011年，頁49。

胡錦濤在中東動亂的背景下，為確保軍心穩定而進行的一系列思想強化舉動。[65]直至2012年，解放軍仍頻頻強調黨對軍隊的領導權。中央軍委副主席徐才厚強調「講政治、顧大局、守紀律」維護黨中央、中央軍委和胡錦濤的權威後，他再度要求軍隊加強思想政治建設，與黨中央保持一致，各級應積極適應新形勢、新任務及新要求，強化軍魂意識、使命意識、民族團結意識、安全穩定意識和黨委的領導核心意識，不斷增強履行使命的自覺性與堅定性，高標準推動部隊各項建設和工作，以優異表現迎接黨的十八大勝利召開。《解放軍報》亦在近期多次刊文，批評軍隊國家化、自由主義等思潮在軍隊的泛濫。有分析人士認為，解放軍副總參謀長章沁生被停職的謠言再次觸發關於軍隊國家化的爭論，[66]而解放軍近期接連表態正體現了解放軍高層對軍隊內部思想問題的警覺。[67]

事實上，對於「軍隊國家化」的討論一直存在，但之所以沒有在意識形態領域成為突出的話題，根本原因在於中共一黨專政。中國政治體制的改變，在現今的中國大陸亦是難以動搖且敏感的地

---

[65] 〈中共官媒再提抵制「軍隊國家化」〉，《多維新聞》，2011年6月19日。參見 http://china.dwnews.com/big5/news/2011-06-19/57818296.html〉（檢索日期：2012年4月7日）

[66] 2012年3月1日，中國社交網站微博四處轉載解放軍總參謀部第一副總參謀長章沁生上將突然被停職的消息。據傳，章沁生曾多次在公開場合表示：「軍隊是國家的，軍隊只忠於人民」。微博網的貼文援引香港明鏡網的消息指稱，章沁生被停職並非因涉及貪污腐敗，而是因他在軍中主張軍隊國家化的言論，遭胡錦濤下令停職。但章沁生因主張軍隊國家化被停職目前只是政界傳言，尚未得到官方證實。〈網傳解放軍副總參謀長章沁生被突然停職〉，《多維新聞》，2012年3月1日。參見http://china.dwnews.com/big5/news/2012-03-01/58630127.html（檢索日期：2012年4月7日）

[67] 〈十八大前解放軍頻頻呼籲黨對軍隊絕對領導權〉，《多維新聞》，2011年3月28日。參見http://china.dwnews.com/big5/news/2012-03-28/58678528.html（檢索日期：2012年4月7日）

帶。但從2011年8月14日的大連抗爭來看，儘管人民對武警有推擠與些微暴力的舉動，警察卻能夠克制情緒，不和民眾暴力相向，微博上還流傳一張市民為全副武裝的武警擦去汗水的照片，感動許多網民。（參見圖5-2）大連市民走上街頭抗議多年累積的生態陳疴，也贏得全國網民的聲援，迫使大連市委書記唐軍承諾福佳大化化學工廠PX項目停產。過去任何企圖顛覆中國大陸社會主義制度和共產黨執政地位的組織或人員，即成為解放軍的敵人，並且殘忍的加以鎮壓之景象已有所改變。[68]

1.示威者穿戴象徵符號的衣服和口罩呼喊口號	2.反福佳PX標語	3.反福佳PX的標語及海報
4.示威民眾朝武警丟東西抗議	5.政府官員公開說明與安撫人民	6.女示威者為警察擦汗

圖5-2：大連環保抗爭萬人示威

資料來源：張倩燁，〈大連環保抗爭 萬人示威暗藏玄機〉，《亞洲週刊》，第25卷第34期，2011年8月28日，頁24-27。

如圖5-2所示，大連的抗爭民眾穿戴印製象徵有毒化工原料二甲苯（PX）標誌（logo）符號的衣服、口罩，有人甚至還拿著標語

---

[68] 張倩燁，〈大連環保抗爭 萬人示威暗藏玄機〉，《亞洲週刊》，第25卷第34期，2011年8月28日，頁24-27。

或海報。人民以一顆點燃的炸彈為符號，象徵大連福佳大化工廠所洩漏的PX原料對人體造成嚴重傷害（包括致癌），如同一顆隨時引爆的炸彈。在符號下方寫著「拒絕PX 還我大連」的文字訊息，反PX的圖像符號與文字透過網民轉載，導致越來越多民眾起而效尤。網路上除了流傳反PX的圖像符號外，有網民甚至將人民反抗武警驅逐，示威者幫武警擦汗的圖片放在微博上，告訴受眾這是大連的人民革命，並在網路上討論，號召散步行動。這些圖像符號除了誘發人民憤怒的情緒外，還使人民產生興奮激昂的效果（參見圖 5-3）。廣大的效應使中共當局立刻對大連示威的消息實施封鎖，除了刪除相關報道外，也把「PX」、「大連」和「大連示威」設為敏感詞，使人民無法搜尋。

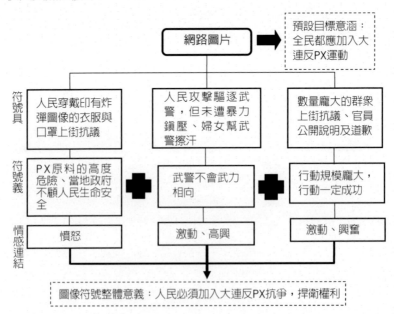

圖5-3：中國大陸「大連示威」圖像符號意義組構圖

三、經濟發展下的矛盾因素

　　中國大陸雖成為亞洲國家中不可忽視的經濟強權，然而，其社會目前所累積的各種矛盾與不安定的因子，其實與誘發茉莉花革命的因子類似，甚至可能更嚴重。如居高不下的通貨膨脹率、房價上揚的問題、不斷擴大的貧富差距、日益嚴重的官僚腐敗、不斷發生的官民矛盾、日益激化的社會衝突，以及失業問題的惡化，都充分顯示出中國大陸的政治、經濟和社會等面向正處於不穩定的結構中，使人和突尼西亞與埃及革命前夕產生聯想。[69]

　　美國波士頓戰略諮詢公司（Boston Consulting Group）今年曾在紐約發布調查報告說，中國的財富在增加，中國的富豪人數也在迅速成長。截至2010年，中國大陸已有110萬個「百萬美元」家庭，這些富裕家庭中，資產超過1億美元的超級富豪家庭共393個；另一方面，相對於大陸富豪人數的增加，中國大陸人民所得的平均收入仍遠低於已開發國家。經統計，2010年中國大陸人民平均年收入為人民幣1萬3,476元（約新台幣6萬元），其中農村人均收入僅為人民幣5919元。雪上加霜的是，中國大陸近兩年來通貨膨脹嚴重，中低收入民眾生活變得更加艱難。[70]

　　世界銀行統計，中國大陸的指吉尼係數（Gini Coefficient）在2010年達到0.47，幾乎是30年前的2倍，已經超過導致社會動盪的0.4

---

[69] 莊岱蓉，〈中國大陸失業問題研究〉，國立成功大學政治經濟學研究所碩士論文，2007年，頁1-3。

[70] 〈陸貧富兩極 有人富就有人窮〉，《美中新聞》，2011年10月18日。參見 http://www.canews.com/News_Center/News_2011/News_release_2011_1018003_06.html（檢索日期：20112年3月26日）

警戒線。[71]中國大陸底層的普通勞工、城市貧窮民眾、失業勞工和大學生，普遍認為自己不僅沒有分享到改革開放30年的成果，而且是自己以犧牲個人利益而換取的經濟發展，內心自然充滿怨恨和不平。北京國際城市發展研究院院長連玉明，在2011年9月中旬北京國際城市論壇年會公布「社會穩定風險評估指標體系研究報告」。他分析，當前中國社會存在五大矛盾：一是貧富差距正在進一步擴大，已進入典型的危機頻發期；二是社會深層次矛盾日益突顯並有激化的趨勢，通貨膨脹、社會分配不公、貪污腐敗現象乃當前之首；三是社會治安形勢嚴峻，許多群體事件或示威抗議事件呈現上升趨勢；四是仇富、仇官、仇權的社會心態問題日漸突出，極易借助現代傳播媒介迅速放大為社會危機；五是非傳統安全危機正成為公共安全的主要威脅。這五大矛盾正處於從潛在風險走向轉化為公共危機的臨界點上。[72]

中國大陸經濟模式造成的「國進民退」，即是國有企業強大，私營企業生存困難。加上官方強化以暴力維穩，是導致中國社會矛盾難以緩解的原因。中共認為只要透過國家強制干預經濟、做大型

---

[71] 聯合國有關組織規定，吉尼係數（Gini Coefficient）是判斷收入分配公平程度的指標。吉尼係數低於0.2表示收入絕對平均；0.2-0.3表示比較平均；0.3-0.4表示相對合理；0.4-0.5表示收入差距較大；0.6以上表示收入差距懸殊。通常把0.4作為收入分配差距的警戒線，超過時，貧富兩極的分化容易引起社會階層對立，並導致社會動盪。〈吉尼係數〉，《MBA智庫》參見http://wiki.mbalib.com/wiki/%E5%9F%BA%E5%B0%BC%E7%B3%BB%E6%95%B0（檢索日期：2012年3月26日）

[72] 〈中國經濟增長背後隱藏諸多不穩定風險〉，《大紀元》，2011年9月18日。參見http://www.epochtimes.com/b5/11/9/17/n3375818p.htm%E4%B8%AD%E5%9C%8B%E7%B6%93%E6%BF%9F%E5%A2%9E%E9%95%B7%E8%83%8C%E5%BE%8C%E9%9A%B1%E8%97%8F%E8%AB%B8%E5%A4%9A%E4%B8%8D%E7%A9%A9%E5%AE%9A%E9%A2%A8%E9%9A%AA（檢索日期：2012年3月26日）

工程建設就可以發展經濟，但這種經濟發展是靠大量的資本投入，無法解決國內的就業問題。另外，中國大陸已有朝警察化國家發展的趨勢。其連年增高的維持國家穩定費用目前已超過軍費的投資，而政府對警察的重視，造成官僚主義的擴張，形成一種惡性循環。雖然政府投資在維穩的費用越來越高，卻無法克服官員腐敗的問題，造成老百姓的不滿情緒與仇視持續升高。[73]尤其是近十年來，中國大陸各地不斷爆發的群體抗爭事件，加上網際網路、地方小型媒體和社會組織力量的崛起，已為中國大陸產生類似革命事件提供環境與條件。

四、共黨統治下的媒體結構

　　中國大陸體制下新聞傳播媒體的結構，是將所有的報紙、電台、電視台、通訊社等大眾新聞媒介，都視為其「喉舌」，並在政治服務的定位下，將所有的新聞傳播媒體都納入中共統一領導，其間透過共黨各級宣傳部門的協調管理和各級黨委對新聞機構的直接領導，並由不同時期新聞政策的引導來進行運作，致使中國共產黨不單是大陸所有新聞傳播媒體的所有者，亦是它的管理人。因為對政治宣傳工作的重視，中共始終將新聞媒體視為對大陸人民進行政治灌輸、改造人民思想的主要工具。特別是近年來電子傳媒與網際網路突飛猛進的發展，亦已成為中共的主要喉舌；而大陸人民即透過這些網路資訊、電子傳媒的播放、報紙的社論、評論以及有關政治的理論文章等印刷傳媒，來理解和認識中共的方針、政策。[74]

---

[73] 楊繼繩，〈警惕社會階層的固化〉，《鳳凰網》，2011年8月。參見 http：//news.ifeng.com/opinion/sixiangpinglun/detail_2011_08/13/8384136_0.shtml（檢索日期：2012年3月26日）

[74] 徐惠萍，〈新聞媒體在中共當前政治發展策略下扮演的角色與作用〉，《復興崗學報》，第87期，2006年，頁10-11。

　　基本上，中共政權長期集權統治的歷史過程之中，就是利用傳播媒介以及各種象徵性的符號與活動，不斷地傳播一套既定的模式、價值觀，以達到意識形態的一致。[75]中共對網絡言論監控的第一大工程首先是2001年開始著手建立的「網絡長城」工程，這個耗資幾百億人民幣的被中共美其名曰「金盾」，說是防止外來的網路侵犯，事實上是在網路上設下一道屏障，過濾中共認為不利其獨裁統治的一切信息；接著，發展耗資4,000千萬人民幣的「綠壩──花季護航」過濾軟體，名義上是過濾色情信息，而實際上，被其列為過濾清單的將近9千個詞彙中，真正有關色情的詞彙只有2千7百多個，其餘全部是與法輪功和維權運動有關的詞彙。[76]鑒於茉莉花革命的影響，中國大陸對於網路及社群網站的管制更趨嚴格，在中國大陸官方主管部門命令下，各入口網站的部落格和社群網站都對「茉莉花革命」做了關鍵詞的限制，用戶最活躍的新浪部落格甚至臨時關閉站內內容搜尋。[77]

　　除了防火牆、監控軟件，中共還針對網絡公司設立了訊息審查制度，並遮蔽一切不配合該制度的網站。谷歌（Google）正是因為拒絕這種以封鎖訊息為目地的自我審查制度而被迫撤離了大陸市場。2009年6月2日，因屆臨天安門事件20週年，臉書（Facebook）、

---

[75] 梁正清，〈中國大陸傳播的發展與政治控制〉，《資訊社會研究》，第4期，2006年，頁213。
[76] 宋紫鳳，〈網絡封鎖難阻言論自由〉，《大紀元》，2011年9月26日。參見 http://www.epochtimes.com/b5/11/9/26/n3383447.htm%E5%AE%8B%E7%B4%AB%E9%B3%B3-%E7%B6%B2%E7%B5%A1%E5%B0%81%E9%8E%96%E9%9B%A3%E9%98%BB%E8%A8%80%E8%AB%96%E8%87%AA%E7%94%B1A（檢索日期：2012年3月26日）
[77] 沈明室，〈中國大陸發生「茉莉花革命」可能性的探討〉，《戰略安全研析》，第71期，2011年，頁48。

推特（Twitter）、微博、Youtube等數百個網站被封，雖然大約一星期後，被封的網站陸續恢復；但卻因7月5日新疆事件爆發之後，大批網路又再度被封。[78]另外，在「茉莉花革命散步公告」的預定地點，中共也採取網路管制作為。如參加的網民發現現場不能使用3G網路和GPRS網路，甚至麥當勞的無線免費WIFI信號都被動了手腳。整個控制網路與通訊的金盾工程整合了電信與網路服務提供商、行政、公安、國安、宣傳等多個部門，形成一個嚴密的網路封鎖與監視系統。

　　中共對興起「茉莉花革命」相當戒慎恐懼，中共的嚴加防範使中國大陸人民發起的茉莉花散步活動之動員、組織以及現場表現，遠遠不及突尼西亞與埃及的革命。最重要的是，網路上的圖像符號，如圖5-4，網民在社群網站上張貼茉莉花圖像符號的圖片，以及散佈人民手拿茉莉花及標語在各集會場地散步的圖片，來象徵中國大陸廣大人民在一黨專政的統治下，人心思變，企圖效仿突尼西亞與埃及等革命成功國家，以符號擴散掀起一場中國大陸的「茉莉花革命」（參見圖 5-4）。卻因網路的封鎖無法達到迅速煽動民眾情緒的效用，中共在革命符號尚未形成氣候之前，就消弭於無形的強硬先期反制作法，使中國大陸茉莉花革命短期內難以擴展。[79]

---

[78] 徐惠萍、吳冠輝合著，〈中共對新媒體的管制與運用作法探析〉，《第五屆軍事新聞學術研討會論文集》，2011年，頁111-112。

[79] 沈明室，〈中國大陸發生「茉莉花革命」可能性的探討〉，《戰略安全研析》，第71期，2011年，頁50。

圖5-4：網路上聲援中國茉莉革命的圖像符號

資料來源：〈22年前的六四事件與中國茉莉花革命〉，《美國之音》，2011年6月2日。參見 http://www.voafanti.com/gate/big5/www.voanews.com/cantonese/news/20110603Reflections-on-China-Jasmine-Revolution-123030328.html（檢索日期：2012年3月26日）

五、中國大陸人民集體抗爭事件的影響

　　中共雖壓制了茉莉花革命在中國大陸的發展，社會深層的矛盾仍避免不了接二連三的群體抗爭行動。「茉莉花革命」全球延燒之際，香港的社運人士也發起「紫荊花革命」（紫荊花是香港特區的區花）。原本香港政府在龐大預算盈餘下推出的新年度財政預算案，卻因沒有疏解民困的措施，激起民怨。2月底的最後一週末假期，有10多個團體上街遊行，抗議政府漠視民困，甚至連教師、公務員也因無法受惠而走上街頭，一向和政府有良好關係的自由黨也表達中產階級的不滿，這些所累積而成的強大民意壓力迫使香港政府迅速政策轉向，對每位市民發放6千元港幣，順應民意取向。溫家寶也出面強調香港政府要更加重視香港未來發展，希望能有效阻隔香港「紫荊花革命」對中國大陸的影響。[80]

　　2011年6月10日廣東省增城市新塘鎮大敦村爆發連續三晚的大型騷亂，最高峰時約達一萬人，公權力機關備受衝擊，派出所警務室、村委會、治保會大樓和警車等被焚燒破壞，廣東當局從省內各

---

[80] 紀碩鳴，〈紫荊花革命效應 香港深層次矛盾危機〉，《亞洲週刊》，頁26。

地增援五千多名軍警進駐，由廣州市當局指揮，進行多重的宣傳以及展示龐大的軍警實力，緊張局面才暫告紓緩；整個事件可看出民眾積怨極深，對於地方「治安保衛會」囂張跋扈的不滿情緒，已到達臨界點，反映出地方基層的危機。[81]

2011年8月14日，中國東北海濱城市大連上萬人走上街頭，抗議當地的PX化工項目對居民生存環境的威脅。當天上午，「散步」市民在大連多個地點出發，一路高舉「福佳PX滾出大連」等標語步行至市政府，很多市民戴防毒面具、口罩以示抗議。此次遊行一直持續到深夜，在中國大陸極為罕見。許多學生聲稱透過網路得知「散步」消息，可見網路再度成為這次示威的主要聯絡方式。[82]接著，在10月26日浙江湖州織里鎮爆發抗稅動亂。政府對織里鎮服裝加工業者徵收「機頭稅」，從300元突然漲至600元（這是稅項中的個人所得稅，因每位機工在一台縫紉機上作業，就變成了當地人所說的「機頭稅」），安徽籍服裝加工店抗稅表示不滿，徵稅人員以暴力徵收引發集體暴動。安徽安慶政府派員趕來安撫八萬名安慶民工，但本地人與外地人的身分認同差異依舊，從官方對媒體的控制來看，仍不見中共解決問題的誠意。[83]

烏崁村事件則另一場被喻為是中共茉莉花再開的人權抗爭行動，2011年11月21日烏崁村事件展開連續幾十天的抗爭，村民不滿大量農田被連任四十年的村支書變賣，形成民主組織，打出「反對獨裁」、「還我人權」口號，並扛著一面面的彩旗，上面寫著「反

[81] 陳競新、郭沛等人合著，〈廣東增城萬人騷亂驚爆深層民怨〉，《亞洲週刊》，第25卷第25期，2011年6月26日，頁23。
[82] 張倩燁，〈大連環保抗爭 萬人示威暗藏玄機〉，《亞洲週刊》，頁24。
[83] 張倩燁，〈浙江湖州織里抗稅風暴中國式騷亂樣本〉，《亞洲週刊》，第25卷第45期，2011年11月13日，頁29-32。

對獨裁」、「還我人權」、「懲治腐敗」、「村委腐敗人民遭殃」
等標語。（參見圖5-5）村民與上級政府交涉，開創自發性的鄉村民
主模式，智慧地亮出「擁護共產黨」的口號，表達出他們不是「反
政府」，而是反對村委會的貪腐暴行。每當媒體到達時，烏崁村的
村民就會拿出村黨支部、村委會與各色商人達成交易的合同、協議
複印件、歷次上書政府卻遭敷衍了事的回函。在9月22日衝突過後，
香港TVB電視台記者一到達烏崁村，幾十名村民便在鏡頭前齊下
跪，請求記者報道真相。村民已不再相信政府不實的片面報導。[84]

圖5-5：烏崁村民遊行抗爭的符號性行為

資料來源：張倩燁，〈陸豐抗爭模式自發民主反獨裁爭人權〉，《亞洲週刊》，第25
卷第49期，2011年12月11日，頁24-27。

第三節　小結

　　導演姜文用《讓子彈飛》中的符號象徵挑動政治，成功的引起
中國人民的廣大討論。片中的台詞和影像被認為是對中國貪腐現實
的諷刺，除了被解讀出影射六四天安門事件外，甚至有人從張麻子
在民國8年擔任縣長解讀出劉曉波與「零八憲章」；除此之外，電影

---

[84] 張倩燁，〈陸豐抗爭模式自發民主反獨裁爭人權〉，《亞洲週刊》，第25卷第
49期，2011年12月11日，頁24-27。

還有「八九六四」的隱喻，即是在民國8年「九筒」（指張麻子做為大哥戴「九筒」的面具）帶領6個弟兄解決掉黃四郎。這些看似過度解讀、任意發揮的解讀風潮，客觀上卻是一種社會情緒的反映，可以嗅出躁動的民心正在借題發揮的味道。[85]

阿拉伯世界曾被認為是最不易發生民主革命的地方。當突尼西亞拉開民主革命的序幕時，中共還在對這場衝擊所帶來的巨大連鎖效應半信半疑。直到穆巴拉克出逃、格達費成為眾叛親離的孤家寡人、衝擊甚至震動北韓時，中共才驚覺這股革命力量不容小覷，開始正視《讓子彈飛》所突顯的社會現象與人民心理，對存在的革命背景因素感到不安。中共與這些北非獨裁者相比，本質更加惡劣專制，中共整體的貪腐比這些國家更廣泛和嚴重。中共統治下每年幾十萬的抗議事件已經展示出大大小小的「茉莉花革命」正在頻繁發生，只是還沒達到全國性的規模。

中共雖企圖以快速的經濟增長來彌補其執政的非法性。但突尼西亞和利比亞的例子正好說明，短暫經濟發展並不能代替人權和取得政治權力程序的合法性，有時甚至彰顯出權力與財富過度集中的現象。[86]中共為抵擋「茉莉花革命」的衝擊，採取大動作應對措施，加強黨對整體局勢的控制。

第一，棄車保帥。犧牲民憤較大的貪官污吏，如溫州動車事件發生後，鐵道部發言人王勇平請辭，以及相關負責人記過處份來轉移視線，藉此扭轉中共形象。[87]在遇到人民集體抗爭時，便階段性地

---

[85] 喬中校，〈讓子彈飛引爆政治隱喻狂歡〉，《亞洲週刊》，頁29。
[86] 李酉潭，〈第四波民主化浪潮啟動了嗎？〉，《新世紀智庫論壇》，第53期，2011年，頁89。
[87] 2011年7月23日杭州開往福州D3115次列車在溫州疑遭雷擊停下，被北京開往福州的D301次列車追撞造成傷亡。中共並未立即公布撞車詳情及肇因，為避免

祭出代罪羔羊是中共延緩統治的常態手段。

第二，強化控制網際網路。中共從突尼西亞和埃及革命中得出結論，社群網站成為民眾串連的重要管道。胡錦濤多次強調必須控制中國的網際網路。各省市也常進行封鎖網路、斷網、遮蔽等預防性質的操練；除網路干涉外，中共甚至對所有行動手機進行監控。[88]阻斷網路廣泛傳遞符號訊息、影像的效能。

第三，阻隔外國媒體的報導。外國媒體在突尼西亞和埃及革命中即時揭露真相，具有巨大的推動作用，造成中共恐懼。中共警方對在北京王府井地區採訪「茉莉花散步集會」的外國記者暴力阻撓，有16家外媒被驅逐，9家媒體記者被拘捕，甚至有記者被毆打；另外，還有些記者拍攝的照片、錄影和錄音資料被刪除。中共一旦發生重大事件，便全面禁止外媒進行報導，以便免過多的符號資訊在網路流傳，煽動人民的情緒。[89]

第四，先期化解中國「茉莉花革命」。為防範山雨欲來的中國「茉莉花革命」，中共密切注意地方人員的聚集，從而阻止民眾在

事件越鬧越大、瘡疤越揭越多，中共不斷驅趕前往當地採訪的中外記者。事故發生不過一天半，當局急著清理現場、並恢復通車引發各界種種質疑。上海東方衛視24日的報道，指現場消息稱死亡數字為63人，網上更傳聞保險業的消息指死者多達179人。中共並將D301次列車的火車頭銷毀，挖坑掩埋，質疑中共救援草率、掩蓋真相的聲浪越來越大。顏昌海，〈以人類的名義追問溫州動車事件真相〉，《新唐人》，2011年7月27日。參見http：//www.ntdtv.com/xtr/b5/2011/07/27/a565240.html.-%E9%A1%8F%E6%98%8C%E6%B5%B7%EF%BC%9A%E4%BB%A5%E4%BA%BA%E9%A1%9E%E7%9A%84%E5%90%8D%E7%BE%A9%E8%BF%BD%E5%95%8F%E6%BA%AB%E5%B7%9E%E5%8B%95%E8%BB%8A%E4%BA%8B%E4%BB%B6%E7%9C%9F%E7%9B%B8.html（檢索日期：2012年3月27日）

[88] Gunjan Singh,"China's Worried Response to the Uprisings in the Middle East,"IDSA comment,（Accessed 2012/3/27）

[89] 曹中軒，〈中國驚爆茉莉花行動博弈〉，《亞洲週刊》，頁23。

各場地號召抗爭。中共除了大量誘捕可能參加抗議的人士；另一方面，派出大量武警、便衣警察和公安，高調曝光警力來嚇阻欲參與之民眾，製造出中共仍能掌控大局的假象，使抗議集會無法成形，同時透過中宣部宣傳中共領導人對人民的關切、政府對國家內部危機做出的政策調整，達到不危及中共統治，轉而為中共主導的改革目標發聲。另外、如烏崁事件的妥協也是顯例。

第五，加強控制軍隊。中共觀察到軍隊的倒戈乃是突國與埃及革命成功的重要一環，因此中共除了反覆強調「黨指揮槍」加強對軍人洗腦外，更對軍人全面加薪，調升幅度高達40％，企圖提高軍人待遇及國防預算以收買軍心。

綜觀中共防堵茉莉花革命奏效的手段，確實會增加中國「茉莉花革命」的困難，但這些手段終難阻擋中共必須面臨民主改革的歷史潮流。導致中共解體的根本因素在於人民的覺醒。中共雖在技術上操控網路，但它切不斷人民心中追求民主的共識，有民主的共識後，民眾對國家發生的重大事件便能辨別是非，知道自己該做什麼。中共近年來各地發生的集體抗議事件多達幾十萬起，加上網路科技日新月異，儘管中共對網路監控組織嚴密，面對國際對民運的支持、國際媒體對真相的揭露，以及網民對中共網路封鎖的突破，中共對網路的資訊流動及符號象徵的傳遞終究是防不甚防。綜合上述分析，中共雖然短時間內不會發生像突尼西亞與埃及茉莉花革命般推翻政權的可能，但若中共持續採強硬的圍堵作為，忽視社會問題，日後必將引起更強的反彈力道，為「茉莉花革命」注入更大的能量。

6 結論

　　「打一場沒有煙硝的戰爭」是人民運用非暴力革命的方式，以意識型態與文化框架來推翻專制政權的戰略。暴力戰場上，武力的強弱決定勝負；非暴力戰場上，廣大群眾的支持與同情掌握勝負關鍵。非暴力革命最大的優勢在於，善用符號、話語，達到凝聚人民意識形態的政治目標。二十一世紀初一連串發生在歐亞地區經由非暴力方式進行政權轉變的革命，如2003年11月喬治亞（Georgia）的「玫瑰革命」、2004年11月烏克蘭（Ukraine）的「橙色革命」、2005年2月份黎巴嫩（Lebanon）的「雪松革命」、3月份吉爾吉斯（Kyrgyzstan）的「鬱金香革命」、2009年6月伊朗（Iran）的「綠色革命」，以及2011年1月突尼西亞（Tunisia）「茉莉花革命」所帶來的民主革命浪潮，皆突顯了符號行為在革命過程中，對其訴求與主張所產生之影響力更廣。

　　另外，由於網際網路的興起，開啟了人民可運用任意論述形式（口語性、學術性、地方性等）及表達形式（文字、圖畫、聲音、多媒體影音、音樂等）來表達自我的空間。以突尼西亞與埃及「茉莉花革命」及其帶來的連鎖效應為例，符號象徵結合新媒體的有效傳播成為革命成功的關鍵。人民透過行動電話、網際網路、行動攝影機等新媒體交換資訊，甚至激進地運作串連、製造抗議活動，讓獨裁政權無法招架。網路社群由於具有民眾普遍使用的特質，協助人民建構媒體內部的民主化，再將意識形態透過符號擴散至媒體外

部的社會本體；另外，網路創造新的社群，而這些社群透過媒體集結組織，擴大了參與面向，亦使民主化變的可行。[1]

中共為一黨專政的國家，60年來共產黨以鐵腕治國，有鑒於突國與埃及「茉莉花革命」的教訓，中共認清符號與網路的威脅，明白國內網路約有2億5,300萬人的龐大群體，對其政治的影響成為政府的一大威脅。因此，中共便技巧性地與人民展開一場貓捉老鼠的遊戲，建立網路管制的專責單位，到處搜尋可能有號召革命意圖的文字、圖片、影像，並予以封鎖或刪除。尤其當政權面臨動盪時，網路管制封鎖更趨嚴密。儘管中共對網路監控組織嚴密，面對國際社會對民運的支持、國際媒體對真相的揭露，以及中國人民渴望民主自由的意識，中共無法滴水不漏地限制所有符號意象的傳遞、網路資訊的流動。從《讓子彈飛》的例子來看，透過電影的符號意指，成功引起中國人民的廣大討論，創下中國大陸電影的票房紀錄。人民藉由解讀電影符號對政府貪腐現實的影射，暢談深積已久的不平，呼應了「茉莉花革命」人民覺醒的訴求。這是中共原先根本難以預測和防範的現象。

第一節　研究發現

本書即探討符號建構與媒體催化作用對民主革命影響之探討，並以突尼西亞與埃及「茉莉花革命」為例，分析影像符號敘事將遠端的事件傳送至廣大受眾眼中，透過圖像本身結構和接收者意向建構結合的價值，並希望藉由研究《讓子彈飛》電影符號與「茉莉

---

[1] 黃俊銘，《音樂的文化，政治與表演》（台北：華滋文化，2010年），頁245。

花革命」在中國大陸造成的影響，以探討中國發生民主革命的可
能性。

壹、符號的運用

一、圖像符號敘事安排與擴散模式

突尼西亞人民將布瓦吉吉自焚事件的過程影像、圖片放在網路
上，布瓦吉吉自焚的過程加上媒體辛辣的話語，使人民感到悲痛與
憤怒，並因身處政府暴政及經濟蕭條下的困境下，迅速觸發人民的
情緒，引起共鳴。接著，人民又將警察毆打民眾的血腥畫面，以及
後續軍人反對鎮壓群眾的影像符號技術性地連結在一起，塑造政府
暴行、軍人倒戈，及群眾奮起抵抗的符號敘事，在煽動悲痛與憤怒
的情緒後，進一步帶來激動與興奮，引發民眾群起抵抗的情緒。

在埃及革命中，同樣出現沙義德這位象徵性的代表人物。透
過「我們都是沙義德」的臉書頁面，沙義德被毀容的屍體圖片及證
人對當時狀況的描述，還有許多政府腐敗、警察暴行的圖片和影片
被網友四處轉載。藉由沙義德事件的投射，人民憤怒情緒被激起，
群起抗議。突尼西亞與埃及革命符號能如此成功地影響廣大受眾，
必須歸功於傳播媒體的擴散作用，人民將接收到的符號訊息透過網
路不斷地散佈出去，像細胞分裂般愈來愈多受眾受到符號影響。技
術性的影像符號安排與網路的運用成功地煽動人民情感。（參見圖
6-1）

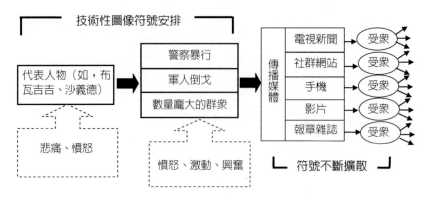

圖6-1：「茉莉花革命」圖像符號敘事安排與擴散圖

二、電影圖像符號的隱喻作用

羅蘭・巴特（Roland Barthe）認為廣告文宣能發揮強大的效用，主要是其中的視覺符號使符號具與符號意之間在表意過程中產生連結，傳達了廣告設計者所要鎖定的意義指涉。在電影《讓子彈飛》中，導演在呈現符號隱喻時，同樣將符號具與符號意透過語言訊息的預設或圖像意義的錨定作連結，使電影中的隱喻性功能更強、說服效果更高。

例如，導演以一句「站著也能把錢賺了」的台詞諷刺中國電影界「跪著才能賺錢」的潛規則，隱喻中共對所有傳播媒體的嚴格管控，所有廣播、電視節目、電影都必須為共黨喉舌，或是不具任何反對政權的色彩才有機會通過政府檢驗。又如影片一開始「馬」拉「列」車的畫面，隱喻當前統治中國大陸人民的馬列主義，象徵中國特色的社會主義，外表像是馬拉著中國跑，但內部已經資本主義化，加上官員普遍貪腐，人民卻苦不堪言，形成經濟猛進，但政治落後的中國模式。還有「筒子」隱喻「同志」，不同人物角色的隱喻，以及旁白與情節的隱喻，讓許多人印象深刻。

　　導演利用電影的情節安排與畫面的設計，對現實環境進行批判與反思，讓中國大陸人民將電影中的符號和現實連結。另外，除了電影的宣傳，報章雜誌與網站上關於「《讓子彈飛》中的隱喻大解密」、「《讓子彈飛》的官場隱喻」等文章層出不窮，在圖文並置呈現的過程中，加強了電影隱喻的錨定功能。因適逢茉莉花民主浪潮，人民不斷將電影中的符號隱喻與「茉莉花革命」的衍生堆疊，使《讓子彈飛》不但真的站著把錢賺了，也讓中共深刻體認到符號隱喻所帶來的效應，即使當局對媒體的管制再嚴，人民總有辦法運用不同媒介來傳達符號意象。

貳、網路及社群網站對革命符號的擴散作用

一、網際網路的地區跨越性

　　在網際網路興起之後，社群概念超越地理的限制。虛擬社群與面對面社群的差別在於，人們不必相互認識，卻可藉由文字及圖像的溝通，達到共識。透過社群媒體與市民社會的連結，可以用來表達藉於國家媒體及商業媒體之後的第三種聲音，例如許多民運人士運用社群連結民主革命意圖；同時，就網路上張貼的革命圖像符號，經常具備橫跨不同國家、宗教、階級、性別、族群的潛力，它的無法預測性與去疆域性，可鬆動原本的體制結構。這是「茉莉花革命」短時間造成許多不同國家政權垮台的中介變數。

二、社群網站突破符號的想像建構

　　羅蘭・巴特認為面對圖像時，必須揭示多層面的意義，分析其視覺的、文化的以及語言的意義。透過觀者對文本的互動，建構新義而活化文本的意義。正因為符號學的包容性與廣闊性，令人質疑在這樣充滿想像的解讀世界裡，是否真的足以影響一場革命，甚至

推翻政權？「茉莉花革命」的成功證實，社群網站確實能夠讓世界各地的網民接收到獨裁統治下人民的心聲，擴散了符號的力量，讓人民在網路上建構出的革命，並將之意涵付諸於現實社會執行。

參、中共發生「茉莉花革命」的可能性

一、外在影響不顯著，內在影響值得期待

綜觀中國大陸「茉莉花革命」的條件分析，期待中國大陸受阿拉伯之春的影響，似乎過於樂觀。但中國大陸「茉莉花革命」仍在動態發展中，雖然中國大陸茉莉花行動以年輕人為主體，採取散步的消極方式，加上中共並未採取武力鎮壓，使行動的效益不顯著。但《博訊網》上的茉莉花散步公告已進入第五十七輪，且各地發生的集體抗議事件已多達幾十萬起，聚集地點遍及全國各城市共78個散步點，都是選在最熱鬧的公園、火車站前的廣場或地方政府行政大樓前，人民已漸漸敢站出來為自己爭取權益。中國大陸在面對國際上許多與其交往密切的獨裁國家紛紛倒台後，內部又必須面對層出不窮的抗議事件，這種由外而內的民主化趨勢，對中共政權的影響恐怕難以估計。

二、中國大陸內部茉莉花革命符號運用缺乏系統性

突尼西亞與埃及藉由網路將革命符號整合而成功推翻政權，中國大陸礙於國家的限制，缺乏強烈主導性力量，使革命符號無法系統性的運作。若將來能出現一個在野黨整合所有的符號力量，將成為推動革命的強大力量。

中共以符號與社群網站結合成為此次阿拉伯之春民主革命的關鍵為借鏡，加強對網路的監控，以抑制革命符號、話語的擴散；但嚴格的把關機制終難管控符號的任意性與靈活性。例如，姜文在技

巧性包裝下，讓廣大的中國大陸民眾拆開《讓子彈飛》電影中的符號隱喻，成功地傳達推翻馬列主義的革命意識；另外，中國大陸藝術家艾未未除了從事藝術創作，還關注民權運動，作品經常暗諷中共政權的腐敗，引起大眾的關注與討論，最後因其行為及言論遭受政府軟禁和暴力對待，此舉使中共備受國際輿論壓力。

　　2012年4月3日，艾未未在家中架設網站（http://weiweicam.com），以4台攝影機、24小時直播自家書房和庭院實況，以此嘲諷當局對他24小時的全天候監視。但於4月4日晚間，中共當局已命令其拆除網路攝影機。艾未未在採訪時表示：「我向他們解釋，你們監視我所裝的15台攝影機、跟我裝在臥室的，就和我遭監禁81天時頭頂上的那台一樣。我只是幫個忙，讓你們真的知道我在做什麼，並近距離觀看。」中共侵犯人權的舉動再度引起許多支持民眾的不滿與熱烈討論。[2]

　　由此可知，中國大陸人民若希望藉由符號擴散帶來革命，不見得只能仿效突尼西亞與埃及利用社群網站串連的方式。透過文學、電影、畫作、攝影、錄影、街頭藝術、裝置藝術的符號隱喻，結合民間維權人士有組織、有系統的整合革命符號影響，將政府的管制個個擊破，搭起作者與觀者認知上的橋梁，同樣能夠凝聚革命意識。尤其中共若採取強硬手段圍堵具批判意識的藝術作品的批判，容易招致國際撻伐及國內的反彈，一旦革命的導火線點燃，便一觸即發擴散到整個社會與國家。

---

[2] 藍孝威，〈北京下令拆機 不准艾未未自拍〉，《中國時報》，2012年4月6日。參見 http://news.chinatimes.com/reading/11051306/112012040600186.html（檢索日期：2012年4月7日）

第二節　研究建議

「茉莉花革命」所引發的效應，可以帶來一些省思。藉由本書的分析結果，筆者在此提出個人研究建議，以及日後可以繼續研究的方向。

一、總體經濟提升與政治的穩定關係

突尼西亞與埃及在北非地區算是發展程度較高的國家，但是因為政治體制的專制與封閉導致政商菁英聚斂貪腐橫行，人民所在意的物價與就業問題不受重視，經由網路揭露政府的惡行之後，人民憤怒與絕望的集體情緒引爆革命浪潮。「茉莉花革命」告訴所有的執政者，總體經濟的發展未必保證人民對政府的滿意，更不足以確保政治的穩定。人民對於稅收的抱怨、行政的混亂、不平衡的經濟利益、行政措施的混亂與滋擾、社會敵對的強化等各種因素的結合及強度，是引爆革命的關鍵因素。若執政者只關切經濟整體的成長，未將經濟發展的果實合理公平，並且透明的分配給每位人民，甚至不在乎人民的權益與保障，最後失去人民的支持，政權便搖搖欲墜。

二、中共對民主運動制約的持續性

中共面對幾次大型的人權抗爭行動，如「紫荊花革命」、廣東增城市的大敦暴動、東北大連上萬人走上街頭抗議PX化工、浙江織里鎮的抗稅動亂到最近的烏崁村成功爭取村長選舉權的事件。中共在面對人民的抗爭行為與激動的情緒時，已不像六四學運以武力血腥鎮壓；相反的，武警比較能夠克制情緒。另外，中共對內有社會問題要解決，對外有國際輿論壓力媒體的揭露，幾次人權抗議之

後，讓領導高層不得不制定政策解決國內民生問題，並採取柔軟的姿態和民眾對話。

　　中國共產黨內部派系鬥爭，也是政府對民權運動時而放鬆，時而強硬的重要因素。事實上，中共內部保守派和改革派之間的鬥爭不僅在繼續進行，而且非常激烈。中共在經濟、社會、及政治方面的問題相互矛盾，使中國大陸不可能長久維持現狀。從重慶市委書記薄熙來被解職的事件來看，突顯了中共權力核心內部在確定未來10年領導班子之前的激烈爭鬥。薄熙來去留的鬥爭，被國際媒體普遍看作是共青團派跟上海幫的交手，薄熙來的倒台並不能顯示胡溫一派在黨內鬥爭中大獲全勝。而被認為是自由派的溫家寶，雖然近年來不斷公開發言提倡改革，並在近期的人權運動中親臨前線，展現對人民的關切，企圖拉攏民心；但他的改革主張卻很少體現在實際行動中，揭露出胡溫表面告訴人民他們所領導的政府已有所改革，但裡子卻害怕政治改革和民主化所帶來的鉅變。因此，建議應持續觀察中共後續的執政變化、施政報告，以及處理社會問題的方式，更能深入瞭解中共朝向和平演變或民主革命的可能性。

三、戰略溝通與電影符號的結合運用

　　從「茉莉花革命」的經驗中，可以看出視覺傳達中符號意涵對革命的影響。在現今大眾媒體的普及趨勢下，廣播、電視、電影、網路平台等流行性產業，是大眾最常也最容易接觸的文創產業。尤其資訊科技的快速發展，可將圖像、文字、影像、聲音等符號，運用資訊科技加以數位化，並整合運用為數位遊戲、電腦動畫、數位影音、數位出版與典藏、行動應用服務及網路服務，達到相當可觀的宣傳效果。若能將文化創意結合國家政策，必定能對政策的施行、外交的拓展有相當的助益。

　　面對中國的崛起，要確保台海穩定與國家的安全，兩岸除了經濟的合作外，最後勢必要展開政治的對話，台灣必須瞭解自己的優勢。台灣是多元文化及民主開放的社會，加上教育普及，人才及文化水準在亞洲國家中都相當突出，軟實力即為我國的優勢。尤其現今兩岸開放，兩岸經貿關係逐步正常化，華文市場也漸漸成形；台灣近年來成為精緻、創新及當代華人文化的孕育地，影視和藝術文化更是引領風潮，加上目前兩岸良性的互動頻繁，台灣應掌握此一難得的契機，重視文化宣傳政策的規劃，運用藝術文化的交流影響對岸人民的價值觀，並結合文化、國防與外交，運用符號與媒體的力量打一場文化與意識形態的戰爭。

參考文獻

一、中文

1.專書

大紀元系列社論,《九評共產黨》,臺北:博大出版社,2004年。

王力雄,《遞進民主》,臺北:大塊文化,2006年。

王桂沰,《企業‧品牌,識別‧形象:符號思維與設計方法》,臺北:
　　全華科技,1995年。

王康陸,《非暴力的方法與實例》,臺北:前衛出版社,2001年。

王靖之,《世界革命新論》,臺北:正中書局,1970年。

王讚源,《墨子》,臺北:東大,1996年。

朱威烈,《世界熱點-中東》,臺北:五南出版社,1993年。

朱浤源,《撰寫博碩士論文實戰手冊》,臺北:正中書局,1999年。

江蓋世,《非暴力的理論與實踐》,臺北:前衛出版社,2001年。

李幼蒸,《理論符號學導論》,北京:社會科學出版社,1999年。

李英明,《社會衝突論》,臺北:揚智文化,2002年。

杜英穆,《別傳叢書:秋瑾、趙生、黃興、蔡鍔、胡漢民》,臺北:名
　　望出版社,1987年。

季子弘,《對符號圖騰的101個問題》,臺北:好讀出版,2006年。

林俊良,《視覺傳達設計概說》,臺北:藝風堂,2004年,

林信華,《符號與社會》,臺北:唐山出版社,1999年。

俞建章、葉舒憲,《符號:語言與藝術》,臺北市:九大文化,1990年。

南方朔,《近代新反抗運動》,臺北:久大文化,1987年。

洪陸訓,《軍事社會學──武裝力量與社會》,臺北:麥田,1999年。

胡宗山,《政治學研究方法》,武漢:華中師範大學出版社,2007年。

胡飛、楊瑞,《設計符號與產品語意──理論、方法及應用》,北京:
　　中國建築工業,2003年。

倪炎元，《公關政治學》，臺北：商周，2009年。

夏征農主編，《語詞辭海》，臺北：上海辭書，1991年。

孫廣德，《墨子政治思想之研究》，臺北：台灣中華書局，1996年。

孫慶，《再現世界歷史第58冊—法國大革命》，臺中：莎士比亞文化出
版，2009年。

徐斯儉，《黨國蛻變：中共政權的菁英與政策》，臺北：五南出版社，
2007年。

馬小鶴，《甘地》，臺北：東大，1993年。

高宣揚，《當代社會理論》，臺北：五南圖書出版公司，1998年。

張碧雲，《社會革命錄》，臺北市：久大文化，1991年。

張曉峰、趙鴻燕合著，《政治傳播研究：理論、載體、型態、符號》，
北京：中國傳媒大學出版社，2011年。

莊克仁，《視覺傳播概論》，臺北：五南，2010年。

郭華倫，《中共史論》，臺北：國立政治大學國關研究中心，1989年。

陳月娥，《社會研究法》，臺北：千華圖書出版事業有限公司，1998年。

陳俊宏、楊東民，《視覺傳達設計概論》，臺北：全球科技圖書，1998年。

陳偉華，《軍事研究方法論》，桃園：國防大學，2003年。

陳懷恩，《圖像學：視覺藝術的意義與解釋》，臺北：如果出版社，
2008年。

逯扶東，《西洋政治思想史》，臺北：三民出版社，2002年。

黃俊銘，《音樂的文化，政治與表演》，臺北：華滋文化，2010年。

黃華新、陳宗明，《符號學導論》，鄭州：河南人民出版社，2004年。

楊大春，《德希達》，臺北：生智出版，1995年。

楊開煌，《新政——胡錦濤時代的政治變遷》，海峽學術出版社，2007年。

楊灝城、許林根，《列國志—埃及》，北京：社會科學文獻出版社，
2006年。

葉至誠，《社會科學概論》，2版，臺北市：揚智文化，2009年。

雷潤琴，《傳播法：解決信息不對稱及相關問題的法律》，北京：北京
大學，2005年。

趙鼎新，《社會與政治運動講義》，北京：社會科學文獻出版社，2006年。

齊隆壬，《電影符號學》，臺北市：書林出版，1992年。

劉振強，《新辭典》，臺北：三民，1991年。

蔡定劍、吳玉山等著，《黨國蛻變——中共政權的菁英與政策》，臺

北：五南出版社，2007年。

談遠平，《西洋政治思想史》，臺北：揚智文化，2003年。

鄭永年。《胡溫新政——中共變革的新動力》，臺北：八方文化創作室，2004年。

蕭公權，《中國政治思想史—上下冊》，臺北：華崗出版社，1982年。

韓叢耀，《圖像傳播學》，臺北：威仕曼文化，1995年。

顏一著，《亞里士多德選集—政治學卷》，北京：中國人民大學出版社，1999年。

嚴家其、高皋，《文化大革命十年史》，臺北：遠流，1990年。

2.專書譯著

Catherine Marshall, Gretchen B. Rossman著，李政賢譯，《質性研究設計與計畫寫作》（Designing Qualitative Research），臺北：五南，2006年。

Chalmers Johnson著，郭基譯，《革命：理論與實踐》（Revolutionary Change），臺北：時報文化，1993年。

Crane Brinton著，張尚德譯，《革命的剖析》（The Anatomy of Revolution），台北：帕米爾書店，1992年。

David Bordwell著，游惠貞、李顯立譯，《電影意義的追尋——電影解讀手法的剖析與反思》（Making Meaning：Inference and Rhetoric in the Interpretaion of Cinema），臺北：遠流出版社，1994年。

David Croteau, William Hoynes著，湯允一等合譯，《媒體／社會：產業，形象，與閱聽大眾》（Media/Society: Industries, Images, and Audiences），臺北：學富文化，2001年。

Emile Durkheim著，黃丘隆譯，《自殺論》（Le suicide：etude de sociologie），臺北：結構群文化，1980年。

George Orwell著，謝啟武譯，《洛克》（Locke），臺北：遠景出版社，2002年。

Jawaharlal Nehru著，齊文譯，《印度的發現》（The Discovery of India），北京：世界知識出版社，1956年。

Jean Francois Revel著，蔡理浤譯，《革命新論》（Ni Marx ni Jésus），香港：今日世界出版社，1973年。

Jean-Jacques Rousseau著，何兆武譯，《社會契約論》（The Social Contract），北京：商務印書館，2008年。

John Fiske著，張錦華等譯，《傳播符號學理論》（Introduction to Communication Studies），臺北：遠流出版社，1999年。

Leon Trotsky著，林驤華等合譯，《不斷革命論》（Permanent Revolution），臺北市：時報文化，1991年。

Marita Sturken、Lusa Cartwright著，洪顯勝譯，《觀看的實踐 給所有影像世代的視覺文化導論》（An Interdutuction to Visual Culture-Practices of Looking），臺北：臉譜出版，頁51-55，2009年。

Neil J. Smelser著，陳光中等合譯，《社會學》（Sociology），臺北：桂冠，1994年。

Peter Ackerman, Jack Duval著，陳信宏譯，《非暴力抗爭—— 一種更強大的力量》（A Force More Powerful：A Century of Nonviolent Conflict），臺北：究竟出版社，2003年。

Peter Burnham, Karin Gilland, Wyn Grant, Zig Layton-Henry著，何景榮譯，《政治學研究方法》（Research Methods in Politics），臺北：韋伯文化出版社，2008年。

Robert Stam, Robert Burgoyne, Sandy Flitterman-Lewis著，張犁美譯，《電影符號學新語彙》（New Vocabularies in Film Semiotics），臺北：遠流出版社，1997年。

Roland Barthes著，李幼蒸譯，《寫作的零度：結構主義文學理論文選》（Writing Degree Zero），臺北：久大文化與桂冠圖書聯合出版，1991年。

Roland Barthes著，洪顯勝譯，《符號學要義》（Elements of Semiology）臺北：南方叢書出版社，1994年。

S. W. Littlejohn著，程之行譯，《傳播理論》（Theories of Human Communication），臺北：遠流出版社，1996年。

Saussure, Ferdinand de著，高明凱譯，，《普通語言學教程》（Course in General Linguistics），北京：商務印書館，1980年

T. A. Kenner著，呂孟娟譯，《圖騰的秘密》（Symbols and Their Hidden Meanings），臺北市：日月文化，2009年。

Thomas H. Greene著，李台京譯，《比較革命運動》（Comparative Revolutionary Movements），臺北：政治作戰學校，1987年。

3.期刊論文

王定士，〈吉爾吉斯鬱金香革命對台海安全之戰略意涵〉，《俄羅斯學報》，第2期，頁1-36，2007年。

王明嘉，〈視覺語言初探〉，《藝術家》，第236期，頁345-349，1995年。

王彥偉，〈對馬克思主義學說的暴力再認識〉，《科技信息期刊》，第29期，頁141，2008年。

王貞子、劉志強，〈從旁觀到參與——新媒體敘事結構解析〉，《媒介擬想》，第4期，頁92-108，2006年。

王燕，〈小釋「囧」字〉，《嘉興學院學報》，第21卷第4期，頁123-125，2009年。

甘逸驊，〈失色的顏色革命〉，《台灣民主季刊》，第4卷第1期，頁217-220，2007年3月，

何智文，〈索須爾與皮爾斯符號學理論研究與運用〉，《復興崗學報》，第80期，頁299-324，2004年。

吳玉山，〈顏色革命的許諾與侷限〉，《台灣民主季刊》，第4卷第2期，頁67-108，2007年6月，

李酉潭，〈第四波民主化浪潮啟動了嗎？〉，《新世紀智庫論壇》，第53期，頁88-99，2011年3月。

李華，〈赫魯曉夫與1956年匈牙利事件〉，《南京社會科學歷史學研究》，頁38-39，2000年。

李蔡彥、鄭宇君，〈資訊科技與新媒體研究之發展〉，《傳播研究與實踐》，第1卷第1期，頁75-80，2011年。

沈明室，〈中國大陸發生茉莉花革命可能性的探討〉，《戰略安全研析》，第71期，頁44-51，2010年3月，

明居正，〈書評：橙色革命在烏克蘭〉，《臺灣民主季刊》，第4卷第1期，頁205-211，2007年。

林照真，〈因為科技，新聞正處於改變的轉捩點上？〉，《傳播研究與實踐》，第1卷第1期，頁25-33，2011年。

林照真，〈探索數位新聞聚合現象—以台灣手機新聞為例〉，《中華傳播學刊》，頁1-25，2011年。

姜得勝，〈符號互動論初探〉，《教育資料文摘》，第40冊第6期，頁172-178，1997年。

洪松輝，〈論菲律賓文武關係之演變〉，《東亞季刊》，第27卷第5

期，頁123-140，2000年。

范玉剛，〈網路媒體引爆政治燃點〉，《人民論壇》，第6期，頁1-3，
　　2011年。

徐惠萍，〈新聞媒體在中共當前政治發展策略下扮演的角色與作用〉，
　　《復興崗學報》，第87期，頁1-24，2006年。

翁俊桔、林金朝，〈菲律賓政治貪腐的根源：惡性循環的制度結構〉，
　　《稻江學報》，第3卷第3期，頁86-107，2009年。

張健，〈新疆問題：族際矛盾還是分裂主義？〉，《21世紀雙月刊》，
　　第117期，頁21-28，2010年2月，

張繼文，〈視覺傳達設計的認知心理基礎〉，《國教天地》，第102
　　期，頁33-38，1994年。

張露心，〈圖像符號傳播之象徵性意義研究〉，《嶺東學報》，第15
　　期，頁247-261，2004年。

張驥、張愛麗，〈論中亞國家顏色革命的原因及對我國的啟示——以文
　　化與意識型態安全的視角分析〉，《河北經貿大學學報》，第7卷
　　第4期，頁19-24，2007年。

梁正清，〈中國大陸傳播的發展與政治控制〉，《資訊社會研究》，第
　　4期，頁211-252，2006年。

陳至潔，〈中國對茉莉花革命的態度與政策〉，《戰略安全研析》，第
　　71期，頁36-43，2010年3月，

陳明珠，〈符號學研究的反身自省：返回符號體系的思考〉，《圖書資
　　訊學研究》，第2卷第2期，頁17-38，2007年。

陳俊明，〈政黨輪替、文武關係與台灣的民主鞏固：分析架構與策
　　略〉，《政治科學叢論》，第24期，頁77-110，2005年。

陳建華，〈現代中國革命話語之源〉，《百年中國21世紀雙月刊》，第
　　40期，頁83-96，1997年。

陳雅惠，〈滑溜的「任意性」，你/妳抓到了嗎？Saussure語言學理論中任
　　意性的破與立〉，《中華傳播學刊》，第6期，頁53-69，2004年。

陳錦忠，〈影像中圖像與造型符號的關係〉，《藝術學報》，第83期，
　　頁77-90，2008年。

傅恆德，〈建構政治暴力與革命行動的簡約模型〉，《問題與研究》，
　　第37卷第8期，頁1-85，1998年8月

曾志隆，〈政治義務與抵抗權行使—原始佛教觀點的討論〉，《玄奘佛

學研究》，第15期，頁65-97，2011年。

黃鉦堤，〈巴特的符號學與政策方案的解讀〉，《政治科學叢論》，第35期，頁181-204，2008年。

楊正聯，〈革命話語與公共政策話語：當代中國公共政策話語變遷歷史路徑〉，《人文雜誌》，第3期，頁52-58，2007年。

廖敦如，〈從全球化的視覺文化觀點—探討「流行文化」為議題之藝術教學〉，《藝術教育研究》，第7期，頁55-86，2004年。

廖慶華，〈真實與再現的爭議〉，《2005以永續生存為導向之通識教育國際研討會論文集》，頁1-13，2005年。

廖顯謨，〈北非與中東革命之根源與其意涵〉，《全球政治評論》，第34期，頁7-12，2011年。

管中祥，〈在實踐中反思多元文化〉，《中華傳播學刊》，第7期，頁31-40，2005年。

趙鼎新，〈西方社會運動與革命理論發展之評述——站在中國的角度思考〉，《社會學研究》，第1期，頁168-248，2005年。

劉俊裕，〈文化全球化：一種在地化的整合式思維與實踐〉，《國際文化研究》，第3卷第1期，頁1-30，2007年。

蔡秀勤、張佑宗，〈阿拉伯之春的啟示與反思〉，《台灣民主季刊》，第8卷第3期，頁199-209，2011年。

蔡東鍾，〈符號互動論在教育上的應用之探討〉，《國教之聲》，第32冊第4期，頁33-45，1999年。

謝岳、曹開雄，〈集體行動理論化系譜——從社會運動理論到抗爭政治理論〉，《上海交通大學學報》，第17卷第3期，頁13-20，2009年。

羅崗，〈網路公共空間〉，《媒介擬想》，第4期，頁44-64，2006年。

嚴庭國，〈解析敘軍駐黎的歷史演變〉，《阿拉伯世界》，第5期，頁14-19，2005年。

蘇文清、嚴貞、李傳房，〈符號學與認知心理學基礎理論於視覺設計之運用研究——以「標誌設計」為例〉，《人文暨社會科學期刊》，第3卷第1期，頁95-104，2007年。

4.研究報告

孫秀蕙、陳儀芬，結構符號學與傳播文本：理論與研究實例，臺北：行政院國家科學委員會專題研究計畫，2010年。

蔡綺、謝奕旭、沈明室，軍隊徽章樣式之研究──以我國陸軍軍隊徽章
　　為例，臺北：國防大學政戰學院95年教師專案研究彙編，2006年。

5.研討會論文

汪子錫，〈警察形象：大眾傳播的符號學研究方法〉，通識教育教學
　　及研究方法學術研討會論文集，桃園：中央警察大學，頁71-86，
　　2004年。

沈明室、蔡綺，〈敵乎友乎？敵人的建構與重塑：以美國二次大戰戰爭
　　海報為例〉，政戰學院第1屆軍事社會學研討會論文集，臺北：政
　　戰學院，頁64-90，2009年。

延英陸，〈從北非、中東地區政情演變談新傳播科技──以社群網站
　　Facebook和Twitter為例〉，第5屆軍事新聞學術研討會論文集，臺
　　北：國防大學，頁123-140，2011年。

段馨君，〈e世代戲劇研究：以莎學與電視劇《犀利人妻》為例〉，清
　　大e世代重要議題研討會：人文社會的觀點，新竹：清華大學，頁
　　1-29，2011年。

孫本初，〈如何寫好一篇優質的碩博士論文〉，撰寫碩博士論文與投稿
　　學術期刊論壇，臺北：臺北大學，頁1-7，2005年。

徐蕙萍、吳冠輝，〈中共對新媒體的管制與運用作法探析〉，政戰學院
　　第5界軍事新聞學術研討會論文集，臺北：政戰學院，頁97-122，
　　2011年。

翁俊桔、顧長永〈菲律賓2010年總統大選評析：總統花車模式的迷
　　思〉，2010年中國政治學會年會暨「能知的公民？民主的理想與實
　　際」學術研討會論文集，高雄：中山大學，頁1-13，2010年。

張耀羿、熊碧梧，〈視覺傳達設計圖像符號應用之研究──以美軍心戰
　　傳單為例〉，第九屆國軍軍事社會科學學術研討會論文集，臺北：
　　政戰學校，頁551-581，2006年。

陳欣儀、沈明室，〈黃埔意象的建構與發展：符號學的觀點〉，陸軍官
　　校八十六週年校慶基礎學術暨通識教育研討會論文集，高雄：陸軍
　　官校，頁1-12，2006年。

廖敦如，2009年。〈解構、思考、批判、再建構──從解構主義探討全
　　球化下視覺文化的藝術教學〉，第一屆台東大學人文與藝術學術研
　　討會論文集，臺東：台東大學，頁1-24。

劉瀚嶸，2007年。〈從紅軍到解放軍——析論國共第一次暨第二次戰爭〉，陸軍軍官學校八十三週年校慶基礎學術研討會論文集，高雄：陸軍官校，頁57-73，

蔡昌言、蘇建璋，2010年。〈從茉莉花革命看伊斯蘭國家的政治民主化〉，中華民國國際關係學會第四屆學術研討會—國關理論與全球發展學術研討會論文集，臺北：淡江大學，頁1-21，

6.學位論文

江家慧，〈企業識別標誌之衍生是設計輔助系統建構：以運用幼稚園文法建製基本幾何圖形為例〉，國立雲林科技大學設計運算研究所碩士論文，2005年。

余佳、陳雲閔、許中維等合著，〈網路訊息圖像的認知研究——以MSN Messenger內建圖像為例〉，國立臺灣藝術大學圖文傳播藝術系研究所碩士論文，2006年。

莊岱蓉，〈中國大陸失業問題研究〉，國立成功大學政治經濟學研究所碩士論文，2007年。

陳寬育，〈論梅丁衍作品中的政治圖像運作〉，國立成功大學藝術研究所碩士論文，2007年。

楊依蓉，〈德希達之解構哲學及其教育意涵〉，國立東華大學教育研究所碩士論文，2006年。

葉建青，〈冷戰後印巴關係之研究，1991—2004〉，國立政治大學外交學系戰略與國際事務碩士論文，2004年。

賴駿杰，〈林明弘研究：花布、空間，與認同〉，國立台灣藝術大學藝術史與藝術評論研究所，碩士學位論文，2008年。

謝佩珊，〈視覺圖像的功能——以國軍文宣美術創作為例〉，樹德科技大學應用設計研究所碩士論文，2006年。

7.報章雜誌

江迅，〈民生求穩盼政改 應對茉莉花挑戰〉，《亞洲週刊》，第25卷第11期，2011年3月20日，頁22-25。

李之宜，〈中國茉莉花行動繼續發酵〉，《亞洲週刊》，第25卷第10期，2011年3月13日，頁20-21。

李永峰，〈總理與網民對談 中國兩會新傳統〉，《亞洲週刊》，第25

卷第10期，2011年3月13日，頁8。

亞洲週刊，〈中國媒體被加強管制閱評組進入編輯部〉，第25卷第2
　　期，2011年1月9日，頁10。

紀碩鳴，〈紫荊花革命效應 香港深層次矛盾危機〉，《亞洲週刊》，
　　第25卷第10期，2011年3月13日，頁26-34。

張倩燁，〈大連環保抗爭 萬人示威暗藏玄機〉，《亞洲週刊》，第25
　　卷第34期，2011年8月28日，頁24-29。

張倩燁，〈浙江湖州織里抗稅風暴中國式騷亂樣本〉，《亞洲週刊》，
　　第25卷第45期，2011年11月13日，頁28-33。

張倩燁，〈陸豐抗爭模式自發民主反獨裁爭人權〉，《亞洲週刊》，第
　　25卷第49期，2011年12月11日，頁24-29。

張潔平，〈中國自利比亞撤僑 展現大國形象〉，《亞洲週刊》，第25
　　卷第10期，2011年3月13日，頁22-24。

曹中軒，〈中國驚爆茉莉花行動博弈〉，《亞洲週刊》，第25卷第9
　　期，2011年3月，頁22-23。

陳之嶽，〈全球茉莉花革命幕後推手〉，《亞洲週刊》，第25卷第9
　　期，2011年3月，頁20-21。

蕭武男，〈埃及局勢引發中國七點思考〉，《亞洲週刊》，第25卷第9
　　期，2011年3月，頁24-25。

陳競新、郭沛等人合著，〈廣東增成萬人騷亂驚爆深層民怨〉，《亞洲
　　週刊》，2011年6月26日，第25卷第25期，頁22-32。

8.網際網路

人民網，〈謝旭人：房產稅改革在上海和重慶進展順利 將適當擴大
　　試點範圍〉，2012/03/06。http://lianghui.people.com.cn/2012npc/
　　BIG5/239293/17308623.html，（檢索日期：2012/03/20）

大公網，〈茉莉花革命發酵 阿爾及利亞葉門續爆示威〉，2011/02/24。
　　http://www.takungpao.com/news/world/2011-02-14/544913.html，（檢
　　索日期：2011/6/23）

大紀元，〈北韓龍川火車大爆炸 官方封鎖新聞保持緘默〉，2004/04/
　　23。http://www.epochtimes.com/b5/4/4/23/n518908.htm，（檢索日
　　期：2012/02/07）

中國日報，〈阿爾及利亞騷亂40傷 茉莉花革命蔓延多國〉，2011/01/

24。http://dailynews.sina.com/bg/news/int/int/chinesedaily/20110124/23
052185666.html（檢索日期：2011/6/23）

中國評論新聞網，〈誰是下一個突尼斯？西方憂「反美反以」浪
潮〉，2012/03/05。http://www.chinareviewnews.com/doc/1015/8/5/
6/101585678_2.html?coluid=7&kindid=0&docid=101585678&mdate=0130
155934，（檢索日期：2012/03/08）

文華，〈伊朗大選舞弊 引發十年最嚴重示威〉，新紀元，第126期，
2009/06/18。 http://www.epochweekly.com/b5/128/6513.htm，（檢索
日期：2012/02/21）

王華，〈牡丹花革命在望〉，新紀元，第214期，2011/03。http://www.
epochweekly.com/b5/216/9125.htm，（檢索日期：2011/04/13）

王靜雯，〈伊朗大選作弊 網路引爆綠色革命〉，新紀元，第127期，
2009/06/15。http://www.epochweekly.com/b5/129/6540.htm，（檢索
日期：2012/02/08）

王麗娟，〈茉莉花革命延燒 埃及爆30年來最大示威〉，聯合報，
2011/02/17。http://evelynlu9.pixnet.net/blog/post/33827811，（檢索
日期：2011/4/8）

世界日報，〈葉門10萬人上街 軍方開槍鎮壓〉，2011/03/06。http://
www.worldjournal.com/view/full_news/12178912/article-%E8%91%89%E
9%96%8010%E8%90%AC%E4%BA%BA%E4%B8%8A%E8%A1%97-%E8%
BB%8D%E6%96%B9%E9%96%8B%E6%A7%8D%E9%8E%AE%E5%A3%9
3?，（檢索日期：2011/06/23）

田思怡〈一個水果攤促成突尼西亞茉莉花革命〉，聯合新聞網，
2011/01/16。http://mag.udn.com/mag/world/storypage.jsp?f_MAIN_
ID=235&f_SUB_ID=4877&f_ART_ID=29695，（檢索日期：
2011/06/22）

田清，〈封鎖國家第一名 北韓=網路黑洞〉，大紀元，2006/10/24。
http://www.epochtimes.com/b5/6/10/24/n1497314.htm，（檢索日期：
2012/02/07）

全球新聞，〈台灣另類選舉文化：候選人拼參選口號創意〉，
2011/11/28。http://dailynews.sina.com/bg/tw/twpolitics/phoenixtv
/20111128/19012952661.html，（檢索日期：2012/02/22）

多維新聞網，〈中共官媒再提抵制「軍隊國家化」〉，2011/06/19。

http://china.dwnews.com/big5/news/2011-06-19/57818296.html〉，
（檢索日期：2012/04/07）

多維新聞網，〈網傳解放軍副總參謀長章沁生被突然停職〉，2012/
03/01。http://china.dwnews.com/big5/news/2012-03-01/58630127.
html，（檢索日期：2012/04/07）

吳芮芮，〈緬甸的番紅花僧侶革命〉，新紀元，第40期，2007/10/29。
http://www.epochweekly.com/b5/042/index.htm，（檢索日期：
2012/02/08）

吳英，〈路透社：西藏自焚抗議不斷　中共擋不住〉，大紀元，2012
/03/26。http ://www.epochtimes.com/b5/12/3/26/n3550944.htm %E8
%B7%AF%E9%80%8F%E7%A4%BE-%E8%A5%BF%E8%97%8F%E8%87%
AA%E7%84%9A%E6%8A%97%E8%AD%B0%E4%B8%8D%E6%96%B7-%E
4%B8%AD%E5%85%B1%E6%93%8B%E4%B8%8D%E4%BD%8F，（檢
索日期：2012/04/21）

吳達，〈西方看中國/中國網民的政治革命〉，第223期，新紀元週刊，
2011/05/12。http://epochweekly.com/b5/225/9375.htm，（檢索日
期：2012/03/02）

呂月，〈胡錦濤名用「管理社會」實用毛澤東思想來阻擋茉莉花革
命〉，博訊網，2011/04/15。 http://boxun.com/news/gb/china/2011/
02/201102200521.shtml，（檢索日期：2012/03/13）

宋紫鳳，〈網絡封鎖難阻言論自由〉，大紀元，2011/09/26。http://ww
w.epochtimes.com/b5/11/9/26/n3383447.htm%E5% AE%8B%E7%B4%AB
%E9%B3%B3-%E7%B6%B2%E7%B5%A1%E5%B0%81%E9%8E%96%E9%
9B%A3%E9%98%BB%E8%A8%80%E8%AB%96%E8%87%AA%E7%94%B1
A，（檢索日期：2012/03/26）

李明，〈中國經濟增長背後隱藏諸多不穩定風險〉，大紀元，2011/09/
18。http://www.epochtimes.com/b5/11/9/17/n3375818p.htm%E4%B8%
AD%E5%9C%8B%E7%B6%93%E6%BF%9F%E5%A2%9E%E9%95%B7%E8
%83%8C%E5%BE%8C%E9%9A%B1%E8%97%8F%E8%AB%B8%E5%A4%
9A%E4%B8%8D%E7%A9%A9%E5%AE%9A%E9%A2%A8%E9%9A%AA，
（檢索日期：2012/03/26）

李長安，〈擴內需須縮小收入分配差額〉，中國改革論壇，2012/03/
06。http://www.chinareform.org.cn/economy/consume/Forward/201203/

t20120306_135963.htm，（檢索日期：2012/03/20）

李瑞，〈梅與牡丹 中國國花之爭的曲折之路〉，中國網，2007/01/30。http://big5.china.com.cn/culture/txt/2007-01/30/content_7736184_4.htm，（檢索日期：2012/02/21）

沈明室，〈廣東烏崁村抗議事件的怒火已點燃中國基層民主火種〉，台灣時報，2011/12/22。http://www.twtimes.com.tw/index.php?page=news&nid=214670，（檢索日期：2012/03/10）

沈明室，〈中國權力鬥爭下的軍隊國家化發展〉，台灣時報，2012/04/20。http://www.twtimes.com.tw/index.php?page=news&nid=241470，（檢索日期：2012/04/20）

貝倫，〈菲律賓人民對國家前途失望不滿〉，美國之音，2006/02/25。http://www.voanews.com/chinese/news/a-21-w2006-02-25-voa12-63252067.html，（檢索日期：2012/02/09）

周力，〈清末東北各族邊民抗俄記〉，全球新聞，2011/04/19。http://dailynews.sina.com/bg/chn/chnlocal/chinapress/20110419/02202382844.html，（檢索日期：2011/06/23）

周慧盈，〈陸貧富兩極 有人富就有人窮〉，美中新聞，2011/10/18。http://www.canews.com/News_Center/News_2011/News_release_2011_1018003_06.html，（檢索日期：2012/03/26）

邱瓊玉，〈學生闖市府 抗議「台北好好拆」〉，全球新聞，2012/03/30。http://udn.com/NEWS/NATIONAL/NATS3/6995956.shtml（檢索日期：2012/04/14）

邵峰，〈顏色革命論析〉，2006年：全球政治與安全報告，2006/06/20。http://www.wyzxsx.com/Article/Class17/200605/6598.html，（檢索日期：101/02/21）

咼中校，〈讓子彈飛引爆政治隱喻狂歡〉，亞洲週刊，第25卷第2期，2011/01。http://www.yzzk.com/cfm/Content_Archive.cfm?Channel=ae&Path=4472397941/02ae1a.cfm，（檢索日期：2011/6/21）

星島日報，〈茉莉花革命蔓延至約旦〉，2011/01/19。http://news.sina.com.hk/news/1310/3/1/1999561/1.html，（檢索日期：2011/6/23）

范思齊，〈謝旭人：今年財政性教育經費支出約2.2萬億 佔GDP的比例將超4%〉，人民網，2012/03/06。http://lianghui.people.com.cn/2012npc/BIG5/239293/17308658.html，（檢索日期：

2012/03/20）

徐清風，〈茉莉花革命蔓延 打倒獨裁埃及一呼百應〉，大紀元，2011/
01/29。http://www.epochtimes.com/b5/11/1/29/n3156594.htm，（檢
索日期：2011/4/8）

烏有之鄉，〈顏色革命論析〉，2006/05/18。 http://www.wyzxsx.com/
Article/Class17/200605/6598.html，（檢索日期：2011/10/27）

秦宮非，〈顏色革命開啟第四波民主化浪潮〉，博訊新聞網， 2011
/02/14 。 http:// www.boxun . com/news/gb/pubvp/2011 /02/ 20110214
2245.shtml ，（檢索日期：2012/03/26）

笑蜀，〈重建人性的微循環〉，南方周末，2010/12/27。http://xiaoshu.
z.infzm.com/2010/12/27/%E9%87%8D%E5%BB%BA%E4%BA%BA%E6%
80%A7%E7%9A%84%E5%BE%AE%E5%BE%AA%E7%8E%AF%EF%BC%8
8%E5%AE%8C%E6%95%B4%E7%89%88%EF%BC%89/，（檢索日期：
2012/03/18）

荊坷，〈處在十字路口的中國社會〉，博訊新聞網，2005/05/03。http:
//boxun.com/news/gb/pubvp/2005/05/200505031328.shtml，（檢索日
期：2012/03/18）

張沛元，〈中國異議人士劉曉波 獲諾貝爾和平獎〉，自由時報，2010/
10/09。http://www.libertytimes.com.tw/2010/new/oct/9/today-t1.htm，
（檢索日期：2012/03/20）

張燕，〈蘇哈爾兩千群眾上街示威 要求政治改革〉，XINMSN新聞
網，2011/02/28。http://news.xin.msn.com/zh/world/article.aspx?cp-
documentid=4675632，（檢索日期：2011/06/23）

陳國源，〈繼寶島春夢後 沈野計畫再拍攝港劇諷扁〉，今日新聞網，
2008/09/02。http://www.nownews.com/2008/09/02/389-2328657.htm，
（檢索日期：2011/6/22）

陸以正，〈突尼西亞「茉莉花」綻放〉，國政評論，2011/06/27。http
://www.npf.org.tw/post/1/9353，（檢索日期：2012/02/28）

博訊網，〈茉莉花2月27日繼續散步預告〉，2011/02/23。 http://blog.
boxun.com/hero/201103/molihuageming/2_1.shtml，（檢索日期：
2012/03/13）

博訊網，〈中國茉莉花革命第五十七輪公告──茉莉花革命方略〉，
2012/03/12。http://blog.boxun.com/hero/201203/molihuageming/2_1.

shtml，（檢索日期：2012/03/13）

皓祥，〈博訊遭駭客強攻疑因網傳茉莉花革命〉，博訊網，2011/02/
20。http://boxun.com/news/gb/china/2011/02/201102200521.shtml，
（檢索日期：2012/03/13）

華青劍，〈關於2011年中央和地方預算執行情況與2012年中央和地方
預算草案的報告〉，人民網，2012/03/05。http://www.npc.gov.cn/
npc/xinwen/2012-03/19/content_1715299.htm，（檢索日期：2012/
03/20）

黃啟霖，〈民怨引爆政變 突尼西亞出現茉莉花革命〉，中央廣播電台，
2011/01/17。http://news.rti.org.tw/index_newsContent.aspx?nid=276791，
（檢索日期：2011/4/10）

黃啟霖，〈複製茉莉花革命 蘇丹反對派領袖被捕〉，中央廣播電台，
2011/01/18。http://news.rti.org.tw/index_newsContent.aspx? nid= 277042
，（檢索日期：2011/06/23）

黃雲濤，〈微博漸成中共官員的「必修課」〉，文匯報，2011/04/05。
/http://pdf.wenweipo.com/2011/04/05/a10-0405.pdf，（檢索日期：
2011/03/02）

新唐人電視，〈2008年十大中國禁聞〉，2009/01/01。http://www.world
one.com.tw /index.do?channelTwoNumber=32，（檢索日期：2011 /10/
03）

新浪香港，〈艾未未惹爭議藝術作品一虎八奶圖被解讀為譏諷政治局
9常委〉，2011/04/13。http://forum.sina.com.hk/viewthread.php ? tid=
92262，（檢索日期：2011/10/27）

新浪網，〈中央密集表態建立工資正常增長機制〉，2012/03/09。http:
//lianghui.people.com.cn/2012npc/BIG5/239293/17308623.html，（檢
索日期：2012/03/20）

新華新聞網，〈蘇丹：「最民主」的國家在怪圈中發展〉，2011/ 03/
17。http://big5.xinhuanet.com/gate/big5/news.xinhuanet.com/world /
2011- 03/17/c_121195657.htm，（檢索日期：2011/06/23）

楊仁賢，〈緬甸開始不一樣 軍政府真心想改變〉，聯合新聞網，2011
/10/25。http://mag.udn.com/mag/world/storypage.jsp?f_ART_ID= 350
188，（檢索日期：2011/10/28）

楊冬權，〈破解中共一大之謎〉，中共中央文獻研究室，2010。

http://ddwx.wxyjs.org.cn/BIG5/186581/14787136.html，（檢索日期：2011/06/23）

楊繼繩，〈警惕社會階層的固化〉，《鳳凰網》，2011/08/13。http://news.ifeng.com/opinion/sixiangpinglun/detail_2011_08/13/8384136_0.shtml，（檢索日期：2012/03/26）

廖晨琳，〈讓子彈飛向現實〉，亞洲週刊，第25卷第2期。2011/01/09http://www.yzzk.com/cfm/Content_Archive.cfm?Channel=ae&Path=4472397941/02ae1c.cfm，（檢索日期：2011/06/03）

維基解密-08TUNIs679，〈突尼西亞腐敗：你們的就是我的〉，2010。http://billypan.com/wiki/08TUNIS679，（檢索日期：2011/04/08）

蒙克，〈1959年西藏「起義」和「平叛」〉，BBC中文網，2011/03/10。http://www.bbc.co.uk/zhongwen/trad/china/2011/03/110310_tibet_anni_1959_by_mengke.shtml，（檢索日期：2012/03/12）

潘柳娟，〈財政部部長、副部長答記者問：資源稅改革將擇時在全國推廣〉，人民網，2011/03/08。http://finance.sina.com.cn/china/bwdt/20120319/141911623413.shtml，（檢索日期：2012/03/20）

蔡子強，第243卷，〈鮮花、顏色如何用來起義？〉，南方人物周刊，2011/02。http://magazine.sina.com/bg/southernpeopleweekly/243/20110222/1743109172.html，（檢索日期：2011/04/07）

穆堯，〈十八大前解放軍頻頻呼籲黨對軍隊絕對領導權〉，多維新聞網，2011/03/28。

http://china.dwnews.com/big5/news/2012-03-28/58678528.html，（檢索日期：2012/04/07）

駱亞，〈微博悄然改變中國〉，第241期，新紀元週刊，2011/09/15。http://epochweekly.com/b5/243/9840.htm，（檢索日期：2012/03/02）

駱亞，〈烏崁村事件細說從頭〉，新紀元，第256期，2012/01/01。http://www.epochtimes.com/b5/12/1/1/n3474007.htm%E3%80%90E6%96%B0%E7%B4%80%E5%85%83%E3%80%91%E7%83%8F%E5%9D%8E%E6%9D%91%E4%BA%8B%E4%BB%B6-%E7%B4%B0%E8%AA%AA%E5%BE%9E%E9%A0%AD?p=all，（檢索日期：2012/02/09）

韓錦勤，〈革命的傳播──以十九世紀法國革命與二十一世紀突尼西亞革命為例〉，翰林歷史即時通，2011/04/25。http://www.worldone.com.

tw/index.do?channelTwoNumber=32，（檢索日期：2011/10/03）

藍孝威，〈北京下令拆機 不准艾未未自拍〉，《中國時報》，
2012/04/06。http://news.chinatimes.com/reading/11051306/112012040
600186.html，（檢索日期：2012/04/07）

顏昌海，〈以人類的名義追問溫州動車事件真相〉，《新唐人》，
2011/07/27。http://www.ntdtv.com/xtr/b5/2011/07/27/a565240.html.-
%E9%A1%8F%E6%98%8C%E6%B5%B7%EF%BC%9A%E4%BB%A5%E4%
BA%BA%E9%A1%9E%E7%9A%84%E5%90%8D%E7%BE%A9%E8%BF%B
D%E5%95%8F%E6%BA%AB%E5%B7%9E%E5%8B%95%E8%BB%8A%E4
%BA%8B%E4%BB%B6%E7%9C%9F%E7%9B%B8.html，（檢索日期：
2012/03/27）

二、英文

1.專書

Barthes, Roland, Image-Music-Text, London: Fontana Press, 1977.

Barthes, Roland, Camera Lucida: Reflections on Photography, NY: Hill and Wang, 1981.

Barthes, Roland, Richard Howard trans, In the Rustle of Language, New York: Hill and Wang, 1986.

Charles, Merriam E., Political Power: Its Composition and Incidence, McGraw: Hill, 1934.

Cox, John M., Circles of Resistance: Jewish, Leftist, and Youth Dissidence in Nazi Germany, New York：Peter Lang, 2009.

Eco, Umberto, A Theory of Semiotics, Bloomington: Indiiana University Press, 1976.

Judith, Hand, Women, Power and the Biology of Peace San Diego, San Diego: Questpath, 2003.

Leitch, Vincent B., Deconstruction Criticism, London: Routledge, 1983.

Lister, Martin, 2009. New Media: A Critical Introduction. New York: Taylor & Francis e-Library

Machiavelli, Niccolò, The Prince, Luigi Ricci, 1935.

Merriam, JR, C.E., History of the Theory of Sovereignty since Rousseau, New York: AMS Press, 1900.

Parry, Geraintv, John Locke. London: George Allen & Unwin, 1978.

Peirce, Charles Sanders, The Collected Papers of Charles Sanders Peirce, MA.: The Murry Printing Company, 1931.

Robert L., Helvey, On Strategic Nonviolent Conflict: Thinking About The Fundamentals, Boston, MA：Albert Einstein Institution, 2004.

Robert, Wuthnow, Meaning and Moral Order: Explanations in Cultural Analysis, Berkerley: University of Calfornia Press, 1987.

Samuel E., Finer, The Man on Horseback: The Role of the Military in Politics, Baltimore: Penguin Book, 1962.

Saussure, Ferdinand de, Course in General Linguistics, New York: Open Court, 2006.

Sharp, Gene, From Dictatorship to Democracy: A Conceptual Framework for Liberation. Boston, MA: Albert Einstein Institution, 2002.

W.J.T., Mitchell, Picture Theory. Chicago: Chicago University Press, 1994.

Willianms, Raymond, Keywords: A Vocabulary of Culture and Society, New York: The Viking Press, 1983.

2.期刊

Bellin, Eva,"Lessons from the Jasmine and Nile Revolutions: Possibilities of Political Transformation in the Middle East?"Middle East Brief. 50: 1-7, 2011.

Blumer, Herbert,"Elementary Collective Behavior."In New Outline of the Principles of Sociology, 67-121, 1951.

Dale, Swartz,"Jasmine in the Middle Kingdom: Autopsy of China's（Failed）Revolution."American Enterprise Institute for Public Policy Research, no.1: 1-5, 2011.

David S., Sorenson,"Transitions in the Arab World-Spring or Fall?"Strategic Studies Quarterly, 22-49, 2011.

El-May, Mahmoud, "The Jasmine Revolution."Turkish Policy Quarterly, 9（4）：55-61, 2011.

Fairbanks, Charles H. Jr.,"Georgia's Rose Revolution."Journal of Democracy, 15（2）：110-123, 2004.

Gary L., Downey,"Ideology and the Clamshell Identity: Organizational Dilemmas in the anti-Nuclear Power Movement."Social Problem, 33: 357-371, 1986.

Ghettas, Lakhdar,"The Geopolitical Repercussions of the Tunisian Jasmine Revolution on North Africa,"LSE Ideas, 1-2, 2011.
Giorgi, Kandelaki,"Georgia' s Rose Revolution a Participant' s Perspective." United States Institute of Peace, 1-12, 2006.
Henrye, Hale,"Regime Cycles ： Democracy, Autocracy, and Revolution in Post-Soviet Eurasia."World Politics, 58: 133-165, October 2005.
Jack A.,Goldstone,"Rethinking Revolutions: Integrating Origins, Processes, and Outcomes."Comparative Studies of South Asia, Africa and the Middle East, 29（1）: 18-32, 2009.
Kaboub, Fadhel,"On the Jasmine Revolution -Tunisia' s Political Economy Exemplies a Region in Transition." Dollars &Sense, March/April: 7-8, 2011.
Lincoln A., Mitchell,"Democracy in Georgia Since the Rose Revolution." East European Democratization, 669-676, 2006.
McFaul, Michael,"Ukraine Imports Democracy External Influences on the Orange Revolution."International Security, 32（2）: 45-83, 2007.
Narnia, Bohler-Muller and Merwe Charl van der,"The Potential of Social Media to Influence Socio-political Change on the African Continent."Africa Institute of South Africa, 44: 5-7, 2011.
O. Burgelin,"Structural analysis and mass communication."In D. McQuail（ed.）Sociology of Mass Communication, 312-329, 1972.
Robert K., Christensen, Edward R., Rakhimkulov,and Charles R. Wise,"The Ukrainian Orange Revolution Brought More Than a New President: What Kind of Democracy Will the Institutional Changes Bring?"Communist and Post-Communist Studies, 38: 207-230, 2005.
Vicente L., Rafael,"The Cell Phone and the Crowd: Messianic Politics in the Contemporary Philippines."Public Culture, 15（3）: 399-425, 2003.
Young Joon Lim,"China' s Media Regulations and Its Political Right to Enforce: Conflict with Foreign Correspondents."International Journal of Information and Communication Technology Research, 1（3）: 113-123, 2011.

3研究報告
Chernus, Ira,"Nonviolent Thought Through U.S. History," The Bureau of International Information Programs of the U.S. Department of State, Vol.14,

No.3, 2009.

El-May, Mahmoud,"The Jasmine Revolution."Turkish Policy Quarterly, Vol. 9, No. 4, 2011.

4.網際網路

Ali, Wyne,"Fixing the Odds."International Herald Tribune, 2009/06/25. http://carnegieendowment.org/2009/06/25/fixing-odds/d4o. （Accessed 2012/01/19）

Arvind, Gupta,"Lessons from Egypt: do not Underestimate the Power of Peaceful Satyagraha and the Internet."IDSA comment, 2011/02/14. http://www.idsa.in/idsacomments/LessonsfromEgyptdonotunderestimatethe powerofpeacefulSatyagrahaandtheInternet_agupta_140211. （Accessed 2011/09/27）

Carlson, Nicholas,"Facebook Has More Than 600 Million Users, Goldman Tells Clients."Business Insider, 2011/01/05. http://articles.businessinsider.com/2011-01-05/tech/30100720_1_user-facebook-pr-goldman-sachs. （Accessed 2012/02/22）

Colin, Barker,"The Rise of Solidarnosc."International Socialism, 2005/10/17. http://www.isj.org.uk/index.php4?id=136&issue=108. （Accessed 2012/01/19）

Crispin Shawn W., "Freedom with limits in Burma." Committee to Protect , 2012/01/19. http://www.cpj.org/asia/burma/. （Accessed 2012/02/06）

Decoding the Revolution, Egypt Today, 2012/03/01. http://www.egypttoday.com/news/display/article/artId:176/Decoding-the-Revolution/secId:5/catId:24. （Accessed 2012/03/27）

Dickinson, Elizabeth,"Anatomy of a Dictatorship: Hosni Mubarak."Foreign Policy, 2011/02/04. http://www.foreignpolicy.com/articles/2011/02/04/anatomy_of_a_dictatorship_hosni_mubarak. （Accessed 2011/9/27）

Farhi, P.,"Twitter Breaks Story on Discovery Channel Gunman."Washington Post, 2010/10/20. http://www.washingtonpost.com/wp-dyn/content/article/2010/09/01/AR2010090105987.html. （Accessed 2012/02/22）

Freedom House, 2011/02/25. http://www.freedomhouse.org/images/File/fiw/ Maps_2003_2007_2011_FINAL.pdf.（Accessed 2011/10/12）

Gunjan, Singh,"China's Worried Response to the Uprisings in the Middle East." IDSA comment, 2011/02/25. http://www.idsa.in/idsacomments/ChinasW orriedResponsetotheUprisings%20intheMiddleEast_GunjanSingh_250211. （Accessed 2011/09/27）

James, Phillips,"Tunisia's Jasmine Revolution: A Harbinger of Future Uprisings?" The Foundry, 2011/01/18. http://blog.heritage.org/2011/01/18/ tunisia%E2%80%99s-jasmine-revolution-a-harbinger-of-future-uprisings/. （Accessed 2011/09/22）

Keller, Jared,"Evaluating Iran's Twitter Revolution."The Atlantic, 2010/06/18. http://www.theatlantic.com/technology/archive/2010/06/evaluating-irans-twitter-revolution/58337/.（Accessed 2012/02/22）

Khalil El-Anani,"Egyptian Revolution Reconsidered." Uruknet.Info, 2011/05/19. http://www.uruknet.info/?p=m77890&hd=&size=1&l=e.（Accessed 2011/09/22）

Kirkpatrick, David,"Tunisia Leader Flees and Prime Minister Claims Power."New York Times, 2011/01/14. http://www.nytimes.com/2011/01/15/world/africa/15tunis. html?pagewanted=all.（Accessed 2012/03/08）

Kirkpatrick, David,"Mubarak's Grip on Power is Shaken."New York Times, 2011/01/31. http://www.nytimes.com/2011/02/01/world/middleeast/01egypt. html?pagewanted=all.（Accessed 2012/03/09）

Loyd Parry, Richard,"Nuns join monks in Burma's Saffron Revolution."Times Online, 2007/09/24. http://www.timesplus.co.uk/tto/news/?login=false&url =http%3A%2F%2Fwww.thetimes.co.uk%2Ftto%2Fnews%2Fworld%2Fasia%2 F.（Accessed 2012/02/08）

News about the Color Orange-The Pillar of Shame painted Orange, The Color Orange, 2008/04/30. http://www.thecolororange.net/uk/page56.（Accessed 2011/09/27）

Nguyen, Ted, "Tunisia's Twitter Revolution"Ted Nguyen USA, 2011/01/14. http://www.tednguyenusa.com/tunisias-twitter-revolution/.（Accessed

2012/02/22）

Prasanta Kumar Pradhan,"After Tunisia and Egypt: The Mood in the Arab Streets and Palaces."IDSA comment, 2011/02/10.
http://www.idsa.in/idsacomments/AfterTunisiaandEgyptThemoodintheArabstreet sandpalaces_pkpradhan_100211.（Accessed 2011/09/27）

Revolution Through Arab Eyes Manufacturing the Truth. Al Jazeera, 2012/02/14.
http://www.aljazeera.com/programmes/revolutionthrougharabeyes/2012/0 2/ 20122612918497347.html.（Accessed 2012/03/08）

Roach, Morgan, 2011/05/11."Wave of Protests Continues Across North Africa and the Middle East."The Foundry. http://blog.heritage.org/2011/05/11/wave-of-protests-continues-across-north-africa-and-the-middle-east/.（Accessed 2011/09/22）

Roula, Khalaf, "Egypt: the Unfinished Revolution,"FT Magazine, 2011/10/28.
http://www.ft.com/intl/cms/s/2/7ef64d68-002e-11e1-8441-00144feabdc0. html#axzz1oJKGc2IP.（Accessed 2012/03/04）

Wibisono, B Kunto, 78 People Killed in Tunisia Turmoil. Middle East, 2011/01/17.
Onlinehttp://www.middle-east-online.com/english/?id=43685.（Accessed 2012/03/09）

Yasmine, Ryan, "Tunisian Blogger Becomes Nobel Prize Nominee/Al Jazeera Interviews A Young Blogger Who Documented Tunisia's Uprising as It Happened." FT Magazine, 2011/10/21. http://www.aljazeera.com/indepth/ features/2011/10/2011106222117687872.html（Accessed.（Accessed 2012/03/04）

透視茉莉花革命
——符號力量的建構

作　　者／林芷愔
責任編輯／王奕文
圖文排版／陳姿廷
封面設計／秦禎翊

發 行 人／宋政坤
法律顧問／毛國樑　律師
出版發行／秀威資訊科技股份有限公司
　　　　　114台北市內湖區瑞光路76巷65號1樓
　　　　　電話：+886-2-2796-3638　傳真：+886-2-2796-1377
　　　　　http://www.showwe.com.tw
劃撥帳號／19563868　戶名：秀威資訊科技股份有限公司
　　　　　讀者服務信箱：service@showwe.com.tw
展售門市／國家書店（松江門市）
　　　　　104台北市中山區松江路209號1樓
　　　　　電話：+886-2-2518-0207　傳真：+886-2-2518-0778
網路訂購／秀威網路書店：http://www.bodbooks.com.tw
　　　　　國家網路書店：http://www.govbooks.com.tw

2013年2月BOD一版
定價：400元
版權所有　翻印必究
本書如有缺頁、破損或裝訂錯誤，請寄回更換

國家圖書館出版品預行編目

透視茉莉花革命：符號力量的建構 / 林玨愔著. -- 初版. -
- 臺北市：秀威資訊科技, 2013.02
　　面； 公分
ISBN 978-986-326-048-6(平裝)

1. 革命　2. 網路傳播　3. 突尼西亞

571.71　　　　　　　　　　　　　　101026812

讀者回函卡

感謝您購買本書，為提升服務品質，請填妥以下資料，將讀者回函卡直接寄回或傳真本公司，收到您的寶貴意見後，我們會收藏記錄及檢討，謝謝！
如您需要了解本公司最新出版書目、購書優惠或企劃活動，歡迎您上網查詢或下載相關資料：http:// www.showwe.com.tw

您購買的書名：_____

出生日期：_____年_____月_____日

學歷：□高中 (含) 以下　　□大專　　□研究所 (含) 以上

職業：□製造業　□金融業　□資訊業　□軍警　□傳播業　□自由業
　　　□服務業　□公務員　□教職　　□學生　□家管　　□其它_____

購書地點：□網路書店　□實體書店　□書展　□郵購　□贈閱　□其他

您從何得知本書的消息？

　□網路書店　□實體書店　□網路搜尋　□電子報　□書訊　□雜誌

　□傳播媒體　□親友推薦　□網站推薦　□部落格　□其他_____

您對本書的評價：(請填代號　1.非常滿意　2.滿意　3.尚可　4.再改進)

　封面設計____　版面編排____　內容____　文／譯筆____　價格____

讀完書後您覺得：

　□很有收穫　□有收穫　□收穫不多　□沒收穫

對我們的建議：_____

_____

_____

_____

11466
台北市內湖區瑞光路 76 巷 65 號 1 樓

秀威資訊科技股份有限公司　　　收

BOD 數位出版事業部

....

（請沿線對折寄回，謝謝！）

姓　　名：_____　年齡：_____　性別：□女　□男

郵遞區號：□□□□□

地　　址：_____

聯絡電話：(日) _____　(夜) _____

E-mail：_____